中国货币经济史丛书

南运河航运与区域社会经济变迁研究

（一九〇一—一九八〇）

侯林 著

中国社会科学出版社

图书在版编目（CIP）数据

南运河航运与区域社会经济变迁研究：1901—1980 / 侯林著. —北京：
中国社会科学出版社，2017.6
ISBN 978 - 7 - 5203 - 0189 - 3

Ⅰ.①南…　Ⅱ.①侯…　Ⅲ.①大运河—历史—研究—1901 - 1980
Ⅳ.①K928.42

中国版本图书馆 CIP 数据核字（2017）第 079743 号

出 版 人	赵剑英
责任编辑	刘　芳
责任校对	石春梅
责任印制	李寡寡

出　　版	中国社会科学出版社
社　　址	北京鼓楼西大街甲 158 号
邮　　编	100720
网　　址	http://www.csspw.cn
发 行 部	010 - 84083685
门 市 部	010 - 84029450
经　　销	新华书店及其他书店

印　　刷	北京明恒达印务有限公司
装　　订	廊坊市广阳区广增装订厂
版　　次	2017 年 6 月第 1 版
印　　次	2017 年 6 月第 1 次印刷

开　　本	710 × 1000　1/16
印　　张	18.5
插　　页	2
字　　数	313 千字
定　　价	78.00 元

凡购买中国社会科学出版社图书，如有质量问题请与本社营销中心联系调换
电话:010 - 84083683

目　　录

绪　论 ……………………………………………………… （1）

　一　写作缘由 ………………………………………………… （1）

　二　学术史回顾 ……………………………………………… （3）

　三　概念界定 ………………………………………………… （16）

　四　研究方法 ………………………………………………… （17）

　五　创新点与难点 …………………………………………… （17）

第一章　晚清之前南运河与沿岸社会经济的透视 …………… （19）

　第一节　南运河水系的变迁 ………………………………… （19）

　　一　南运河水系的形成 …………………………………… （19）

　　二　隋唐时期的南运河 …………………………………… （21）

　　三　元明清时期的南运河 ………………………………… （23）

　　四　河漕停止与海运兴起 ………………………………… （26）

　第二节　南运河流域的社会经济 …………………………… （30）

　　一　传统城市的发展 ……………………………………… （31）

　　二　沿岸集镇的兴起 ……………………………………… （40）

第二章　南运河航运业的发展历程 …………………………… （44）

　第一节　南运河航运业的崛起与短暂繁荣（1901—

　　　　　1937 年） ………………………………………… （44）

　　一　南运河民船业的兴盛 ………………………………… （44）

　　二　南运河轮船业的兴起 ………………………………… （48）

　第二节　南运河航运业的紧缩（1937—1949 年） ………… （55）

一 抗日战争期间南运河航运业的军事运输 ……………… (55)

二 解放战争期间南运河航运业的发展困境 ……………… (63)

第三节 南运河航运业的复兴(1949—1965 年) ……………… (66)

一 南运河航运的管理机构与政策改革 ……………… (67)

二 南运河航道的整治与航运技术的进步 ……………… (72)

三 南运河航运贸易日趋繁荣 ……………… (77)

第四节 南运河航运业的衰落(1965—1980 年) ……………… (86)

一 南运河航运业逐步走向衰落 ……………… (86)

二 南运河航运衰落对沿岸区域的影响 ……………… (90)

第三章 南运河流域新旧交通格局的重构与冲突 ……………… (94)

第一节 新式经济格局的形成 ……………… (94)

一 天津与济南的开埠 ……………… (94)

二 区域经济中心的转移 ……………… (101)

第二节 新式交通格局的形成 ……………… (104)

一 津浦铁路的修建 ……………… (105)

二 沿岸城镇的新式交通格局 ……………… (112)

第三节 陆运与水运交通的冲突 ……………… (118)

一 津浦铁路的冲击 ……………… (119)

二 水路与铁路运输的优劣 ……………… (128)

三 公路运输的兴起 ……………… (138)

四 陆运与水运交通的竞争 ……………… (141)

第四章 南运河航运对沿岸区域经济的影响 ……………… (152)

第一节 南运河航运与沿岸农业的商品化进程 ……………… (152)

一 粮食类农作物的商品化 ……………… (153)

二 经济性农作物的增长 ……………… (160)

第二节 南运河航运与矿业发展 ……………… (176)

一 煤炭销售市场的扩大 ……………… (177)

二 沿岸地区现代工业的动力保障 ……………… (184)

第三节 南运河航运与手工业的发展 ……………… (185)

目 录

第五章　南运河航运与沿岸城镇经济的兴衰 ……………… （189）

第一节　南运河航运与沿岸城镇的分布 ……………… （190）

第二节　南运河航运与沿岸城镇经济的兴衰 ………… （193）

一　沧州 ………………………………………… （193）

二　泊头 ………………………………………… （204）

三　道口 ………………………………………… （216）

第三节　新旧交通变革与沿岸城市经济的兴衰——临清、德州

的比较 ……………………………………… （224）

一　南运河航运与临清的近代化 ……………… （224）

二　南运河航运与德州经济的发展 …………… （238）

三　南运河航运与运河城市的兴衰 …………… （250）

结语 ………………………………………………… （262）

参考文献 …………………………………………… （271）

后记 ………………………………………………… （285）

图表目录

图 1 - 1　曹魏时期运河形势图 ……………………………………（20）

图 1 - 2　隋唐大运河形势图 ………………………………………（23）

图 1 - 3　临清城内主要商业街市分布图 …………………………（34）

图 5 - 1　道口镇航道交通示意图 …………………………………（217）

图 5 - 2　德县兵工厂位置图 ………………………………………（244）

表 2 - 1　1905 年河北民船进出天津码头情况统计表 ……………（46）

表 2 - 2　1905 年天津与内地贸易各路比例表 ……………………（46）

表 2 - 3　1909—1911 年由南运河进出天津船只情况表 …………（47）

表 2 - 4　1925—1926 年河北民船进出天津码头情况统计表 ……（48）

表 2 - 5　1936 年 3—5 月河北省航运局乘客数量表 ……………（52）

表 2 - 6　1937 年 3—5 月河北省航运局乘客数量表 ……………（52）

表 2 - 7　1937 年 3—5 月河北省内河航运局各线客货票收入
　　　　　比较表…………………………………………………（52）

表 2 - 8　1939 年 4 月至 1940 年 3 月华北主要内河航线运量
　　　　　统计表…………………………………………………（61）

表 2 - 9　南运河沿岸与天津间货物运输状况表 …………………（62）

表 2 - 10　1937 年前与 1950 年南运河船数量与运量比较表 ……（69）

表 2 - 11　1957 年三省分管南运河情况表 ………………………（71）

表 2 - 12　1950 年天津市货物经南运河输出入统计表 …………（78）

表 2 - 13　1952 年南运河货船分类统计表 ………………………（81）

表 2 - 14　1953—1956 年南运河主要货物运量统计表 …………（82）

表 2 - 15　1951 年船主王廷元船运经营实况调查表 ……………（83）

表2-16 1951年船主刘云贵船运经营实况调查表 ……………………（84）

表2-17 1949年8—12月与1950年南运河货船运量分类
　　　 统计表 ………………………………………………………（84）

表2-18 1965—1979年华北主要内河航线历年货物运输量
　　　 完成情况表 ……………………………………………………（89）

表3-1 德州主要货物运输途径分类表 …………………………………（111）

表3-2 1905—1906年天津与内地贸易的比例表 ………………………（114）

表3-3 1912—1921年进出天津货物运输途径比例表 …………………（114）

表3-4 津浦铁路南运河段部分车站输入与输出货物种类表 …（120）

表3-5 1931年津浦铁路南运河段部分出租专用线详表 ………………（123）

表3-6 1924—1929年津浦铁路营业状况表 …………………………（127）

表3-7 1955—1959年卫河航运管理处客运情况表 …………………（128）

表3-8 1927年春季石家庄火车运棉至天津贩运费估计表 …………（143）

表3-9 1927年春季石家庄滹沱河运棉至天津贩运费
　　　 估计表 ………………………………………………………（144）

表3-10 1921—1930年内地棉花输入天津所用运输工具
　　　 分配表 ………………………………………………………（145）

表3-11 河北棉花输入天津运输工具分配按月比较表 …………………（146）

表3-12 鲁西各县棉花运输概况表 ……………………………………（149）

表4-1 民国时期河北省各种作物的贩卖与自家消费率表 ……………（155）

表4-2 河北省南运河沿岸县份主要农产物生产表 ……………………（156）

表4-3 七七事变前后各地输津粮食交通方式的
　　　 变迁表 ………………………………………………………（159）

表4-4 河北省每亩田地种植棉花或谷类所获纯利比较表 ……………（162）

表4-5 1940年德县农产物的买卖价格表 ……………………………（162）

表4-6 1916年直隶各县御河棉种植面积及产额比较表 ………………（165）

表4-7 七七事变前卫河与南运河灌溉地区概况表 ……………………（174）

表4-8 1936年南运河道口至天津沿线焦作煤运输量表 ………………（181）

表4-9 1936年南运河天津至德州沿线开滦煤运输量表 ………………（181）

表5-1 1916年南运河天津至道口水程距离及各地之间
　　　 距离表 ………………………………………………………（190）

表 5 - 2　1918 年南运河天津至道口水程距离及各地之间

　　　　　距离表 ………………………………………………（191）

表 5 - 3　七七事变前沧州输出品调查表 …………………………（194）

表 5 - 4　七七事变前沧州输入品调查表 …………………………（195）

表 5 - 5　1948 年 10 月沧州市工商户数统计表 …………………（199）

表 5 - 6　1948 年 5—10 月沧州同兴货栈水路出口货物

　　　　　统计表 ………………………………………………（200）

表 5 - 7　1953 年沧州经南运河出口货物的主要港口、货物

　　　　　种类及数量表 ………………………………………（201）

表 5 - 8　1952—1975 年沧州水运系统专业航船完成货

　　　　　运量表 ………………………………………………（202）

表 5 - 9　1910 年下半年交河县泊镇商业调查一览表 …………（205）

表 5 - 10　泊头输出与输入商品统计表 …………………………（207）

表 5 - 11　1948 年泊头市船舶数量及载重吨位统计表 …………（214）

表 5 - 12　1953 年南运河河南段部分港口出口货物统计表 ……（222）

表 5 - 13　1933 年临清与周边城镇商店统计表 …………………（227）

表 5 - 14　1920 年临清输出商品统计表 …………………………（229）

表 5 - 15　1920 年临清输入商品统计表 …………………………（230）

表 5 - 16　1939 年 1—7 月临清输出品统计表 …………………（231）

表 5 - 17　1939 年 1—7 月临清输入品统计表 …………………（231）

表 5 - 18　临清邻近地区农村信用社数量及利率比较 …………（237）

表 5 - 19　胶济铁路沿线市县农村信用社数量比较表 …………（238）

表 5 - 20　新中国成立前德州工业发展情况表 …………………（243）

表 5 - 21　1953—1979 年德州港货物吞吐量表 …………………（247）

表 5 - 22　德州火车站几个年份客货运输表 ……………………（248）

表 5 - 23　日伪时期临清部分行业统计表 ………………………（252）

表 5 - 24　1953 年临清港出口货物统计表 ………………………（255）

表 5 - 25　1953 年德州港出口货物统计表 ………………………（256）

表 5 - 26　1949 年与 1985 年山东省城市人口、用地、工业产值

　　　　　对照表 ………………………………………………（258）

绪　论

一　写作缘由

交通是人类社会和经济发展的基础条件之一，我国运输经济学家方举指出："交通运输是社会生产必具的一般条件，是整个经济的主要基础。生产、分配、交换和消费，必须通过运输的纽带才能得到有机的结合。生产的社会化程度越高，商品经济越发达，生产对流通的依赖性愈大，运输在再生产中的作用愈重要。"[①] 近代交通史研究是社会经济史研究中非常重要的领域，交通史研究主要包括铁路、公路、航运、航空四个方面，它们的研究现状具有不平衡性，铁路史的研究远远超过其他几种交通方式。在近几年召开的第一、二届中国近代交通社会史学术研讨会上，有关航运史的论文寥寥无几，第一届为3篇，第二届为4篇，其中，关于内河航运则仅有1篇，此种局面基本反映了当前航运史的研究状况，因此，两届参加学术研讨会的专家均呼吁加强航运史方面的研究。其实，水运是人类利用最早的运输方式之一，在蒸汽机作为交通动力之前，内河航运是各地大宗货物长途运输的重要途径，京杭大运河就是最好的例证。铁路、公路等现代交通工具的出现，极大地影响了内河航运的发展，以往研究认为，随着外国轮运势力和铁路势力的侵入，中国旧式帆船运输业遭到了严重的打击。[②] 其实，这种论断有失客观，低估了木帆船航运业的顽强生命力，它只是退出了远洋航运的历史舞台，但并未退出中国内河航运市场，在部分地区依然发挥着重要的作用，京杭大运河南运河段航运即是如此。

---

① 王槐林、刘明菲：《物流管理学》，武汉大学出版社2010年版，第128页。

② 《中国近代史》编写组：《中国近代史》，中华书局1983年版，第141页。

京杭大运河是世界上流程最长、开凿最早的人工河，全长 1794 公里，跨越北京、天津、河北、山东、江苏、浙江四省二市。近年来，随着中国大运河申遗工作的展开，运河研究得到学术界和相关部门的重视，一些沿岸省市成立运河研究中心、运河博物馆等，出版大量的著作文献，研究成果颇丰。而南运河段作为其中重要的一部分，研究成果甚少，与它在历史上的地位不相匹配。南运河山东段的研究以聊城大学运河文化中心为主体，编著和发表了一系列关于京杭大运河的论著，其较多关注于京杭大运河山东段，相对而言，南运河河北段的研究略显不足。南运河自隋朝开凿以来，始终是国家的交通命脉，直隶作为畿辅重地，拱卫京师，地理位置非常重要，每年都有大量的漕船与商船经此往来于京城，南运河河北段的桑园、连镇、东光、泊头、沧州、青县、流河等沿岸城镇凭借优越的地理位置，成为该区域的经济中心。南运河的研究现状与其在历史中的地位不匹配，该段研究亟须加强，这也是本书选择南运河为研究区域的主要原因。

运河经济以明清时期最为繁荣，以往学者对大运河的研究多集中于这一时期，对运河城镇的研究亦是如此。与之形成鲜明对比的是内河漕运停止后的研究则略显不足。一般认为随着运河辉煌时代的结束，运河沿岸城镇也随之由盛转衰。其实，这一结论有失客观与全面。清光绪二十七年（1901），清政府下令"直省河运海运，一律改征折色"后，大运河虽然不能全线通航，但部分河段依然能够正常通航，"运河航运之状，南段以清江浦镇江杭州间为最好，北段则以天津德州间为最好。"① 可见，南运河航运没有随着漕运的结束而突然停止，南运河航运凭借着运费价格低廉、运量大等特点，依然是天津、河北、山东、河南等区域进行物资交流的重要运输通道，"水路交通，成本较廉，我们也不可抹杀它的价值。"② 运输货物由以官运为主转向民运，内河航运使沿岸地区经此触摸到现代化的气息，沿岸乡村城镇产业结构也随之向市场化、外向化转变。因此，本书将研究时段锁定在 1901 年之后，可以更加全面地认识大运河航运的兴衰，弥补大运河航运史研究时段上的不足，改

---

① 盛叙功编译：《交通地理》，商务印书馆 1931 年版，第 169 页。
② 舒条生：《华北之水运》，《益世报》（天津）1947 年 1 月 13 日。

变人们认识上的偏颇。

1901 年后，铁路、公路等新式交通逐渐兴起，津浦铁路与大运河走向基本一致，铁路与水路运输的角逐、兴替对沿岸区域产生了重大影响。沧州、泊头、德州因有铁路经过，仍然是区域物资中转中心，而临清等一些沿河城镇却逐渐衰落。研究近代以来南运河航运与区域经济的互动关系，通过比较传统与现代交通方式对区域经济的各自影响，分析交通体系的变迁对区域经济的影响，全面勾勒出一幅南运河沿岸区域社会经济的兴衰史，可以为深化区域经济史研究提供一些理论依据和参考，因而具有重要的理论和学术价值。探析南运河航运业的兴衰历程与区域经济发展的关系，亦有助于我们理解航运业在区域经济发展中的地位，对于重新定位内河航运在运输网络中应该发挥的作用和具有的地位是十分有益的，也可以加强我们理解和分析区域经济变迁的深层原因，这也是笔者选择南运河航运为区域经济史研究切入点的原因所在。

二 学术史回顾

本书以南运河航运与沿岸区域经济的变迁（1901—1980）为研究对象，鉴于本书的研究主旨，首先有必要回顾中国近代航运史研究现状。其次，因南运河属于京杭大运河的重要组成部分，关于大运河和漕运的学术研究都有涉及此段的内容，南运河水系也属于海河水系一部分，相关研究必须兼顾，才能从整体把握南运河航运的发展变迁过程。空间上，南运河流域位于华北地区，研究近代以后华北社会经济的论著对该区域交通与经济都有所提及，因此在学术史回顾上要兼顾以上几点，扩展其时空范围，对学术史进行整体回顾。

（一）中国近代航运史研究

航运指的是水上运输事业，分为内河航运、沿海航运和远洋航运。自古以来，我国航运业发达，历史上的漕运、郑和下西洋等都代表我国古代航运事业的辉煌。中国近代航运业在外国航运势力的侵略下兴起，中国近代航运研究兴起于 20 世纪 30 年代，航运业的整体研究有王洸

《航业与航权》[①]、《中国航业论》[②]、《中国航业》[③]、《现代航政问题》[④]和陈嘉庚《我国行的问题》[⑤] 等。关注航运业的一个方面和区域的研究有张心澂《帝国主义在华航业发展史》[⑥]、章勃《日本对华之交通侵略》[⑦]、郭寿生《各国航业政策与收回航权问题》[⑧]、交通部编写的《四年来之航政》[⑨]、朱建邦《扬子江航业》[⑩]、《招商局轮船公司》[⑪] 等，这些专著对中国近代航运业进行了简单描述，缺乏全面深入的分析，却为当今航运史研究打下了一定的基础。

新中国成立以后，中国近代经济史研究各领域出现繁荣景象，而航运史研究进展缓慢。20 世纪 50 年代起，国外就有学者开始利用已公开的外国在华洋行的档案资料对他们在中国的航运活动进行研究，这些论著引用了大量的原始档案资料，颇有参考价值，如刘广京《英美在华轮船业竞争（1862—1874)》[⑫]，但它们对中国民族航运业记载有限。

改革开放后，航运史研究进入快速发展阶段，国内水利部门和历史学界掀起一股研究热潮。1985—1998 年间，由中国航海史研究会和人民交通出版社组织编辑出版了一套《中国水运史丛书》，这套丛书从内容上主要分为四类：1. 综合性史书，如《中国运河史》《中国海港史》《中国内河航运史》等；2. 各地内河航运史和《长江航运史》；3. 沿海各主要港口的史书，如《上海港史》《天津港史》等；4. 专题性史书，如《招商局史》《武汉长江轮船公司史》等，这套丛书对中国航运业发展历程进行细致的梳理，收集了大量有价值的史料。此外，还有一些历

① 王洸：《航业与航权》，上海学术研究会 1930 年版。

② 王洸：《中国航业论》，交通杂志社 1934 年版。

③ 王洸：《中国航业》，商务印书馆 1933 年版。

④ 王洸：《现代航政问题》，正中书局 1937 年版。

⑤ 陈嘉庚：《我国行的问题》，南洋华侨筹赈祖国难民总会 1946 年版。

⑥ 张心澂：《帝国主义者在华航业发展史》，日光舆地学社 1930 年版。

⑦ 章勃：《日本对华之交通侵略》，商务印书馆 1931 年版。

⑧ 郭寿生：《各国航业政策实况与收回航权问题》，华通书局 1930 年版。

⑨ 交通部：《四年来之航政》，交通部 1931 年版。

⑩ 朱建邦：《扬子江航业》，商务印书馆 1937 年版。

⑪ 《招商局轮船公司》，行政院新闻局 1948 年版。

⑫ ［美］刘广京：《英美航运势力在华的竞争（1862—1874)》，上海社会科学院出版社 1988 年版。

史学家开始关注航运史研究，其中，聂宝璋先生对航运史研究的贡献最为突出，1983 年由其主编的《中国近代航运史资料（1840—1895）》①（第一辑），从档案、函牍、奏章、笔记等各种中外旧文献中，针对外国在华轮运势力、轮船招商局和中国民族资本轮运业三个方面的相关问题，挑选出关于中国航运业的重要史料。至 2002 年，中国社会科学出版社又出版了《中国近代航运史资料（1895—1927）》② 第二辑，两辑之间是连续贯通的，本辑沿袭上一辑的体例，按问题组织篇章节目，以能说明问题作为资料收集与取舍的标准，这套航运史料汇编通过分类资料编排，基本反映了中国近代航运史的发展脉络，为我们进一步深入研究提供了史料和线索。樊百川《中国轮船航运业的兴起》③ 全面介绍了中国轮船航运业的兴起与发展背景、过程，以及早期中国民族航运业与外轮势力的竞争，而且利用计量经济学的方法，梳理了大量的统计数据，为我们当今航运史研究提供了重要的史料。2008 年朱荫贵《中国近代轮船航运业研究》④ 又是一部力作，收入作者 20 多年来关于轮船航运业研究的 15 篇论文，主要涉及民族资本航运业、外国在华轮船航运业、轮船航运的经营管理、轮船招商局、航运业与经济发展的关系等，基本反映了中国近代轮船航运史研究涉及的各个方面和领域。

论文方面，航运史研究也硕果累累。大量的研究关注于远洋与沿海航运史，而本书因研究需要则主要回顾内河航运史方面，主要内容集中于航运与区域社会、外轮入侵、新旧交通变革、航运人物、航运与战争等方面。其中，航运与区域社会的关系是学者们关注的重点，戴鞍钢《内河航运与上海城市发展》⑤ 认为内河航运业直接推动了民族资本船舶修造业和近代上海港区、城区的扩大及远郊城镇的发展，在上海的城市化进程中起了不可忽视的推动作用。叶东、王佳《近代航运业与芜

① 聂宝璋：《中国近代航运史资料（1840—1895）》第 1 辑，上海人民出版社 1983 年版。

② 聂宝璋、朱荫贵：《中国近代航运史资料（1895—1927）》第 2 辑，中国社会科学出版社 2002 年版。

③ 樊百川：《中国轮船航运业的兴起》，四川人民出版社 1985 年版。

④ 朱荫贵：《中国近代轮船航运业研究》，中国社会科学出版社 2008 年版。

⑤ 戴鞍钢：《内河航运与上海城市发展》，《史林》2004 年第 4 期。

湖城市的兴起》① 认为芜湖成为通商口岸后，依靠轮船航运，大力发展货物进出口贸易，加强了其与沿江城市的经济联系。曲晓范、周春英《近代辽河航运业的衰落与沿岸早期城镇带的变迁》② 一文考察了近代辽河航运业衰落的主要原因及其影响，发现辽河航运的衰败与沿岸城镇带的解体和人口迁移等有着内在联系。叶美兰、李沛霖《江南运河与近代苏锡常地区经济（1840—1937）》③ 认为近代以来运河对沿岸城市的经济发展起到重要的作用，不仅推动了该区域农产品的商品化程度，更促进了城市工商业的繁荣。此外，还有张博《营口开埠与晚清东北商路——以辽河航运为中心的考察》④、李麒麟《清末民船内河对码头市镇的影响——以四川沱江流域金堂县为例》⑤、田永秀《因水而兴——水运与近代四川沿江中小城市》⑥、李伟燕《近代宁波内河轮运业研究（1895—1949）》⑦ 等。

外轮入侵方面的研究有朱荫贵《抗战时期日本对中国轮船航运业的入侵与垄断》⑧，通过梳理大量中日文献，认为日军通过实施一系列控制海运和河运的政策措施，打击、排挤其他国家的轮船航运势力，实现了日军独占中国沿海和内河轮船航运业的局面，改变了东亚海运业的势力格局。还有陈绛《清季西方资本与长江航运的近代化》⑨、张海山

———————————

① 叶东、王佳：《近代航运业与芜湖城市的兴起》，《重庆交通大学学报》2009 年第 5 期。

② 曲晓范、周春英：《近代辽河航运业的衰落与沿岸早期城镇带的变迁》，《东北师大学报》1999 年第 4 期。

③ 叶美兰、李沛霖：《江南运河与近代苏锡常地区经济（1840—1937）》，《学海》2012 年第 5 期。

④ 张博：《营口开埠与晚清东北商路——以辽河航运为中心的考察》，《社会科学辑刊》2006 年第 1 期。

⑤ 李麒麟：《清末民船航运内河对码头市镇的影响——以四川沱江流域金堂县为例》，《长江大学学报》2013 年第 9 期。

⑥ 田永秀：《因水而兴——水运与近代四川沿江中小城市》，《四川师范大学学报》2004 年第 5 期。

⑦ 李伟燕：《近代宁波内河轮运业研究（1895—1949）》，硕士学位论文，复旦大学，2010 年。

⑧ 朱荫贵：《抗战时期日本对中国轮船航运业的入侵与垄断》，《历史研究》2011 年第 2 期。

⑨ 陈绛：《清季西方资本与长江航运的近代化》，《上海社会科学院学术季刊》1987 年第 4 期。

《列强在华内河航行特权与清末湖南近代航运业》①、罗霞《民国初期重庆航运业的发展及作用（1912—1927）》② 等。近代以来，内河木船航运也遭到铁路、轮船等现代交通工具的冲击，苏全有《近代中国铁路的另面影响——论 20 世纪初我国铁路对内河航运的冲击》③ 指出铁路对轮船运输产生强烈冲击，加快了铁路与航运的联运，为以后交通的内部整合及一体化进程奠定了坚实的基础。苏生文在《试论中国近代水运中的帆、轮消长》④ 认为木帆船在内河航线中仍然占绝对优势，主要原因是中国近代化的总体水平低下，木帆船运输以轮运的补充形式而存在。王林《略论 19 世纪 70—90 年代的中国木船业》⑤ 分析了外国轮船对中国木船业的冲击与中国木船业的应对之策，由于各种原因，中国木船业没有走向灭亡，而是凭借着自身一些优势持续向前发展。

此外，航运人物研究方面有刘杰《徐润与近代航运业（1873—1883）》⑥ 等。航运与战争研究方面，郭孝义《太平天国的航运业》⑦ 认为太平天国运动能够迅速发展，与其利用水运优势有着密切的关系，建立水营、外贸水运等方面均起到了积极作用。谭刚《抗战时期大后方的内河航运建设》⑧ 对抗战时期大后方内河航运业建设的原因、措施、特点及所起的积极作用和存在的局限性等问题作了初步探讨，还有侯德础《抗战时期四川内河航运鸟瞰》等。⑨

（二）近代以来南运河航运研究

南运河是京杭大运河的一段，大运河研究成果颇多，几乎均涉及南

---

① 张海山：《列强在华内河航行特权与清末湖南近代航运业》，硕士学位论文，湖南师范大学，2007 年。

② 罗霞：《民国初期重庆航运业的发展及作用（1912—1927）》，硕士学位论文，四川师范大学，2004 年。

③ 苏全有：《近代中国铁路的另面影响——论 20 世纪初我国铁路对内河航运的冲击》，《石家庄铁道大学学报》2011 年第 12 期。

④ 苏生文：《试论中国近代水运中的帆、轮消长》，《湖北师范学院学报》2010 年第 2 期。

⑤ 王林：《略论 19 世纪 70—90 年代的中国木船业》，《江南大学学报》2006 年第 3 期。

⑥ 刘杰：《徐润与近代航运业（1873—1883）》，硕士学位论文，广西师范大学，2007 年。

⑦ 郭孝义：《太平天国的航运业》，《近代史研究》1994 年第 2 期。

⑧ 谭刚：《抗战时期大后方的内河航运建设》，《抗日战争研究》2005 年第 2 期。

⑨ 侯德础：《抗战时期四川内河航运鸟瞰》，《四川师范大学学报》1990 年第 3 期。

运河段。新中国成立前,京杭大运河研究成果很少,专著有史念海《中国的运河》①,该书重点论述我国不同历史时期运河修建、治理和管理,尤其是对京杭大运河论述最为详尽。新中国成立后,国家对运河水利和文化事业日益重视,京杭大运河研究也得到学术界的关注,涌现出一批优秀的研究成果。近年来,南水北调工程确定借用大运河河道输水,尤其是大运河申遗工作的不断推进,沿岸省市政府对运河研究愈加重视,研究成果数量明显增加,研究层次日趋深入,研究范围逐渐扩大,研究视角多元化。研究对象多集中于大运河整体研究,主要包括京杭大运河各河段的开发、变迁、治理、管理与历史作用,如岳国芳《中国大运河》② 和姚汉源《京杭运河史》③ 详述历代运河的开凿、变迁、治理、漕运等内容,以便后人借鉴水运治理及管理方面的经验。吴琦《漕运与中国社会》④ 从社会史角度研究漕运与封建社会的关系,包括漕运与封建政治、古代军事、社会制衡、商业经济、农业经济、社会文化方面,整体上分析了漕运的特性及其社会功能。陈桥驿《中国运河开发史》⑤ 是近年来运河史研究的一部力作,以历史地理学为研究视角,根据各河段全书分八篇,包括黄河以北运河、山东运河、里运河、关中豫东与皖北皖中、江南运河、杭州段运河、浙东运河、灵渠等,论述了各个历史时期各段运河的发展演变与历史作用。傅崇兰《中国运河城市发展史》⑥ 是我国第一部系统论述运河城市史的恢弘巨著,从位置、环境、人口、经济、文化五个方面论述了大运河与城市发展之间的关系,这些城市的兴衰与运河变迁休戚相关。此外还有绍华《大运河的变迁》⑦,星斌夫《大运河:中国的漕运》⑧,中央电视台《话说运河》⑨,常征、于德源

---

① 史念海:《中国的运河》,史学书局 1944 年版。
② 岳国芳:《中国大运河》,山东友谊出版社 1989 年版。
③ 姚汉源:《京杭运河史》,中国水利电力出版社 1998 年版。
④ 吴琦:《漕运与中国社会》,华中师范大学出版社 1999 年版。
⑤ 陈桥驿:《中国运河开发史》,中华书局 2008 年版。
⑥ 傅崇兰:《中国运河城市发展史》,四川人民出版社 1985 年版。
⑦ 绍华:《大运河的变迁》,江苏人民出版社 1961 年版。
⑧ [日]星斌夫:《大运河:中国的漕运》,近藤出版社 1971 年版。
⑨ 中央电视台:《话说运河》,中国青年出版社 1987 年版。

《中国运河史》①，邹宝山《京杭运河的治理与开发》②，陈碧显《中国大运河史》③，傅崇兰《中国运河传》④ 等，这些关于京杭大运河的论著有助于我们全面认识南运河变迁的过程，但他们对南运河航运论述较少，尤其是内河漕运废止以后，对南运河航运情况的论述甚至是一笔带过。

专门介绍和研究南运河的专著与论文较少。民国时期，一些期刊文章开始介绍南运河航运业，《益世报》连续几期刊登的《津浦路沿线水运情形》，对与津浦铁路天津至德州段平行的南运河航运进行了较为详细的介绍，包括航运船只、货物种类、经营情况等，还有李仪祉《华北水道之交通》⑤、中西清《华北的内河航运》⑥ 等论著均提及南运河的航运状况。

近年来，人们开始不断挖掘和重新认识南运河的历史地位，涌现出一批新的研究成果，主要研究南运河的变迁，例如陈隽人《南运河历代沿革考》⑦ 论述南运河的变迁过程；王建新《浅述南运河历史及未来发展的思考》⑧ 梳理了南运河的历史变迁过程，指出南运河防洪与治理需要努力的方向；卢瑞芳《沧州境内的大运河》⑨ 介绍了沧州段大运河的变迁过程与出土文物情况。这些论著对南运河航运缺乏深入的论述，多停留在简单介绍方面。此外，因南运河水系分别位于河北、山东、河南三省，所以研究三省的航运史论著都会涉及南运河，如《河北省航运史》⑩、《山东航运史》⑪ 和《河南航运史》⑫ 分别对河北、山东和河南三省航运的发展演变作了系统的阐述，时间跨度

---

① 常征、于德源：《中国运河史》，燕山出版社 1989 年版。
② 邹宝山：《京杭运河的治理与开发》，水利电力出版社 1990 年版。
③ 陈碧显：《中国大运河史》，中华书局 2001 年版。
④ 傅崇兰：《中国运河传》，山西人民出版社 2005 年版。
⑤ 李仪祉：《华北水道之交通》，《华北水利月刊》1930 年第 3 卷第 3 期。
⑥ ［日］中西清：《华北的内河航运》，《兴亚》1941 年第 22 期。
⑦ 陈隽人：《南运河历代沿革考》，《禹贡》1936 年第 1 期第 6 卷。
⑧ 王建新：《浅述南运河历史及未来发展的思考》，《河北水利水电技术》2003 年第 5 期。
⑨ 卢瑞芳：《沧州境内的大运河》，《文物春秋》2005 年第 1 期。
⑩ 王树才：《河北省航运史》，人民交通出版社 1988 年版。
⑪ 《山东航运史》编委会：《山东航运史》，人民交通出版社 1993 年版。
⑫ 河南省交通厅交通史志编审委员会：《河南航运史》，人民交通出版社 1989 年版。

大，上至先秦，下至 20 世纪 90 年代，以丰富的史料为基础，分析航运与当地社会经济的联系，对京杭大运河河北、山东和河南段的变迁与社会经济的关系均有论述，是了解三省航运史的佳作。2011 年出版的《山东运河航运史》[①] 以山东运河航线为主线，全面论述山东运河航运的发展过程，但侧重点在航道治理、船舶修造、港口码头建设、航业管理等方面，对大运河与沿岸社会经济相互关系的论述十分薄弱。

南运河是海河水系的重要支流，关于海河及漳卫南运河的论著对其都有所涉及，所以这也是我们了解南运河变迁及现状的重要资料来源之一。《海河志》（1—4 卷）[②] 以翔实的史料，全面系统论述海河水利历史与现状，主要包括海河的流域环境、水资源、河道工程、灌溉工程、水利利用、水土保持、综合治理、水利规划研究等各个方面。《漳卫南运河志》[③] 是第一部系统论述漳卫南运河的论著，勾画出该水系变迁过程及现状，内容涉及河流变迁、河道治理、灌溉利用、水利工程等各个方面，重视水利本身的研究，而忽略了水利与沿线流域社会经济的互动关系，还有《漳卫南运河大观》[④]、《漳卫南运河志稿》[⑤] 等。

（三）近代以来南运河沿岸区域经济研究

内河航运与沿岸区域经济兴衰关系密切，"交通事业概在地表，活动目的，多属经济，是故地表状况及经济活动交通之关系尤切"[⑥]。南运河流域属于华北经济区，而华北地区一直是学者们研究的重点，涌现出许多优秀的研究成果，涵盖社会经济的各个角度与层面，包括农业、手工业、商业、港口与腹地经济的相互关系等，参阅其相关著作有利于在整个华北视野下全面认识南运河及周边地区的区域经济发展过程，从

---

① 山东运河航运史编纂委员会：《山东运河航运史》，山东人民出版社 2011 年版。

② 海河志编纂委员会：《海河志》（四卷），中国水利水电出版社 1997 年、1998 年、1999 年、2001 年版。

③ 漳卫南运河志编委会：《漳卫南运河志》，天津科学技术出版社 2003 年版。

④ 李连生、宋德武、王胜利、胡凤岐：《漳卫南运河大观》，天津科学技术出版社 1998 年版。

⑤ 漳卫南运河志稿编写组：《漳卫南运河志稿》，水电部海委漳卫南运河管理局 1987 年版。

⑥ 盛叙功编译：《交通地理》，商务印书馆 1931 年版，第 1 页。

整体上把握南运河经济发展的大环境，也为进一步深化研究提供了坚实的基础。一些海外学者利用满铁调查资料撰写了一批华北经济研究的著作，如黄宗智的《华北的小农经济与社会变迁》①，该书成为研究近代华北经济的必读书籍，作者以满铁调查资料为主要史料，探讨华北农村地区社会经济的发展与转变过程，抛弃原有的研究模式，提出著名的"内卷化"理论。马若孟《中国农民经济——河北和山东的农业发展（1890—1949）》② 也是利用满铁资料，分析了河北和山东地区的农村经济结构，认为华北农村经济是竞争性经济，市场经济比较发达，商品和劳务的价格受外在因素影响。从翰香《近代冀鲁豫乡村》③ 运用地方志、民国档案、调查报告等中外论著研究近代河北、山东、河南三省的乡村社会状况，涵盖社会结构、城镇状况、农业生产、手工业及乡村经济、田赋和徭役等方面，系统地分析了近代冀鲁豫乡村状况。李洛之、聂汤谷编著的《天津的经济地位》④ 一书通过介绍天津与国内外市场的紧密联系，阐述了天津重要的经济地位，作者认为位于"九河末梢"的天津，凭借内河运输运量大、运费低等优势，把天津与腹地经济连为一体。苑书义等主编的《河北经济史》⑤ 是一部系统研究河北经济史的通史性著作，对各时段河北整体经济发展情况作了比较细致的考察。庄卫民《近代山东市场经济的变迁》⑥ 通过对市场结构嬗变、商人资本兴替、产业改进、农业经济变迁等方面的系统考察，论述山东由传统经济向近代市场经济转变的过程。张玉法《中国现代化的区域研究·山东省（1860—1916）》⑦ 通过论述近代山东省区域沿革、环境、经济、政治及社会结构等方面的状况，探讨地理、社会环境与外来因素对山东现代化的关联性，对认识山东城市的变迁过程有借鉴作用。还有苑书义、

① 黄宗智：《华北的小农经济与社会变迁》，中华书局 1986 年版。

② ［美］马若孟：《中国农民经济——河北和山东的农业发展（1890—1949）》，史建云译，江苏人民出版社 1999 年版。

③ 从翰香：《近代冀鲁豫乡村》，中国社会科学出版社 1995 年版。

④ 李洛之、聂汤谷编著：《天津的经济地位》，南开大学出版社 1994 年版。

⑤ 苑书义等：《河北经济史》，人民出版社 2003 年版。

⑥ 庄维民：《近代山东市场经济的变迁》，中华书局 2000 年版。

⑦ 张玉法：《中国现代化的区域研究·山东省（1860—1916）》，"中研院"近代史研究所 1977 年版。

任恒俊、董丛林《艰难的转轨历程——近代华北经济与社会发展研究》[①]，内山雅生《二十世纪华北农村社会经济研究》[②]，顾琳《中国的经济革命——二十世纪的乡村工业》[③]，郑起东《转型期的华北农村社会》[④]，张利民《华北城市经济近代化研究》[⑤] 和《近代环渤海地区经济与社会研究》[⑥]。硕士学位论文有朱丽娜《20 世纪 20—30 年代河北乡村经济发展探析》[⑦]。期刊论文有龚关《华北集市的发展》[⑧]、樊如森《近代华北经济地理格局的演变》[⑨] 等。

　　近年来，对华北地区经济史的研究视角更加多元化，一些学者开始以港口与腹地、铁路、商会等为研究切入点，如樊如森《天津与北方经济现代化（1860—1937）》[⑩] 运用历史地理学方法，分析了天津与北方腹地经济的互动作用，外向型经济推动了北方经济近代化过程，北方腹地经济为港口经济提供了物资基础，其中南运河作为一条主要的水上运输通道发挥了重要的作用；熊亚平《铁路与华北乡村社会变迁（1880—1937）》[⑪] 以铁路交通为切入点，探讨铁路与城市、市镇、农村的关系，铁路对近代工矿业、城乡市场体系、乡村产业结构、乡村社会结构等方面都产生了巨大影响，推动了华北社会近代化进程，对内河运输与铁路的关系进行了简单的论述。还有张学军、孙炳芳《直隶商会与乡村社会经济》[⑫]，吴松弟等《港口：腹地与北方的经济变迁

---

① 苑书义等：《艰难的转轨历程——近代华北经济与社会发展研究》，人民出版社 1997 年版。

② ［日］内山雅生：《二十世纪华北农村社会经济研究》，李恩民、邢丽荃译，中国社会科学出版社 2001 年版。

③ ［日］顾琳：《中国的经济革命——二十世纪的乡村工业》，王玉茹、张玮、李进霞译，江苏人民出版社 2009 年版。

④ 郑起东：《转型期的华北农村社会》，上海书店出版社 2004 年版。

⑤ 张利民：《华北城市经济近代化研究》，天津社会科学院出版社 2004 年版。

⑥ 张利民等：《近代环渤海地区经济与社会研究》，天津社会科学院出版社 2002 年版。

⑦ 朱丽娜：《20 世纪 20—30 年代河北乡村经济发展探析》，硕士学位论文，首都师范大学，2008 年。

⑧ 龚关：《近代华北集市的发展》，《近代史研究》2001 年第 1 期。

⑨ 樊如森：《近代华北经济地理格局的演变》，《史学月刊》2010 年第 9 期。

⑩ 樊如森：《天津与北方经济现代化（1860—1937）》，东方出版中心 2007 年版。

⑪ 熊亚平：《铁路与华北乡村社会变迁（1880—1937）》，人民出版社 2011 年版。

⑫ 张学军、孙炳芳：《直隶商会与乡村社会经济》，人民出版社 2010 年版。

（1840—1949）》①，徐永志《开埠通商与津冀社会变迁》②。学位论文有
叶淑贞《天津港的贸易对其腹地经济之影响（1867—1931）》③、陈为忠
《山东港口与腹地研究（1860—1937）》④。期刊论文有庄维民《近代山
东商品流通结构的变迁及其意义》⑤ 等。

关于南运河沿岸区域经济变迁的研究成果不多，主要集中在临清、
德州等山东城镇。随着漕运的停止和津浦铁路的修建，交通体系重新构
建，大运河航运的衰落对区域经济发展影响较大，这一历史转变过程被
学者们所关注。戴鞍钢《清代漕运兴废与山东运河沿线社会经济的变
化》⑥ 指出漕运的衰败使山东沿河城镇出现商业凋敝、失业人口增加、
河道失修及水患频仍、民不聊生的局面。冷东《从临清的衰落看清代
漕运经济影响的终结》⑦ 通过研究临清与运河的兴衰关系，分析漕运经
济的利弊，认为漕运与新兴经济因素的成长是同步的，它适应了封建社
会商品经济的发展，孕育了新的生产方式，漕运停止后，依然影响着沿
岸地区的发展。李瑞杰、张立胜在《近代运河之衰与德州区域城乡经
济的变迁》⑧ 指出近代以来尽管运河商路衰落，德州城乡经济水平低于
明清时期，但由于历史惯性和津浦铁路的修通，制瓷业、棉纺织业、酿
造业、竹木加工业依然得到发展。还有三篇硕士学位论文：孙金浩
《清中期以后京杭大运河衰落对运河地区城乡经济的影响》⑨ 研究运河
对沿运河地区乡村、城镇经济产生的影响，通过兴盛与衰落状况的比

① 吴松弟等：《港口：腹地与北方的经济变迁（1840—1949）》，浙江大学出版社2011年版。
② 徐永志：《开埠通商与津冀社会变迁》，中央民族大学出版社2000年版。
③ 叶淑贞：《天津港的贸易对其腹地经济之影响（1867—1931）》，硕士学位论文，台湾大学，1983年。
④ 陈为忠：《山东港口与腹地研究（1860—1937）》，硕士学位论文，复旦大学，2003年。
⑤ 庄维民：《近代山东商品流通结构的变迁及其意义》，《东岳论丛》2000年第2期。
⑥ 戴鞍钢：《清代漕运兴废与山东运河沿线社会经济的变化》，《齐鲁学刊》1988年第4期。
⑦ 冷东：《从临清的衰落看清代漕运经济影响的终结》，《汕头大学学报》1987年第2期。
⑧ 李瑞杰、张立胜：《近代运河之衰与德州区域城乡经济的变迁》，《春秋》2012年第3期。
⑨ 孙金浩：《清中期以后京杭大运河衰落对运河地区城乡经济的影响》，硕士学位论文，四川省社会科学院，2010年。

较，可以看出交通干线对城乡经济发展的重要作用；张振丽《1912—1937 年临清经济研究》① 系统考察了临清经济状况，认为临清经济的繁荣得益于南运河、卫河便利的交通条件；张春红《区位与兴衰：以临清关为中心的个案研究（1429—1930）》② 以临清钞关为研究个案，探讨临清社会、经济、文化的兴衰交替，运河漕运的繁荣孕育了临清的繁荣，而近代交通方式的发展与商路的变迁是临清钞关衰落的根源，进而分析临清区位兴衰的规律性问题。南开大学秦熠的博士论文《津浦铁路与沿线社会变迁（1908—1937）》③，通过对繁杂的史料进行爬梳整理，探究津浦铁路的筹划和修建过程，分析其管理运营状况及其对沿线各地工商业与农业的影响。津浦铁路是本书研究南运河航运在区域经济发展地位的参照，津浦铁路与南运河天津至德州段基本平行，两者对区域经济的影响孰轻孰重？两者的关系如何？这些都是本书关注的重点，通过分析与比较两者对区域经济变迁的影响，可以更加全面地认识交通体系在区域经济发展中的地位。

棉花、花生等农产品是内河航运的主要货物，学者们还对近代华北地区的棉花、花生等农产品运销系统进行个案研究，分析交通体系的变迁与区域经济转移的联系。曲直生《河北棉花之出产及贩运》④ 对民国时期河北省的棉花生产、运销、改良都有详细的论述，指出内河航运在棉花贩运方面起到了举足轻重的地位。武强《近代河南水运与农业商品化关系略论》⑤ 肯定了近代河南内河水运对农业商品化的作用，并对水运与铁路运输的关系进行了分析。此外，还有张利民《试论近代华北棉花流通系统》⑥、陈为忠《近代华北花生的运销体系（1908—1937）》⑦、

---

① 张振丽：《1912—1937 年临清经济研究》，硕士学位论文，河北大学，2009 年。

② 张春红：《区位与兴衰：以临清关为中心的个案研究（1429—1930）》，硕士学位论文，江西师范大学，2010 年。

③ 秦熠：《津浦铁路与沿线社会变迁（1908—1937）》，博士学位论文，南开大学，2008 年。

④ 曲直生：《河北棉花之出产及贩运》，商务印书馆 1931 年版。

⑤ 武强：《近代河南水运与农业商品化关系略论》，《农业考古》2012 年第 1 期。

⑥ 张利民：《试论近代华北棉花流通系统》，《中国社会经济史研究》1990 年第 1 期。

⑦ 陈为忠：《近代华北花生的运销体系（1908—1937）》，《中国历史地理论丛》2003 年第1 期。

樊如森《内河航运的衰落与环渤海经济现代化的误区》① 等。

以上所述各项研究，给本书研究提供了大量的史料，拓展了笔者的研究视野，它们是本书研究的坚实基础。

（四）相关研究评述

综上所述，近年来关于中国近代航运史和南运河的研究成果涉及方方面面，因为篇幅和笔者学识的限制，无法一一尽数，不免有挂一漏万之举。以上论著是继续研究的基石，我们必须从中汲取精华，但从学术史回顾中我们也发现一些不足之处，仍需进一步加强研究。

1. 内河航运史研究方面的不足。从上面的研究中我们发现中国近代航运史研究侧重于远洋航运和沿海航运，对于内河航运史研究关注较少，即使有一些研究成果也集中在江南、四川、辽宁地区的内河轮船运输业方面，对传统的内河民船业关注极少，只有加强此方面的研究，才能全面展现中国近代航运的发展概况。此外，以往中国近代航运史的研究多关注航运业本身的经营和兴衰，将航运与区域经济相关联起来的研究则比较薄弱，加强交通变迁与区域经济之间的互动关系的研究，可以为区域经济史研究提供新的视角。

2. 研究时段的单一性。京杭大运河的开凿已有 1000 多年的历史，隋朝以后它成为沟通全国南北经济的大动脉，此后历朝不断修复疏浚，明清时期漕运达到鼎盛，除了大运河整体研究外，在断代史上，学者们重点关注明清漕运兴盛的时段，漕运的繁荣带动了区域经济、文化的发展。其实，漕运停止后，大部分河段依然可以通航，在区域经济发展中仍发挥着重要的作用。沿岸区域的社会经济是随着运河的兴衰而同步进退的，仅研究鼎盛时期的社会盛况、原因、影响、规律是不够的，只有加强研究漕运衰败后沿岸区域社会经济发展情况，才能全面地把握大运河航运变迁与沿岸区域社会经济兴衰的关系。

3. 研究区域的不均衡性。京杭大运河通史研究成果涉及漕运、运河变迁、河道治理及管理、运河经济、运河文化等多个方面。区域研究中山东段研究成果最为全面深入，而南运河河北段虽然河道长度占到京

---

① 樊如森：《内河航运的衰落与环渤海经济现代化的误区》，《世界海运》2010 年第 10 期。

杭大运河的六分之一，但研究成果却与其他河段相差悬殊，应该加强该段运河航运的研究工作。

三　概念界定

南运河，曾名永济渠、卫河、卫运河、御河等，是京杭大运河重要组成部分。南运河是隋代永济渠的下游段，清朝以后，相对于天津以北的北运河（白河）而始称南运河。目前关于南运河的分段主要有两种：《漳卫南运河志》①、《中国水名词典》② 定义为南起山东省德州四女寺枢纽，向北流经德州、吴桥、东光、南皮、泊头、沧县、沧州等市县，至天津静海县十一堡入海河。《中国历史地名大辞典》③、《中国历史大辞典》④ 和《中国古今地名大词典》⑤ 指的是临清至天津段。这两种定义不同是因为水利工程的改变。1958 年前，临清至天津段称为南运河，1958 年，建成四女寺枢纽后，南运河上口改为四女寺枢纽闸，下口不变，全长 309 公里。⑥ 因本书所研究的时段主要是 1958 年前，故本书所指的南运河是临清至天津段，全长 414 公里，主要流经临清、武城、夏津、德州、故城、景县、阜城、吴桥、东光、南皮、泊头、沧县、沧州市区、青县、静海等市（县）。南运河上游有漳河、卫河两大支流，两河在邯郸徐万仓相汇后，至四女寺枢纽段称卫运河，漳河、卫河、卫运河、南运河及漳卫新河统称为漳卫南运河水系，流经山西、河南、河北、山东、天津 5 个省市，流域面积为 37700 平方公里，河流全长 959公里。南运河上游的卫河适宜船只航行，船舶从新乡经卫河、卫运河、南运河能够直达天津，故本书所指的南运河实指卫河、卫运河和南运河3 条河流，统称为南运河。

南运河沿岸区域：对应上述南运河的定义，本书研究的空间范围也

---

① 漳卫南运河志编委会：《漳卫南运河志》，天津科学技术出版社 2003 年版，第 1 页。
② 牛汝辰：《中国水名词典》，哈尔滨地图出版社 1995 年版，第 17 页。
③ 史为乐：《中国历史地名大辞典》下，中国社会科学出版社 2005 年版，第 1798 页。
④ 郑天挺、吴泽、杨志玖：《中国历史大辞典》下卷，上海辞书出版社 2000 年版，第2108 页。
⑤ 戴均良等：《中国古今地名大词典》中，上海辞书出版社 2010 年版，第 2075 页。
⑥ 来新夏、郭凤岐：《天津大辞典》，天津社会科学院出版社 2001 年版，第 793 页。

必须有所扩展,才能全面深入认识南运河航运的作用。卫河、卫运河沿岸区域如道口、馆陶、大名等地也归入南运河沿岸区域,故本书讨论区域不仅局限于南运河沿岸地区,也涉及卫河和卫运河流域,主要指的是紧邻运河的城镇。另有一些城镇借助人力或畜力车将其物资与沿岸城镇相联系,它们或多或少受到南运河航运的影响,因此,这些也在本书研究的空间范围内,但以前者为研究的重点区域。

津浦铁路:连接天津与南京浦口镇的铁路,始建于清光绪三十四年(1908),1912 年全线通车,途经河北、山东、江苏、安徽四省,全长1009.48 公里。1968 年南京长江大桥通车,津浦铁路和沪宁铁路接轨,并改名为京沪铁路。

研究时间的界定:本书考察时限定位于 1901—1980 年。1901 年,清朝政府下令漕粮一律改征折色,漕运由此结束,故本书以内河漕运废弃的 1901 年作为研究上限。1967 年因河道水资源不足,南运河航运开始断断续续,1980 年,南运河航运基本完全停止,因此将之作为研究时间的下限。但为了全面研究南运河及区域经济的发展过程,有时可能根据研究需要在时间段上向前或向后适当地延伸。

四 研究方法

本书采用跨学科的研究方法,运用历史学、区域经济学、交通运输经济学、物流经济学与环境经济学等研究理论进行分析与论证。该选题是一个涉及多学科的题目,还会涉及政治学、社会学、制度学、水利学、人口学、统计学等多个学科。本书以历史学研究方法为主,通过查阅历史文献、田野调查等手段来收集史料,用计量分析法、对比分析法、综合分析法等分析方法,宏观与微观研究相结合的方法来探索南运河航运与区域经济互动关系,开辟航运史研究的新途径。

五 创新点与难点

(一)创新点:

1. 本书以南运河航运作为考察区域经济发展的视角,不仅拓宽了区域经济史的研究视野,而且可以更加全面深刻地理解区域经济的发展变化,对推进华北区域经济史研究和整个中国近代经济史的深入发展都有重要的学术价值和理论价值。

2. 通过比较铁路、公路等新式陆运交通与内河航运交通对区域经济发展的不同作用，从而全面地认识新旧交通更替与区域经济发展的相互关系。新的交通方式打破了传统的交通格局，呈现出在不同自然和社会环境下的多样化多层次特征，形成航运、铁路及公路等多种交通方式相协调的新局面。

3. 研究方法的创新。本书不仅借鉴以往航运史研究中常用的历史学、历史地理学等方法，还融入区域经济学、内河运输学、交通运输经济学、环境经济学、计量经济学等理论，采用跨学科的研究方法，对南运河航运的兴衰轨迹进行深入考察，探讨南运河航运与区域经济之间的相互关系。

（二）难点：

1. 资料的收集。近代以来南运河航运史的研究成果较少，档案资料分布零散，尤其是新中国成立前的史料多散见于各地档案馆和各相关机构。此外，本书需要广泛的田野调查，但因经费问题给资料的收集带来了一定的麻烦，有待于以后不断充实资料，使结论更加客观公正。

2. 理论运用有待加强。由于本书涉及历史地理学、交通运输经济学、区域经济学、环境经济学等众多学科理论，而笔者学识有限，较短时间系统掌握与熟练运用多种分析理论有一些困难，以后需要继续加强理论知识的学习和运用。

3. 区域经济的兴衰是综合因素影响的结果，不是交通体系单因素能为之，需要对多种因素进行综合对比，才能得知南运河航运对区域经济的影响到底有多大。此外，1912年津浦铁路建成，南运河与铁路同时途经一个区域，两者相互竞争，此消彼长，不断更替，二者对区域经济的影响分别有多大，缺乏具体的量化数据，导致孰轻孰重难以准确定论，仍需收集大量的统计数据和娴熟地运用各种理论方法进行细致的分析。

第一章 晚清之前南运河与沿岸社会经济的透视

京杭大运河（简称大运河）是沟通华东与华北地区的交通大动脉，晚清之前南北两地货物运输均依赖于此。南运河是大运河重要组成部分，这条河流受到历朝中央政府的重视，尤其是元代定都北京以后，首都和北方的赋税和粮食运输均依赖于此。与此同时，南运河沿岸的德州、临清、沧州、泊头等沿岸城镇依河而建，靠河而兴，成为南运河航运兴衰交替的最好见证。南运河的变迁直接影响着沿岸地区的社会经济发展，认识南运河的变迁过程有助于我们更加深入了解沿岸城镇的发展脉络，也是理解南运河与沿岸社会经济关系的基础。

第一节 南运河水系的变迁

一 南运河水系的形成

南运河水系虽然几经变迁，但一直是京杭大运河重要组成部分，历史上它曾是黄河古道，称为清水。本段运河最早源于曹魏时期曹操开凿的运河——白沟。东汉末年，全国各地军事势力割据一方，为了扩充各自地盘，战争不断。袁绍盘踞冀、幽、青、并四州，统治中心在邺城（今河北临漳县）。曹操为了统一北方，消灭袁绍这一北方最大割据势力，决定举兵北上，攻占邺城。曹操面临的最大一个难题即军事物资的运输，于是，曹操首先发动大量军民开凿白沟通往邺城，利用水路运输的便捷为战争作好准备。白沟发源于河南淇水东岸附近，原本是一条小河，汉建安九年（204 年），"魏武王于水口下大枋木以成堰，遏淇水东入白沟以通漕运。"① 淇水发源于山西壶关县太行山上，曹操修建枋木堰，使淇水改入白沟，并从淇水开渠以会菀水共入白沟，为防止淇水分流，在淇水与菀水的交汇处和淇水与宿胥故渎相交处，均修建石堰，从而增加了白沟的水量，白沟下游与清水相接，极大提高了白沟的运输能力，运输船舶从白沟可进入洹水（今安阳河），从而逼近邺城，所以，今南运河水系的总体格局因战争运输的需要而建。《水经·淇水篇》："淇水东过内黄县（今县西）南为白沟，东北与洹水（今安阳河）合，又东北过东广宗（今威县东）县东为清河，又北过广川县（今枣强东）

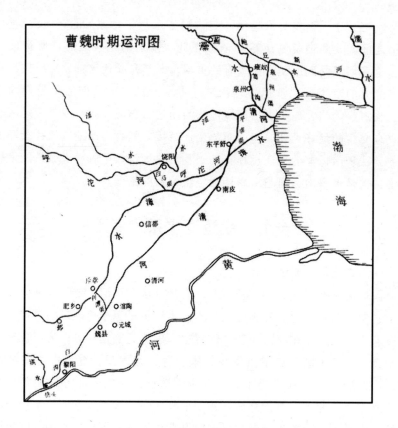

图 1-1　曹魏时期运河形势图

资料来源：邹逸麟《黄淮海平原历史地理》，安徽教育出版社 1997 年版，第 152 页。

---

① （北魏）郦道元：《水经注》，时代文艺出版社 2001 年标点本，第 75 页。

东，又东北过东光县西，又东北过南皮县（今县南）西，又东北过漂榆邑（今天津塘沽附近），入于海。"① 这便是今南运河水系形成时期的水路写照。

邺城一战，袁绍大败。其子袁尚与袁熙率领残部逃亡至东北的乌桓，乌桓首领早先曾受过袁绍的恩惠，这时其两子来投奔，乌桓就把他们收留了下来。曹操为了彻底斩草除根，决定继续挥师北上。因需要运输大批军粮，建安十一年（206年），曹操"凿平虏、泉州二渠入海通运"②，平虏渠是引滹沱河水入泒水的运河，泉州渠是引沟河（约今蓟运河上游）水入潞河（今白河），该渠因经过泉州境内，故名泉州渠。白沟、平虏渠、泉州渠三条水上运道沟通了河北诸多水系，首次形成了纵贯南北的水路运输线（见图1-1）。为了避开乌桓重兵，曹操又在辽西地区开凿了新河运渠，促成曹魏大军由河北南部地区直达辽西，为其统一北方地区奠定了基础。此后，曹魏政权还在河北中部地区开凿了利漕渠、白马渠、鲁口渠等运河，使河北地区形成各条水系贯通的水运网络。

二　隋唐时期的南运河

此后，南运河河道没有大的变动，直至隋朝，南运河有了新的发展。虽然隋朝政权据关中要隘，物产丰富，但依然仰赖于南方的物资供给，而原北齐政权封建势力和外部势力时刻威胁着北方边疆的统治，为了政治、经济、军事的需要，亟须修建一条沟通全国南北的水运交通。虽然早已开凿邗沟、鸿沟、白沟、平虏渠、泉州渠等，但这些都是区域性的水运网络，河流多为东西走向，没有一条沟通全国南北的水运通道。隋朝为了完成统一和巩固政权，修建以洛阳为中心，沟通南北的大运河势在必行。隋朝大运河共分四段，从南到北分别是江南河、邗沟、通济渠、永济渠。永济渠就是南运河的雏形，南起黄河，北至涿郡，主要流域在河北境内，该渠修建于隋大业四年（608年），耗费人力、物力巨大，"诏发河北诸郡男女百余万开永济渠，引

---

① 邹逸麟：《黄淮海平原历史地理》，安徽教育出版社1997年版，第144页。
② （晋）陈寿：《三国志》，上海古籍出版社2002年版，第398页。

沁水南达于河，北通涿郡"①，永济渠途经今武陟、新乡、卫辉、浚县、内黄、魏县、大名、馆陶、临清、清河、武城、德州、东光、沧州、青县、静海等地，全长千余公里。其中今河南淇河口至河北大名一段，利用白沟故道，今河北青县至静海一段，利用曹操所开的平虏渠。隋炀帝改引沁水入河，使淇水与沁水相通，运河循沁水入淇水，向北流到今天津附近入海。永济渠修好以后，京杭大运河全线贯通。隋炀帝开凿这条永济渠虽然耗费巨大，劳工伤亡也多，给河北地区带来了沉重的灾难，却把河北地区与中原、江南等地连接起来，增强了各地区的经济、文化交流，给沿岸流域带来前所未有的发展契机，是沿岸流域经济发展上的一个新的起点。

以后历朝历代都非常重视对大运河的治理。唐朝建立以后，永济渠的走向基本没变（见图1-2），唐朝利用隋朝兴建的大运河，促成了唐朝的繁荣局面。隋朝开凿的永济渠几乎贯通河北全境，它打破原来自然的河流体系，使漳河、滹沱河、拒马河、桑干河、潞河等一起涌向天津附近入海，特别是每到汛期，漳水尾闾宣泄不畅，极易造成水患，为此唐朝在永济渠河北段修建了大量的水利工程，开挖减河、加固堤坝以防御堤坝溃决。如唐开元十六年（728年），在沧州西南28.5公里开凿无棣河，东南7.5公里开挖阳通河，以宣泄永济渠洪水。②此外，还加强堤坝防护，唐永徽二年（651年），在沧州西北筑永济渠防护堤，此后，还陆续修建了明沟河堤、李彪淀东堤、徒骇河堤、衡漳堤东堤、浮河堤、阳通堤和永济渠北堤等③，通过这些水利工程确保了永济渠的安全通航。唐朝末年，因为各地藩镇割据势力混战，永济渠作为运兵饷重要通道，成为各派势力争夺的对象，但因战争因素，无力大规模疏浚修复，部分河段淤塞，使其水上运输能力遭受极大破坏。

北宋王朝建立以后，永济渠亦称为御河，已不是通往京师的主要漕运通道，而是运送粮饷北至乾宁军（河北北部地区的边防军，治今青县）的运道。宋神宗时期，曾利用沙河故道引黄河水入御河，以便通江

---

① （唐）魏徵：《隋书·炀帝纪》卷3，中华书局1973年版，第70页。
② （宋）欧阳修、宋祁：《新唐书》，中华书局1975年版，第1017页。
③ 同上。

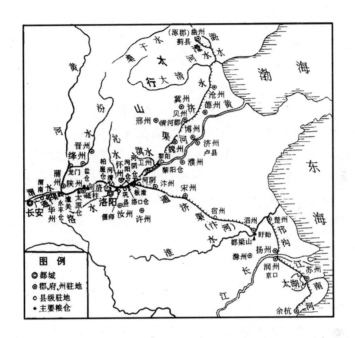

图 1 - 2 隋唐大运河形势图

资料来源：邹逸麟《黄淮海平原历史地理》，安徽教育出版社 1997 年版，第 153 页。

淮漕运，但因黄河水大而失败。北宋时期，黄河多次溃决或改道北流，侵入或穿过御河，使其淤塞泛滥，史书上有不少记载，如"大河北流，御河数为涨水所冒，亦或淹没"①，黄河的频繁改道与泛滥，严重影响了御河的水上交通。南宋时期，南运河流域属于金朝政权统治范围，金朝迁都燕京后虽在御河沿岸各地修建了粮仓，但在史书上对御河修浚的记载不多，主要是治理通州至中都（今北京）的漕河，关于通州以南段修浚记载不多。

三 元明清时期的南运河

元朝统一全国后，迁都于大都（今北京）。北方再次成为全国的政治与军事中心，而经济中心却在南方，以至于"百司庶府之繁，卫士

---

① （元）脱脱等：《二十五史·宋史》，新疆青少年出版社 1999 年标点本，第 453 页。

编民之众，无不仰给于江南"①，因此，元朝对漕运非常重视，但因多年战争，疏于南运河的治理，"清州之南，景州以北，颓阙岸口三十余处，淤塞河流十五里。"② 沧州区域水面高于平地，全依赖于堤堰防护，但其沿岸居民掘堤作井以灌溉蔬菜和水果，深度达到一二丈深，还有居民在堤岸取土，河中暗藏树桩，严重影响正常漕运，元朝饬令沿河各地及时整治，加强管理。元朝初期，江南粮食运输至大都，采用水陆联运，由江淮入黄河，在河南封丘县中滦镇改陆运至淇门（今河南浚县），由淇门入御河，至通州，又转陆运达通州。为了缩短运程，开凿济州河，漕船由江南溯河北上，至利津入海，开始河海联运。后因海运安全系数低，加上利津入海口泥沙淤塞，再次改为水陆联运，由运河船运到东阿，再转为陆运至临清，再经御河运至通州。无论水陆联运或河海联运，均需中转，费时费力，但都途经御河段。为了漕粮运输的方便，至元二十六年（1289 年），元朝修建了从须城（今山东东平）安山至临清的会通河，南接济州河，北连御河。至元三十年（1293 年），又建成通州至大都的通惠河，从此以后，京杭大运河全线贯通，这条运河不必绕道中原地区，由杭州直通北京，使御河漕船大增，南运河流域再度繁荣。

明朝建立后，定都金陵（今南京市），北方所需粮饷除内河运输外，海运成为重要的运输途径，而海运事故频发，水陆联运费时费力。明成祖永乐九年（1411 年），准备迁都北京，但都城的营建和北方的粮饷全依靠南方，必须重新打通运河的南北交通，便利漕粮运输。同年，工部尚书宋礼采纳汶上老人白英引汶入运的建议，还在山东河段引泉、引黄、引湖入运，解决了会通河的水源问题，使济宁至临清间的通航能力极大提高。经过一系列的疏浚整修，大运河全线贯通，明代京杭大运河称为漕河，临清至天津段称为卫漕。全国各地的漕粮最后全部汇集到该段运河，这也是该段运河最为繁荣时期之一。

由于南运河的重要性及上游水源的充足，在丰水季节时常因水大溃堤，所以明朝兴建了几条减水河。永乐五年（1407 年），在卫河东北开

---

① （明）宋濂等：《元史》卷 93，中华书局 1976 年标点本，第 2364 页。
② 同上书，第 1600 页。

沟渠，"泄水入旧黄河，使至海丰大沽河入海"①；永乐九年（1411年），在德州开凿四女寺减河；永乐十年（1412年），在德州城西北开泄水减河口，即清代的哨马营减河前身。弘治年间，白昂在沧州开挖捷地减河，在青县兴建了兴济减河，这些减河使卫河的防洪能力极大提高。嘉靖年间，又先后修复了捷地、四女寺、兴济三座建水闸。总之，南运河河道基本无大的变动。

清朝时期，南运河遇到的主要问题是上游漳河与卫河时分时合，水小时疏浚修堤，水大时开减河。康熙之前，漳水北徙，流入滏阳河，南运河水道时常浅涩。康熙非常重视河的治理，"以三藩及河务、漕运为三大事，以三藩及河务、漕运为三大事，夙夜廑念，曾书而悬之宫中柱上。"② 清朝沿袭明制设置漕运总督管理漕务，南运河段由"天津巡漕御使"负责。康熙三十六年（1697年）六月，漳河水忽分支在馆陶入卫河，至康熙四十七年（1708年），漳河全水入卫。从此，雍正、乾隆时期，南运河水源充足，河堤决溢较多，于是闸坝、减河工程增多。康乾时期，改建四女寺、捷地、兴济等减水闸为滚水石坝，疏浚了捷地、四女寺等减河。在干旱季节，对沿岸居民用水进行限制。这段运河没有特别大的问题，只是多开挖疏浚减河而已。清代，每年经南运河开往天津、通州方向的漕船有4000只左右。③

道光二十年（1840年），随着鸦片战争的爆发，我国逐步沦为半殖民地半封建社会，作为九河尾闾的天津被开辟为通商口岸。咸丰五年（1855年），黄河在河南兰考铜瓦厢决口，夺大清河由山东利津入渤海，由于当时清朝政府正忙于镇压太平军和捻军，军费浩大，国库空虚，无力治理。朝廷将各省漕粮改征折色（折价交钱）。同治末年，清政府大量利用外商、招商局等的海轮运送南方粮食，运河水利交给各省督办，将漕运总督及屯卫官吏全部解散。从此，京杭大运河逐步从繁荣走向衰落。

运河的水源问题一直是历朝统治者保证漕运通畅的首要问题，因为

---

① （清）张廷玉撰：《明史》第3册，岳麓书社1996年标点本，第2129页。
② 《清圣祖仁皇帝实录（二）》卷154，中华书局1985年版，第701页。
③ ［日］松浦章：《清代大运河之帆船航运》，《淮阴工学院学报》2010年第6期。

华北平原河流径流量原本就小，只能依靠天然河流和湖泊的补给。漕粮起运的时间一般为春季，此时也是农业亟须用水的时候，运河沿岸农业用水与漕运用水矛盾十分突出。政府为了巩固统治的需要，往往牺牲农业，保证漕运用水。例如明清时期山东临清至济宁段运河沿岸地区无天然水源可利用，因此重视此段河道水量的管理，强行将汶水与泗水筑坝，逼水北流。此外，沿线还设置南旺、安山、蜀山、邵阳等湖为水柜以调节水量，并明令规定，运河沿线一切水源"涓滴归公"，发现盗引湖泉进行灌溉者，均发边远地区充军，以至于"涓滴之流，居民不敢私焉。"在河南卫河段，明隆庆元年（1567年），"河南辉县苏门百门等泉乃卫河发源，即小滩一带运河赖以接济。如有豪横阻绝泉源引灌私田，照依山东阻绝泉源事例问罪"①，即"为首之人发充军，军人发边卫"，可见，明清时期，南运河的水源不足问题已经突显，国家只能从制度层面保障南运河漕运的通畅。

四 河漕停止与海运兴起

关于漕运衰败问题一直是学界研究的热点，很多学者都发表了自己的见解。② 因此，本书不再详细论述，仅进行史实层面的论述。

运河漕运停止是多种因素共同促成的，例如漕运官员肆意贪污，沿途陋规重重，保漕抢水，清末割地赔款，政府财政拮据，无力整治运河等。其中，笔者认为最主要因素是运河航道的衰落与民间航运业的不断发展，以及随着轮船等现代航运交通工具的出现，海上运输最终取代运河运输。清代嘉庆、道光年间运河漕运的弊端日益严重，海运漕粮的呼声日益增高。嘉庆年间因淮扬运河艰涩，筹议海运，但触及很多官吏的既得利益，群起反对，最后不了了之，但海运的建议引起了清政府重

---

① 《大明会典》（五），文海出版社1985年版，第2676页。

② 戴鞍钢：《清代漕运兴废与山东运河沿线社会经济的变化》，《齐鲁学刊》1988年第4期；王频：《清代运河衰败原因论析》，《淮阴师范学院学报》2008年第3期；武翠、王敏：《试析京杭运河山东段在近代的衰落原因》，《白城师范学院学报》2010年第1期；彭云鹤：《明清漕运史》，首都师范大学出版社1995年版，第187—192页；史念海：《中国的运河》，陕西人民出版社1988年版，第352—358页；姚汉源：《京杭运河史》，中国水利水电出版社1998年版，第521—604页；岳国芳：《中国大运河》，山东友谊出版社1989年版，第317—328页。此外还有一些研究成果，在此不一一列举。

视。道光四年（1824年），洪泽湖东边的高家堰漫决，洪泽湖水太浅，漕船河运极难。次年春季引黄河水接济里运河，黄河水灌入运河，清江浦至高邮段淤垫高至一丈有余，河漕运粮遭遇困境，恢复海运的讨论再起。道光七年（1827年），仍有大臣请求续行海运，因清口新创"倒口灌运"法渡过黄河，遂仍行河漕。

太平天国运动兴起后，河漕运道被截断，导致京城粮食仓储短缺，于是道光二十六年（1846年）再议复行海运。次年，批准江南苏、松二府及太仓一州明年起改为海运漕粮至津。咸丰元年（1851年），江南四府一州漕粮皆改由海运，咸丰三年（1853年），浙省也改为海运。太平天国运动加快了漕运政策的转变，1853年起规定除江浙两省之外的省份，按照每石漕粮折征银一两三钱的比率改征折色，即由征收粮食改为征收货币或者当地拨充军饷。此后10余年，海运漕粮或改征折色取代了传统的内河漕运。

咸丰五年（1855年），黄河改道加速了大运河漕粮运输衰败的步伐。1855年，黄河在山东张秋镇横穿运河，改由山东利津入海，洪水漫溢，大运河山东段很快淤废。19世纪60年代初期，东昌至张秋段运河"河身淤狭，已为平地，实不及丈五之沟，渐车之水"①。当时的清朝政府正忙于镇压太平军和捻军，军费浩大，无暇顾及修治运河事宜，"仅堵筑张秋以北两岸缺口"而已。七月清文宗奕詝下诏："现值军务未平，饷糈不继，若能因势利导，使黄河通畅入海，则兰阳决口即可暂缓堵筑。"山东段运河仅仅依靠年年挑挖，维持少量运输。

同治三年（1864年），太平天国被镇压后，清政府又试图恢复传统的漕运体制。此时，面临的困难很多，例如船员缺乏、船只破败、河道淤塞等，运河几乎处于断航状态。对大运河进行全面的整治是一项费用巨大的工程。此外，每年押运漕粮的人员需要几十万人，疏浚和管理运河的浅夫、铺夫、泉夫、塘夫、纤夫及疏浚的民工等也是几十万人，这么大的修复工程对岌岌可危的清朝政府是无法完成的。同治四年（1865年）十月初八日，李鸿章指出："今漕船尽废，欲全数修复，约

---

① （清）李鸿章：《复尹杏农观察》，顾廷龙、戴逸《李鸿章全集》第29册，安徽教育出版社2008年标点本，第598页。

需银三千万两，若转船之法，必先建仓。南漕正耗四百余万石，以一仓储万石计之，须四百余仓，一时均无此巨款。"①但清政府不顾运河的现实情况，依然强制一部分地方政府利用大运河运输漕粮。同治五年（1886年），苏北地区雇用民船200余艘运输粮食4万石，沿途"节节阻滞，艰险备尝"，结果"船户不愿北行，直至临清一带改雇北船，乃能接运抵通州"。② 运河运输费时费力，已经不具有任何优势和便捷之处。于是，清政府决定江浙漕粮仍交商船海运，其余省份保持改征折色。

光绪二十七年（1901年），清政府规定"直省河运海运，一律改征折色"③。次年又撤掉"东河总督及运河道，并裁闸官闸夫及济宁、东昌、临清卫所守备千总官"等职。光绪三十一年（1905年），漕运总督一职也被裁去。据《山东通志》卷一二六《运河考》载："光绪三十四年（1908年），是年裁督粮道……今则专行海运，卫帮久歇，漕督粮道既撤，运艘运费全裁。因时制宜，古今异势。"几百年的内河漕运制度完全终结。伴随着大运河漕运功能的失去，清政府对其的态度也发生了大转变，对于运河及其黄河的治理不再重视，加速了大运河的淤废和黄河的泛滥。

漕粮运输采用河运还是海运，曾引发清朝政府官员的激烈争辩。同治十二年（1873年），山东巡抚奏请挽黄河回淮徐故道，试图通过借黄济运，导卫济运以及修堤束水来恢复河运。黄元善也积极提倡恢复河运，认为海运漕粮是权宜之计，海运风险较大，河运虽然迂回曲折，但沿途安稳，沿河还有数以万计的人员依赖运河运输生活，利国利民。"河运迂而安，海运便而险。计出万全，非复河运不可！"沈葆桢驳斥改办河漕之说，"河运决不能复，运河旋浚旋淤，运方定章，河忽改道。河流不时迁徙，漕路亦随为转移。借黄济运，为害尤烈。前淤未尽，下届之运已连樯接尾而至，高下悬殊，势难飞渡。于是百计逆水之

① 聂宝璋：《中国近代航运史资料》第1辑（下册），上海人民出版社1983年版，第744页。

② 中国科学院历史研究所第三所：《刘坤一遗集》第1册，中华书局1959年版，第168页。

③ （清）朱寿朋：《光绪朝东华录》，中华书局1959年标点本，第4689—4690页。

性，强令就我范围，致前修之款皆空，本届之淤复积。"① 当时朝野重臣曾国藩、李鸿章、左宗棠等洋务派都支持漕粮海运，李鸿章认为"不知从前办河漕时，并无洋务今洋务繁兴，急而且巨，盍不移办河办漕之财力精力，以逐渐经营，为中华延数百年之命脉耶"②。李鸿章对同治皇帝说："事穷则变，变则通。今沿海数千里洋舶骈集，为千古以来创局，正不妨借海道转输，由沪解津，较为便速。"③

　　洋务派坚持漕粮海运的另一主要原因在于江南漕粮的运输是轮船招商局得以维持正常运转的主要营业收入，漕粮运输不仅运量大，而且运费较高。承运价格为每担五钱五分，这个价格为外轮上海至天津运价的两倍。同治十三年（1874 年），轮船招商局共运输漕粮 30 万担，运费收入 155000 两，占其全部收入的三分之一。④ 至光绪三年（1877 年），李鸿章规定："嗣后苏浙海运漕米，须分四五成拨给招商局轮船承运，不得短少。"⑤ 此外，轮船招商局还多次承担政府赈济粮食的运输工作。清政府通过政策扶持轮船招商局的发展，抵御外轮和沙船对漕粮运输的控制。

　　海运与河运相比，优势还是十分明显的，"其利有三：曰河运费而海运省也，河运劳而海运逸也，河运迟而海运速也"⑥。起先，清朝末年海上运输漕粮多是依靠沙船，这种木帆船受限于季风等气候条件。而轮船的使用克服了这些缺点，更加安全与便捷。漕粮运输转向于海运，也是因为航运运输工具的不断改进。

　　南运河沿岸地区生态环境的恶化，也加剧了运河的衰败。北方运河最主要的问题是水源不足，"此河之废，非淤塞所致，缺乏水源，实为其主因耳。"⑦北方地区天然降雨量与地下水储藏量远远低于南方地区，

① 白寿彝：《中国交通史》，武汉大学出版社 2012 年版，第 120—121 页。
② （清）李鸿章：《李鸿章全集》第 6 册，时代文艺出版社 1998 年标点本，第 3556 页。
③ 岳国芳：《中国大运河》，山东友谊出版社 1989 年版，第 323 页。
④ 聂宝璋：《中国近代航运史资料》第 1 辑（下册），上海人民出版社 1983 年版，第 910 页。
⑤ （清）李鸿章：《李鸿章全集》第 3 册，时代文艺出版社 1998 年标点本，第 1280 页。
⑥ 聂宝璋：《中国近代航运史资料》第 1 辑（下册），上海人民出版社 1983 年版，第 804 页。
⑦ 汪胡桢：《临清至黄河间运河复航初步计划》，《水利月刊》1934 年第 7 卷第 5 期。

清政府普遍认为水源不足的原因是沿岸农业灌溉水利引起的。每年春季大运河开始通航,而此时北方地区干旱少雨,农作物也正处于需水的高峰期,造成农业灌溉与漕运的用水矛盾。嘉道以后,漕运用水重于民田用水的规定被明确下来。道光二十年(1840 年)道光帝称:"查卫河需水之际,正民田待溉之时……倘天时旱干,粮艘阻滞日久,是漕粮尤重于民田,应将丹、卫二河民渠、民闸暂行赌闭,以利漕运。"① 国家没有认识到卫河水源不足的根本原因不在于用水分配所致,而是河流上游山区生态环境的恶化,卫河及其支流漳河、洹河、丹水等发源于太行山南段和山西长治山区,明清以来该地区山地垦殖、水土流失等生态问题不断加重,加大了卫河的含沙量,造成运河航道的水浅淤塞。②

　　临清至黄河段运河因为黄河改道,汶水被截,此河遂成无源之水,清朝政府也不花大力气对大运河进行修治,河道干涸,临清经东昌到黄河之间,只有在丰水季节可以通行吃水较浅船只,河道渐涸,甚至有些河床渐被居民开垦。"云帆入海,运河衰微",运河在山东西北部的航运功能消失了,使其发展失去了交通地理优势,逐渐趋于败落。而临清以南卫河主流与临清以北至天津段,水量丰沛,船舶往来繁盛,南运河变成一条区域间航道。

第二节　南运河流域的社会经济

　　交通方式与货物流通便捷与否直接相关,古代的交通主要是陆运和水运。陆运交通主要是驿道,在汉朝时期陆上驿道已有雏形,至元朝时,形成了以北京为中心的驿站网络,驿道运输较水运速度更快,主要是京师与地方公文信函的运输通道,也是货物运输的主要通道。但驿道不利于大宗物品的长距离运输,路面多为自然地形垫土而成,崎岖不平,一遇雨季更加泥泞难行,运输工具是传统的人力车和畜力车,运输效率低下。运河是联系南北经济的大动脉,不仅运输着漕粮,也流通着

---

① 《清宣宗成皇帝实录(六)》卷335,中华书局 1985 年版,第 82 页。
② 王婧:《明清时期卫河漕运治理与灌溉水利开发》,《河北师范大学学报》2012 年第1 期。

商品，商船辐辏，且运河的商品运输量远远超过其漕粮，全国南北各地商品通过大运河互通有无，京杭大运河把中央与地方、南方与北方、城市与乡村、生产与消费之间联结成为一个严密的有机整体。

南运河沿岸城镇作为畿辅之地，是漕船驶入北京的必经之地，帆樯如林。明清之际，政府允许每艘漕船可以携带"土宜"进行交易，南来北往的船只在此停歇，在补充给养的同时，与沿岸商户进行商品交易，不仅出售从南方运来的货物，也买进当地的土特产。清朝初期，由于北运河淤浅，南来漕粮在天津改用载重量较小的平底小船驳运，此后数量不断增加，由顺治初年的 600 艘增至康熙年间的 1200 艘，管理权"交附近沿河之天津、静海、青县、沧州、南皮、交河、东光、吴桥、通州、武清、香河、文安、大城、任邱、雄县、新安、霸州、安州等 18 州县"，在空闲季节，政府允许"如有商货、盐斤，均准揽载"①，这种官船民用方式，弥补了华北地区内河船只的不足，沿岸各地农产品可以通过驳船运至天津进行商品交易，互通有无，加快了腹地区域农业商品化的进程。临清、德州、沧州等沿岸城市凭借这样便利的水路交通条件与各地区建立了贸易往来，城市规模与社会经济不断发展壮大。明清时期，运河漕运经济达到鼎盛时期，南运河沿岸的道口、南馆陶、金滩、油坊、泊头等沿岸集镇利用河流网络强大的货物转运能力也迅速发展起来，这样，这些城市和集镇形成了以水路交通为主，陆路交通为辅的交通格局，水陆交通相互配合，共同促成了其繁荣的局面，形成一条线性运河城镇经济带。

一　传统城市的发展

明清时期，南运河作为南北物资交流的主要运输渠道，沿岸的临清、德州、沧州等城市自然成为商品流通的枢纽和桥头堡，它们的繁荣并非基于当地自身发达的工农业生产，而是依靠其优越的交通位置，南运河航运起着决定性的作用。可见，交通运输是区域经济布局和城市形成的重要因素之一，德国地理学奠基人 F. 拉采尔曾提出"交通是促使

---

① 光绪《重修天津府志》卷 29《漕运》，上海书店出版社 2004 年影印本，第 603 页。

城市形成的力"的著名论断。① 我国南北经济发展水平差距较大,南方商品大量销往北方地区,同时,北方地区的农副产品等作为原料运往南方,这些运河城镇作为货物集散的中转市场,使商品根据市场供应与需求得以调剂,全国商品市场得以形成。同时,因为大量的商品在此集散,转运贸易十分发达,也相应带动了城市其他相关产业的发展,成为华北地区主要的经济中心。虽然天津也是南运河沿岸一个最为重要的节点,但不在本书的论述之内,另将单独论述,本书主要关注南运河腹地城镇,主要选取临清、德州、沧州三个最具代表性的南运河沿岸城市重点具体论述。

(一) 临清

这些城镇中,临清商业规模最大。万历年间八大钞关商税总额为34万余两,其中临清钞关所收船钞商税就达83000余两,临清一关即占四分之一,甚至超过京师所在的崇文门钞关,税收总额位居全国八大钞关之首。②

临清位于山东西北部,处于南运河与卫河汇流之地,是南来北往与西向运输的必经之地,这一便利的交通位置,使临清成为"南北往来交会咽喉之地"③。《利玛窦中国札记》记载:"临清是一个大城市,很少有别的城市在商业上超过它。不仅本省的货物,而且还有大量来自全国的货物都在这里买卖。因而经常有大量旅客经过这里。"④ 明初临清为漕运五大水次仓之一,但有仓无城,属于东昌府属县。景泰元年(1450年)开始修建砖城,城周九里有奇,面积仅约五平方里。明朝宣德四年(1429年)在临清设立钞关征收船税及货税。弘治二年(1489年)升为州,又于嘉靖二十一年(1542年)修建了土城,扩建城市规模,面积扩大五倍。砖城成为政治中心和仓储要地,市集贸易逐渐转移至新的土城。

卫河和汶河(即会通河)穿城而过,卫河自南水门进入,在城偏

---

① 王任祥:《交通运输地理》,人民交通出版社2002年版,第8页。

② 《续文献通考》卷18;赵世卿:《关税亏减疏》,《明经世文编》卷411。

③ 康熙《临清州志》卷4《艺文》。

④ [意]利玛窦、金尼阁:《利玛窦中国札记》,何高济等译,中华书局1983年版,第337页。

西境曲折北行，汶河至鳌头矶一分为二，北支在临清闸与卫河合流北上；南支则向南于板闸与卫河交汇。临清商业最为繁华之地为中州（见图1-3），由汶河和卫河环抱而成，其主街道由北向南分别是锅市街、青碗市街、马市街三段，从街名也可以看出来这三条街道均以商品名称命名，是主要的商业区。锅市街与碗市街主要销售皮货、鞋帽、杂货、纸张、米豆等，马市街两旁则主要经营银钱、皮货、帽靴、杂货、海味、果品等店铺。在主街以西有白布巷，店铺主要销售布匹，与其相交的果子巷则分布大量的绸缎店，明朝时期，布匹、绸缎店铺多达几十家。主街南边有粮食市场，有粮店10余家，其粮食主要来自于河南卫辉等地。主街以东为榷税分司所在地，南来北往的船只在此查验征税。在中州以北，有东西走向的小市街，两侧店铺有百余家，主要经营金属器皿、古玩珍宝、粮食、故衣、木材等。靠着卫河东岸还有南北向的牛市街，两侧分布着钱店、杂货铺等。此外，该区域聚集了大量的手工业者，主要从事皮毛、竹木器具、磨坊、油坊、碾坊等。中州西边的商业区主要集中城门一带，这里茶叶店最为集中，规模较大的就有28家，是南方茶船在临清主要集散地。西门内还有10余家粮店。临清的东北区，商业主要分布在鼓楼斜街、永清大街和柴市。鼓楼斜街和永清大街粮店有三四十家，柴市街是临清周边规模较大的柴薪市场，主要供应临清官窑烧制城砖，需求量巨大，每烧砖一窑，需要柴薪八九万斤。在中州的东南区，有10余家粮店，最南端的南厂货物主要有木篙、桨橹、绳缆、船只等。

临清城的商业具有以下几个特点：第一，商业布局基本都是紧邻运河，或是傍河而设，或是两面临河，甚至是四面临河，运河便利的交通条件为临清商业的发展提供了优越的地理条件，运河上发达的漕运商品流通，保证了临清商业的长期繁荣。第二，店铺数量众多，商品种类多种。临清城内商业店铺的准确数量我们无法考证，据文献记载，明朝隆庆、万历年间，临清城内已经拥有典当铺100余家、布店73家、杂货店65家、绸缎店32家、纸店24家、磁器店20余家、辽东货店13家、还有盐店、粮店、羊皮店等。① 据许檀先生推测，明清时期临清城内店

---

① 《明神宗实录》卷376；乾隆《临清州志》卷11《市廛志》。

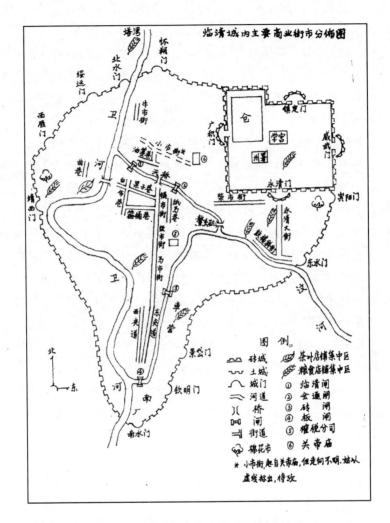

图 1-3　临清城内主要商业街市分布图

资料来源：许檀《明清时期的临清商业》，《中国经济史研究》1986 年第 2 期。

铺的数量至少有五六百家，算上其他作坊摊铺，临清的大小商铺应有千余家之多。[1] 临清成为全国各地物产汇聚之地，从地方志记载的街市名也可以得到印证，如冰窖街、草店街、茶叶店街、酱棚街等；巷有果子

---

① 许檀：《明清时期的临清商业》，《中国经济史研究》1986 年第 2 期。

巷、竹竿巷、大白布巷、小白布巷、银锭巷、钉子巷、琵琶巷、籴米巷、纸马巷、故衣巷、手帕巷、弓巷、豆腐巷、马尾巷、油篓巷等；市有马市、鸡市、锅市、青碗市、饭市、菜市、米市、猪市、羊市、牛市等。临清虽然仅仅是一个州城，但其商业规模远远超过周边其他州城。发达的商业也转变了人们的思想观念，临清城内人们"逐末者多，力本者少"。

临清的大宗商品主要有棉花、绸缎、粮食等，下面我们通过粮食业的流通情况认识临清的商业规模。粮食是临清市场上大宗商品，乾隆年间，临清城内的粮食市场已有六七处，粮铺多达百余家，年交易量高达五六百万石。这些粮食大都通过水路从四面八方集中于临清，济宁、汶上、台儿庄一带粮食主要沿汶河北上至临清，"每年不下数百万石"；河南粮食溯卫河东运而来；沈阳、辽阳、天津等北方地区粮食则"自天津溯流而至"；临清州及附近所产粮食则多通过人力、畜力运来。①临清城集中这么一大批粮食，除了供应本地消费外，主要是根据直隶、山东、河南三省粮食丰收或者歉收情况进行调剂，因为临清位于三省的交界处，紧邻运河，交通便利，无论是流向哪个省份，都须经过临清周转，临清成为北方最大的粮食交易中心之一。

临清作为商品中转市场，带动了其他服务业的发展，解决了大量人口的就业问题。如临清装卸运输业十分发达，明朝末年有脚夫三四千人，设有脚行班，各自有不同的业务范围，互不侵犯，还带动了临清的造船业、商业中介、物流仓储业、金融业、住宿餐饮洗浴业与娱乐业的发展。②

（二）德州

德州位于山东省的北部，隋唐为长河县，宋为将陵县，元为陵州，明清为德州，德州的发展与在此设立粮仓密切相关，金、元两朝均在德州建造储存漕粮的粮仓，"至元三年改将陵仓为陵州仓"③，原在御河西

---

① 乾隆《临清州志》卷11《市廛志》。

② 杨轶男：《明清时期山东运河城镇的服务业——以临清为中心的考察》，《齐鲁学刊》2010年第4期。

③ 李树德修：民国《德县志》，《中国地方志集成·山东府县志辑12》，凤凰出版社2004年影印本，第103页。

岸。明洪武三十年（1397 年）截河一湾筑城，河移而西，仓在御河东岸，可见，德州城从陵县县城迁到运河边上的德州卫城，绝非偶然。明永乐年间先后在德州建立德州仓，储存山东和河南粮。① 又置常丰仓、广积仓，由户部司员分司仓事。明清时期，德州仓一直是大运河沿岸淮、徐、临、德四大名仓之一。鉴于德州重要的交通位置和粮仓的安全，明清时期政府派驻大量的军队驻守德州，主要职责乃是守护粮仓和管理漕运相关事宜。由此，德州成为一个军事城市，洪武三十年"于御河东驻卫城"，即今天的德州城，"居住者皆军户，无州民"，城市归德州正卫、左卫分管。永乐年间，运河山东段通航，山东及山东以南的九个省份到达京师的御路也必须通过德州。德州成为水陆交通要道，城内立有"九达天衢"牌坊，官船和商船络绎不绝，商业日渐发达，城内民居日益增多，明永乐九年（1411 年）德州"招集四方商旅"居城经商，到永乐十年（1412 年）德州城内人口由原来的 1943 人增加到2836 人，其中约三分之一为"商旅"居民。此后，城内居民也随着城市商业、手工业的发展不断增加。

德州由军事城市转变为商业城市，城内商铺逐渐增多，各种商业行当相继出现。永乐九年（1411 年），据乾隆时期州志记载：

> 招集四方商旅，分城而治。南关为民市，为大市；小西关为军市，为小市；马市角南为马市，北为羊市，东为米市，又东为柴市，西为锅市，又西为绸缎市；中心角以北为旧线市，南门外迤西为新线市，盖四方商旅之至者众矣。小西关军市货物皆自南关拨去，故市名类以小字别之。后因每岁冬间运粮于北厂，故又有北市之名。万历四十年御河西徙浮桥口，立大小竹竿巷，每遇漕船带货发卖，遂成市廛。②

城外靠近运河的地方发展成商业街市，德州城商业布局雏形已经基

---

① （清）张庆源纂，王道亭修：乾隆《德州志》卷2《纪事》,《中国地方志集成·山东府县志辑10》，凤凰出版社 2004 年影印本，第 62 页。

② （清）张庆源纂，王道亭修：乾隆《德州志》卷4《疆域市镇》,《中国地方志集成·山东府县志辑10》，凤凰出版社 2004 年影印本，第 100 页。

本形成。同时，也带动了周边集镇的发展，"北乡有柘园镇，南乡有甜水镇，东乡有边临镇，王解、新安、东堂、土桥、王蛮皆有市面，故皆称镇店焉"①。这些小市镇为德州提供商品输出，也是各种商品的销售市场，从而促进了德州商业的进一步繁荣。永乐年间，德州已是全国33个大工商业城市之一。清代，德州的工商业继续发展，城内街巷有60余条，市9处，商号900余家，手工作坊200多家。德州商业以粮食、棉花、杂货为大宗，杂货如纸张、糖、锡箔、江米、香烛、海味、火腿、板鸭等，也经营一些贵重食品如海参、燕窝、鱼翅、鱿鱼等，从经营杂货的种类来看，大部分是经运河而来，粮食与棉花以本地集散为主。本地所产的棉花、烟草、药材主要供应北京、天津、山东、河北、河南等地，乾隆五十三年（1788年）《德州志》把棉花列为德州"货之属"第一项②，据此推测棉花应是当地商业贸易的第一大宗，《漕运河道图考》也记载德州棉花是清代德州对外贸易的主要产品。③ 即使到了近代，德州有棉花商店100余家，较大的字号鲁德、复兴、聚兴、聚德、聚源、长和、德新、宜昌、义和福等，主要分布在商业街到菜市街。④ 凉帽业销路最广，乾隆五十三年（1788年）《德州志》记载"德州民业者颇多，京师帽胎，悉从此去"，除销往济南、京津外，还组织商队远销至川藏云贵等地。⑤

德州作为北方重要的商业城市，漕运官兵、商贾等各色人等川流不息，使德州的服务业得到迅速发展，成为区域经济发展的重要表现。餐饮业尤为发达，"当时的客店，饭馆都集中在顺成街、米市街、西关街、小锅市、北厂以及河西刘智庙，大饭馆能做高级酒席——燕翅席。西关、米市、小锅市的居民以及北营的回民，几乎家家户户打锅饼、烙麻酱烧饼，或烧羊肉，到处摆摊售卖。"⑥

---

① （清）张庆源纂，王道亭修：乾隆《德州志》卷4《疆域市镇》，《中国地方志集成·山东府县志辑10》，凤凰出版社2004年影印本，第100页。

② 同上书，第312页。

③ （清）蔡绍江：《漕运河道图考》，德州市图书馆藏。

④ 傅崇兰：《中国运河城市发展史》，四川人民出版社1985年版，第285页。

⑤ 同上书，第280页。

⑥ 李孟才：《清代至民初德州运河工业、商业、金融概况》，转引自傅崇兰《中国运河城市发展史》，四川人民出版社1985年版，第287页。

运河的贯通，使德州的城市功能发生了转变，由军事转为商业，城镇居民人口剧增，大部分居民从事漕运或者商业等相关行当，成为冀鲁豫交界处仅次于临清的一个地方性中心市场。运河航运在德州城市发展中的重要地位得到了很多学者的肯定，"至于德州从十五世纪初已晋入全国大商业城市的行列，与其说是由于德州商业的发展，不如说是它在交通上的地位所决定的。"①

（三）沧州

明清时期，沧州"其地北拱幽燕，南控齐鲁，东连渤海"②，是运河沿岸重要的漕运码头与商业中心。明朝时期，沧州属于北直隶河间府。明洪武二年（1369年）徙州治于长芦，未建城池，辖庆云、盐山、南皮三县。明天顺五年（1461年）创建砖城。清雍正七年（1729年），沧州升为直隶州。优越的地理位置，促进了本地社会经济的发展，虽然沧州与南运河沿岸的天津、临清、德州等城市经济发展程度有一定的差距，但是运河便利的交通条件依然促进了沧州经济的发展，与其他内陆府县相比，"境内当水陆之冲，收鱼盐之利，诚有非他县所敢望者"③。"沧县为水陆要冲，北达津沽，南通齐鲁，前代虽闭关自守，而水路有粮舶由江浙运输京师，道经县之西境，陆路有牲畜车自京津直抵清江浦县之东，亦成往来孔道。"④

沧州作为南来北往的漕船必经之地，明清政府在此设立军队、漕运、盐政等政府机构，大量政府及军队的居住刺激了沧州城商业的发展。1933年《沧县志》记载："沧县商务，当长芦运使驻节之时，磋商廪集于此，文绣膏粱，纷华奢丽，商业繁荣，非他处所及。"大量漕运官兵与商船的停歇也促进了沧州城的繁荣，出现了"盐场林立，商贾云集"、"一川白浪，帆樯如织"的繁荣场面。清代沧州城内的街道有竹竿巷、盐场、锅市街、书铺街、火神庙、钱铺街、缸市街、当铺胡同等，这些街道以商品名称命名，形成分类明确的专业市场布局，经营运河运来的竹子、瓷器、布匹等，也有为商业服务的钱铺、当铺等金融

① 傅崇兰：《中国运河城市发展史》，四川人民出版社1985年版，第287页。
② 张凤瑞、徐国桓修，张坪纂：民国《沧县志》，成文出版社1967年影印本，第5页。
③ 同上。
④ 同上书，第68页。

业。优越的水上交通条件，加快了本地农产品的商品化。沧州城南的佟家花园，花卉种植颇具规模，"地临河曲，村民数十户均以艺花为业，二百亩间碧竹千竿，名花满塍，严冬雪降而暖窑唐花芳菲"①，这么大量的鲜花种植绝不是仅为自家欣赏，肯定是销往市场交易。

因沧州地临渤海，历史上南运河等河流多次泛滥与洪涝灾害，使沧州地区盐碱地面积广大，严重制约了本地区农副产品的种植，但大量的盐滩也造就了发达的盐业生产，沧州地区海盐生产历史悠久。明朝初年在沧州长芦镇置北平河间盐运司，次年改称河间长芦都转运盐使司，后简称长芦都转运盐使司，河北盐区以"长芦"为名。永乐二年（1404年），国家迁山西、山东、江苏、安徽、甘肃等地人民到长芦盐区建灶制盐，制盐业获得很大发展，出现了"万灶青烟皆煮海"的盐业盛况。② 长芦盐区所产食盐主要销售区域为"盐行北直隶、河南之彰德、卫辉二府。所输边，宣府、大同、蓟州"③。盐业收入颇丰，"上供郊庙百神祭祀、内府膳馐及给百官有司，岁入太仓余盐银十二万两"④。发达的盐业生产，带动了沧州经济的发展，提高了人民的生活水平。嘉靖年间，全国盐价参差不齐，丘浚建议行宋代转搬之法，利用沧州紧靠运河的便利交通，将沧州海盐运至江南以平抑盐价，稳定盐业市场。"遇有官军运粮船南回，道经沧州，每船量给与官盐，每引量与脚价，俾其运至扬州河下，官为建仓于两岸，委官照数收贮，原数不亏。"南北贯通的运河航道成为长芦盐业运输的主要通道，适于长途贩运，且运价低廉。

清朝时期，沧州分司有八个盐场，盐场选址多在运河两岸，便于盐的装卸与运输，"盐场在城西北隅水月寺，西临河"⑤。随着一部分沧州盐场滩地逐渐废除，道光二十一年（1841年）陶澍整顿全国盐政，将

---

① 张凤瑞、徐国桓修，张坪纂：民国《沧县志》，成文出版社1967年影印本，第275页。

② 《中盐长芦沧盐志》编委会：《中盐长芦沧盐志》，中国标准出版社2009年版，第471页。

③ 张廷玉：《明史》，岳麓书社1996年标点本，第1335页。

④ 同上。

⑤ 张凤瑞、徐国桓修，张坪纂：民国《沧县志》，成文出版社1967年影印本，第389页。

沧州分司裁并于天津,从而使长芦盐务中心移于天津,长芦盐业仅仅保留"长芦"的名称,沧州本地产盐却不销售盐,一方面是因为运河堵塞,另一方面是天津经济与港口的繁荣,长芦"盐由海运津,堆积之地在河东,名曰盐坨,盐包垒垒如山,呼曰盐码,地占数里,一望无际"①。

二 沿岸集镇的兴起

漕运经济的繁荣促进了运河码头的发展,南运河两岸的道口、五陵、楚旺、元村、小滩、馆陶、油坊、故城、桑园、连镇、泊头、兴济、马厂等十余处是各商帮与漕军停歇之地,也是码头沿岸区域的本土商品与运河上的南北物资交易的市场和集散地。这些码头依托运河交通的便利条件,加快了本地农副产品商品化的进程,从仅有一两户人家居住或者一个小村庄迅速崛起为著名的商业集镇,成为南运河经济带上的一个个重要节点。

元朝大运河截弯取直,不再绕道中原地区,河南失去优越的交通地理条件。而卫河依然是河南、河北、山东、京津地区主要的商品流通航道,卫河自南向北,"道口镇下经汤阴至五陵镇,内黄之楚旺镇……昔芦盐漕运及粮米输出,多由此道"②。道口镇,原系古黄河西岸上的一小渡口,最早一李姓人家在此摆渡,故称为李家道口,后简称为道口。隋炀帝开凿大运河以来,卫河自南向西北流过,道口西边的卫河上始有船只行驶。直至明代洪武至永乐年间,才有康、王、禹、蔡、薛、程姓居民迁至道口居住,村民多以务农、渔业与摆渡为生。明天启末年(1627年)在此设立递运所。在陆上交通不发达的古代,卫河是理想的航运河流,道口凭借着"地濒卫河,北达京津,南通汴洛,为中原咽喉,洵称胜地"的优越交通地位,豫北地区很多物资的转运或销售都必须经过此地,于是,道口逐渐发展为豫北地区的一个经济中心,成为人口聚集、商业繁荣的豫北商业重镇。清乾隆二十四年(1759年)设立

---

① 张焘:《津门杂记》卷上,天津古籍出版社1986年版。
② 白眉初:《中华民国省区全志·河南省志》,北京师范大学史地系1926年版,第69页。

道口所，乾隆五十年（1785 年），道口已成为浚县九处集镇中唯一的"日日集"，足见当时商业的繁荣。①

原来道口并无城垣，清朝咸丰十一年（1861 年），滑浚县丞陈秉信，同邑人训导韩方、庠生康鹤年等在道口筑建土垣。② 光绪元年（1875 年），浚县知县欧阳霖等人又集资改筑砖墙，在城周建起七个城门和两大水门，有"九门相照"之说。城内有街道 12 条，72 条胡同，颇为整齐壮观，城门楼亭上各有不同的匾额，外门上分别题有：紫气东来、泰岱屏障、岳宗泰岱、道通秦晋、德被重南、古居贤里、恩承北阙；内门上题有：望岱、仰鲁、嘉德、适卫、通梁、达燕。③ 从内外匾额的题字，可以反映道口交通地位的重要性，位于晋冀鲁豫四省交界处。

清末民初，道口镇的发展达到顶峰。道口商铺林立，行业齐全，有锡器店、酒作坊、酱菜园、木器店、皮行、铁货铺、鞋铺、糕点铺、油坊等。尤其是粮行颇多，因为道口是三府白麦的集散地，清代同治年间达到最盛。④ 道口是豫北地区的粮食、棉花、山货、木材、药材等运往南方，南方的糖、盐、茶叶销往北方的物资转运中心，各省商人在此聚集，清朝末年，道口镇建有山陕会馆、湖广会馆、福建会馆等，建筑规模宏大，内部装饰华丽，这也从另一个侧面说明了商人经济实力的雄厚及道口镇商业的繁荣。

泊镇，又称泊头，南运河中段重要的商业市镇，商业辐射范围甚广，影响力远远超过了交河县城和南皮县城，辐射范围不仅覆盖所在的南皮和交河，周边的阜城、东光、献县、任丘均受其影响。明末清初，谈迁记载当时的泊头"商贾辐辏，南北大都会也"⑤。民国《南皮县志》记载，"泊镇实当其冲，运河南通江湖，北达津京，川产、广产之运输，海货、洋货之兴贩，东西两岸殷实，商号不下千余家，输舶辐

---

① 徐怀任：《称道口为"小天津"的由来》，政协滑县委员会文史资料研究委员会《滑县文史资料》第 1 辑，1986 年版，第 65 页。

② 同上书，第 61 页。

③ 同上书，第 62 页。

④ 同上书，第 65 页。

⑤ （明）谈迁：《北游录》，中华书局 1980 年版，第 39 页。

辏，阛阓盈实，为津南一大商埠"①。明清时期，南运河沿岸泊头等城镇主要隶属于河间府，据嘉靖年间《河间府志》载：

> 河间行货之商皆贩缯、贩粟、贩盐铁、木植之人，贩缯者至自南京、苏州、临清；贩粟者至自卫辉、磁州、天津沿河一带，间以岁之丰歉或籴之使来，粜之使去，皆辇致之；贩铁者农具居多，至自临清、泊头，皆驾小车而来；贩盐者自沧州、天津；贩木植者至自真定，其诸贩瓷器、漆器之类至自饶州、徽州。至于居货之贾大抵河北郡县，俱谓之铺户……其有售粟于京师者，青县、沧州、故城、兴济、东光、交河、景州、献县等处皆漕挽，河间、肃宁、阜城、任丘等处皆陆运，间亦以舟运。②

可见，河间府的青县、沧州、故城、兴济、东光、交河、景州、献县等地商品货物运输基本依靠运河，货物种类繁多，包括粮食、盐铁、纺织品及杂货（瓷器、漆器）等，吸引了江苏、山东、河南、安徽、河北、天津等地商人前来贸易，本地货物销售至全国各地。

南运河沿岸除了道口、泊头等商业重镇外，还有一些集镇，虽然商业规模不及前两者，但凭借紧邻运河的交通优势，成为来往船只停歇的主要码头，同时也是周边村镇货物的集散中心，如楚旺、郑口、小滩等，由于史料有限，仅作简单介绍。

楚旺镇原名楚王堡，位于内黄县城北 15 公里，为楚霸王屯兵之地，著名"破釜沉舟"即发生在此，后因卫河漕运而兴起。雍正二年（1724 年），"清政府为使南粮北运，以江、淮、卫诸流大办漕运，确定楚旺镇为一个集中点。楚旺北门外润阳渡口，驻有豫北、冀南、晋东、鲁西 54 州县的漕运办事处"③，众多的漕运机构与来往官商带动了楚旺的兴盛，鉴于楚旺镇为船舶必经之地，咸丰三年（1853 年），清政府在

---

① 王德乾等：民国《南皮县志》卷 2《舆地志》，成文出版社 1968 年影印本，第153 页。

② （明）嘉靖《河间府志》卷七《风俗志》。

③ 刘绍唐：《楚旺镇——一个畸形发展的商业集镇》，河南省安阳市委员会学习文史资料委员会《安阳文史资料》第 13 辑，2003 年版，第 208 页。

此设立厘金局，对过往船只征收船捐。

郑口镇濒临南运河，清光绪《武城县乡土志略》载："郑口镇与直隶故城县交界，南通汴省，北达天津，为直省由卫河入武境第一码头。商贾云集，行旅络绎，地方亦极繁富，诚为一大市镇。"《故城县志》载："郑家口镇滨临卫河，为南北水陆要冲，居民稠密，贾肆繁多，此镇有营有汛，为大都会。"小滩镇（今大名县金滩镇）也是一个运河码头，正德本《大名府志》有小滩镇注："镇频（濒）卫河民居稠密，舟车辐辏，巡检司在焉。每岁河南京仓粮充运于此。"①

道口、泊头、郑口等的兴起具有一些共同的特点。第一，从时间上看，它们均兴起于明清时期，主要是清朝，这一时段也是漕运经济最为繁荣的时期，繁荣的漕运带动了沿岸集镇的兴起。第二，从空间方面看，均位于南运河沿岸，因运河便利的交通条件，它们成为周边地区物资的转运中心和货物集散地。第三，从经济类型上看，这些集镇的兴起主要得益于商品中转，从而促进了本地农业的商品化，商业发展、信息灵通也促进了城镇手工业、服务业进一步发展。

总而言之，南运河沿岸城镇的兴起与发展是伴随着南运河漕运经济的繁荣而出现的，因为大运河把南运河流域地区与经济发达的江浙地区连接起来，加强了两地的物资交流，它们的命运与运河航运息息相关。这些仅仅依靠水路交通发展起来的城镇缺少独自发展经济的内在动力。随着道光年间黄河决口，太平天国运动的爆发，大运河常年失修，漕运遂改为海运，这些与运河同命运的商业城镇也渐趋式微。铁路、轮船等现代交通工具的浸入，更使南运河航运遭受巨大的冲击，这些沿岸城镇也将面临不同的命运。

---

① 杨国祯：《善于经商的回族群众》，中国人民政治协商会议河北省大名县委员会《大名文史资料》第 3 辑，1992 年版，第 224 页。

第二章　南运河航运业的发展历程

内河漕运停止以后，南运河航运的主要功能由漕粮运输转为商业运输，从1901—1980年，南运河航运业的发展历程起伏跌宕，经历了四个阶段：1901—1937年的崛起与短暂繁荣，1937—1949年的紧缩时期，1949—1965年的再度复兴，1965—1980年的衰落。南运河航运的每个历史阶段均表现出不同的特点，通过梳理南运河航运业的发展历程，有助于从整体上把握航运业的发展脉络及各个阶段区域经济的特点。

第一节　南运河航运业的崛起与短暂繁荣(1901—1937年)

津浦铁路修建之前，南运河航运仍然是天津与南运河沿岸城镇间客货运输的主要交通方式，几乎大部分货物经此运输。津浦铁路开通之后，南运河航运凭借着运量大、运价低等优势继续发展，七七事变之前，南运河航运出现了短暂的繁荣，民船数量和货运量不断增加，轮船也开始在南运河上航行，民船和轮船业同步发展促进了沿岸地区的物资流通。

一　南运河民船业的兴盛

天津开埠以后，凭借着水陆要冲的交通优势，迅速发展成为中国第二大贸易港，其进出口物资的集散主要依靠华北腹地，成为华北地区最重要的物资集散与调剂中心。虽然天津对外有多种交通方式可以选择，但内河水运依然占据着重要的地位。自漕运停止以后，南运河"虽然在各地有堵塞，却仍然是通往南方的山东、河南的重要水路"①。南运河与其上游的卫河相连，天津至道口之间最高可航行 1200 担的民船，普通年份也可航行 300—450 担的民船，它"差不多以一条直线将天津与河南省心脏部分连接起来，也同山西省的矿区与煤区的东南边界连接起来"。河南北部地区的棉花、药材，山西及河北磁州的瓷器、煤炭，河北东南部的棉花、粮食及手工品，山东西北部的棉花、羊毛、羊皮等，大部分通过南运河输送到天津。仅仅从河南船运至天津的药材，最高年份达到 30 万海关两，少则也有 13 万海关两。"回运的主要货物是食盐"，南运河是长芦盐运往冀鲁豫三省的主要通道。② 据说 1905 年之前，仅仅到天津的河南船队就有 3000 航次，但到 1905 年已经下降到 2000 航次以下了，"而且仍在下降，到近时已进一步下降到 1600—1700 航次了"③。

天津与道口之间有几处大的码头，这些码头也是沿岸较大的城镇。从南向北依次是：道口——五陵——楚旺——元村集——小滩——馆陶——临清——油坊——武城——郑家口——故城——德州——桑园——连镇——泊头——沧州——兴济——唐官屯——独流镇——天津，大部分码头之间的航程为一天左右，便于船只的航运与物资的补给。

其中，天津与临清之间航运最为繁忙，据《支那省别全志·直隶省志》的统计调查，天津与临清段的民船有 1138 艘，天津至沧州段 449 只，沧州至德州段 351 只，德州至临清段 338 只，其中载重 35 吨至 50 吨的木船占大多数。④ 另据《天津志》记载，1905 年，通过南运河进出天津的民船 33992 艘，货物运输量高达 92.48 万吨，居河北各河航运的首位（见表 2-1）。

---

① ［日］中国驻屯军司令部：《二十世纪初的天津概况》，侯振彤译，天津市地方史志编写委员会总编辑室 1986 年版，第 241 页。

② ［英］派伦：《天津海关十年报告书（1902—1911）》，许逸凡译，《天津历史资料》1981 年第 13 期，第 39 页。

③ 同上。

④ ［日］日本东亚同文会：《支那省别全志》第 18 卷《直隶省志》，日本东亚同文会1920 年版，第 459 页。

表 2 - 1　　　　　1905 年河北民船进出天津码头情况统计表

航线	从内地到天津			从天津到内地		
	船数（艘）	运量（吨）	占总水运量的百分比	船数（艘）	运量（吨）	占总水运量的百分比
南运河	17273	471415	37.5	16719	453391	35.9
西河	17358	413631	32.9	17903	428043	33.9
北河	8024	207978	16.2	8264	216413	17.3
东河	17254	162634	12.9	17229	162627	12.9
总计	59909	1255658	100	60115	1260474	100

　　资料来源：［日］中国驻屯军司令部《二十世纪初的天津概况》，侯振彤译，天津市地方史志编写委员会总编辑室 1986 年版，第 21 页。说明：附属于官衙的民船除外。

　　上表仅仅是各内河水系进出天津的船只数与贸易量，不能够反映南运河在天津全部贸易通路中所占的比例，表 2 - 2 可以帮助我们进一步认识。

表 2 - 2　　　　　1905 年天津与内地贸易各路比例表

商路	内地至天津运送货物百分比	天津至内地运送货物百分比	合计
铁路	33.736①	49.000	43.791
西河	16.167	22.032	20.030
北运河	2.980	4.183	3.773
海河	0.484	2.083	1.537
南运河	36.712	10.517	19.457
东河	2.535	8.493	6.460
陆路	7.386	3.692	4.952

　　资料来源：［日］中国驻屯军司令部《二十世纪初的天津概况》，侯振彤译，天津市地方史志编写委员会总编辑室 1986 年版，第 242 页。说明：在此表中，食盐未计算在内。

　　通过表 2 - 1、表 2 - 2，可以清楚看出，1905 年天津与内地贸易中铁路与水运两种运输并重，铁路占贸易总量的 43.791%，水运为

————————

　　①　原文为 123.735%，经过重新计算，应该为 33.736%，笔者特此改正。

51.257%，水运超出铁路 7.466%，其中，南运河贸易量占到
19.457%，略低于西河贸易量的 20.030%，陆路贸易所占比例微不足
道，基本上反映了清朝末年南运河的航运贸易情况。

据东亚同文书院的调查，光绪三十四年（1908 年），津浦铁路开始
修建，1912 年之前，津浦铁路已经部分贯通，并且，南运河航道淤浅
状况不断严重，民船往来数量有减少的趋向。

表 2 - 3　　　　　1909—1911 年由南运河进出天津船只情况表

年份	到天津的船班数		从天津发船数	
	船只（艘）	货物（吨）	船只（艘）	货物（吨）
1909	18970	508779	19128	514859
1910	15905	434308	15686	428047
1911	13810	387900	13974	395365

资料来源：《大运河调查报告书》，冯天瑜、刘柏林、李少军选编《东亚同文书院中国调查资料选译》（下册），李少军等译，社会科学文献出版社 2012 年版，第 1272 页。说明：到天津的船班数中运盐船除外。

民国政府时期，津浦铁路的开通，直接损害了与其几乎平行的南运
河航运业，但水运依然兴旺不衰。据民国《中国实业志·山东省》记
载，临清至天津间"每年往来之帆船达八千余艘"[1]，货运量也非常大，
1912 年通过南运河与子牙河运津的民船运输总贸易额仍达 1600.8 万海
关两，占当时天津水路贸易总值 5436.39 万海关两的 29%，而津浦铁
路与天津的贸易值为 607.3 万海关两，南运河沿岸地区与天津的公路贸
易值仅为 31.9 万海关两[2]，均低于水路运输贸易额。1925—1926 年，
南运河航运仍然位居河北内河航运的前列，在天津的物资运输中占据重
要地位，南运河运量由 1926 年的 33 万吨增至 1936 年的 50.5 万吨，增
加 53%。子牙河仅次于南运河，为 37.38 万吨，"使人感到华北水运的
大部分是由这条河进行的"[3]。据《北支河川调查报告》载，1925—

---

[1]　实业部国际贸易局编印：《中国实业志·山东省》，1934 年版，第 98 页。
[2]　李洛之、聂汤谷：《天津的经济地位》，南开大学出版社 1994 年版，第 31 页。
[3]　［日］支那驻屯军司令部：《北支河川水运调查报告》，1937 年版，第 63 页。

1926 年，通过南运河进出天津的民船为 15166 艘、10917 艘，货物总额为 47.37 万吨、33.97 万吨（见表 2 - 4）。

表 2 - 4　　　　1925—1926 年河北民船进出天津码头情况统计表

航线	1925 年				1926 年			
	运入		运出		运入		运出	
	船只（艘）	货物（吨）	船只（艘）	货物（吨）	船只（艘）	货物（吨）	船只（艘）	货物（吨）
南运河	7597	248960	7569	224751	5402	165614	5515	174132
西河	24898	497846	25167	508735	22344	508678	22167	503831
北运河	4221	49334	4230	48247	4698	87264	4809	81031
东河	12826	143458	11871	143626	16997	208792	16144	210067
合计	49524	939598	48837	925359	49441	970348	48635	969061

资料来源：〔日〕支那驻屯军司令部编《北支河川水运调查报告》，1937 年版，第 863 页。

1922—1928 年北洋军阀连年混战，华北铁路没有丝毫发展，而且日趋衰落，"推原其故，战祸实为厉阶"[1]，津浦铁路被征用或者毁坏者，为数不少，运输受到很大影响，而"民船载运货物，则系与岁俱增"[2]。

二　南运河轮船业的兴起

近代之前，南运河上的漕运和民间运输都以木船为运输工具，西方的坚船利炮打开中国大门后，以蒸汽机为动力的小火轮驶入南运河。清朝末年，外国商人为了扩大通商范围和运输便捷，开始侵入中国内河水系，一直要求开放和扩大航权，开放内河行轮权，在清政府并未同意的情况下，多次擅自闯入我国内河航道。1864 年，英国轮船罗伶丹号进出苏州买卖货物，其实这并不是个例，"除此小火轮船外，另有鲁麟、旗昌、费礼查等行小火轮船数只，有时前往内地，或搭客到苏，或装银两

---

① 《天津海关十年报告（1922—1931 年）》，《天津历史资料》1980 年第 5 期。
② 同上书，第 68 页。

至棉花湖丝出产等处",而按照清政府规定,"洋商入内地买卖洋土各货,照章领有单照后,只准雇用中国船只,外国轮船向不准其在不通商海口贸易"。① 1865 年,清政府宣布不准外轮驶入通商口岸外的内河。1895 年《马关条约》开始准许外国船只在上海至吴淞口及苏州府、杭州府段行驶,从此,外国轮船开始侵入中国内河。同年,清政府迫于社会各界的压力,电令各省督抚,准许"内河行小轮,以杜洋轮攘利"②。其实,清政府依然限制华商发展内河轮船运输业。1896 年,开平矿务局因筹办内河行轮而被清政府查拿申办,直至 1898 年颁布的《内河行船章程》,才将范围扩大到各通商省份的内河航道③,宣布"所有内河,无论华洋商、均准驶小轮船"④,南运河轮船运输才正式准许开办。

光绪二十九年(1903 年)初,河南商人贾润才等人筹集资金 30 万两,经直隶总督袁世凯批准,在天津成立"南运河轮船公司",首先开通天津至德州航线,从事轮船拖带运输。在开展航运的同时,又购置挖泥机器,疏浚航道,使航线不断延长,经卫河至河南道口镇。随着业务量的不断增加,德州至天津航线又添置了"慈航""伏波"两艘小型轮船,⑤ 此外,还有天津万能公司和三全洋行拟在南运河段开行小轮,拖带民船,搭载行客⑥,但未获批准。还有挂英国旗的"时利和北河小轮船有限公司"以及刘姓商人的一艘小型轮船行驶在南运河上。⑦ 南运河轮船公司与时利、北河小轮船有限公司的业务除了民运商品外,还"承运官盐、粮食"。出于官盐和粮食运输的需求,清政府不仅在政策上支持其发展,直隶总督还委派候补道员陆嘉谷"总理"南运河轮船公司,每月拨公款 3 千两予以扶持,所拨公款"俟有成效即将公款首先

---

① 聂宝璋:《中国近代航运史资料》第 1 辑,上海人民出版社 1983 年版,第 350—351 页。

② 王树才:《河北省航运史》,人民交通出版社 1988 年版,第 124 页。

③ 王铁崖:《中外旧约章汇编》第 1 册,生活·读书·新知三联书店出版社 1982 年版,第 786 页。

④ 《总署奏请准内河各埠行驶小轮船片》,1898 年 3 月 3 日,转引自《清季外交史料》卷 130,第 15 页。

⑤ [日] 东亚同文会:《支那经济全书》第 3 辑,第 432、433 页;《大公报》1903 年 8 月 3 日。

⑥ 《中外日报》1903 年 5 月 16 日、8 月 14 日。

⑦ 《中外日报》1903 年 8 月 20 日。

归还"①。并且，时利和北河小轮船公司因为悬挂英国国旗，得到帝国主义的保护。所以，南运河水系轮船公司境况比其他内河水系轮船公司好一些。

1911 年前后，由于国家新旧政府变动等因素，这些轮船公司相继破产而关闭。② 1913 年，"慈航"、"伏波"号行轮调拨给直隶全省内河行轮董事局使用。辛亥革命后，一些爱国人士认识到资本主义国家在几乎掌握中国铁路权的同时，开始侵入中国内河航路权，认为内河"夫航路者，一国之血脉也，血管之中忽然加以身外之附属物，将血液壅淤，荣卫不调，而身体之一部将成废物"③，因此，呼吁"各省分办内河轮船"，以抵御外轮。1914 年 9 月 16 日，直隶省行政公署和北洋政府海军部大沽造船所合资创办直隶全省内河行轮董事局（以下简称行轮局），各出官银 5 万两，以"提倡航业，利便交通"为宗旨，负责直隶各河的行轮事务，相继开通了津保（天津至保定）、津磁（天津至沙河桥）、津沽（天津至大沽）航线。该局的设立及贡献得到人们普遍的赞誉，认为"我国水路交通，多为外人所侵凌，而华北内河航权，终不坠者，即幸赖于大沽造船厂及前直隶省政府倡之于先，而航运局诸公努力于后也"④，而且发展了直隶地区的内河轮船运输事业。

在国人纷纷发展内河行轮业时期，南运河轮船业却是个例外。在行轮局成立之前，法商仪兴新记轮船公司（Henri Beluga）已经开通天津至大沽客货运输。该公司是中国人与法国人合资经营的，1912 年 7 月，该公司侵入南运河航运，投入资金为 8 万元，由法国人贝尔克总管，以 4 艘蒸汽轮船拖带 4 艘木船航行于天津至沧州段。这四艘船载货量为 20—30 吨，但经营时间不长，后因竞争不过津浦铁路而被迫停航。⑤ 直至 1935 年，"南运河虽具备行轮的条件，但无力与津浦铁路竞争，也没

---

① 《大公报》1903 年 1 月 2 日、1 月 5 日、1 月 8 日。
② 王树才：《河北省航运史》，人民交通出版社 1988 年版，第 126 页。
③ 《论今日宜急保内河航路权》，《东方杂志》1904 年第 1 卷第 11 期，第 109 页。
④ 宋蕴璞：《天津志略》，河北大兴蕴兴商行 1931 年版，第 223 页。
⑤ ［日］东亚同文会：《支那省别全志》第 18 卷《直隶省志》，东亚同文会 1920 年版，第 461、514 页；《大运河调查报告书》，冯天瑜、刘柏林、李少军选编《东亚同文书院中国调查资料选译》（下册），李少军等译，社会科学文献出版社 2012 年版，第 1356 页。

有开轮运输。"①

1927 年南京国民政府成立，不久，直隶省改为河北省，省会由北平迁至天津，天津市政府接管行轮局，改名为"天津特别市政府内河航运局"，此后，隶属关系和名称多次变更。1930 年 11 月 25 日，河北省政府将其收归，更名为"河北省内河航运局"，不仅负责全省内河航运的管理，也继续经营全省内河的行轮业，此后，南运河的行轮业得以恢复与发展。河北省内河航运局成立后，津磁、津保等原有航线因航道淤塞，营业收入显著下降。为了增加营业收入，河北省内河航运局决定在南运河开展客运，经过几年的筹备，到 1935 年 10 月，正式开辟了由天津经沧州、泊镇至德州客运航线，航程 290 公里。开办之初，因轮船有限，仅开办轮船客运，先在天津至沧县段试航，营业"颇为有利，航行收入之佳超过预算"，沧县一站每月收入票款 2000 多元，全航线月收入超过 6000 元。② 1936 年 3 月，航运局为了延长南运河航线，弥补船只的不足，同天丰轮船公司合作开展航运业务，航线从沧县延长至德州，开始了官商联运。③ 1937 年 4 月，航运局利用自有船舶将航线延长至泊镇，"营业尚佳，行旅称便"，接着又租用轮船，在连镇与安陵间从事旅客运输。④ 然而，由于航道疏浚不善，仅天津至泊镇段能正常通航。在这段航线最为兴盛时期，营运的船舶有 5 艘拖轮和 5 艘木客船，每艘拖轮可载客 90 人，载货 9.85 吨，木客船可载客 300 人。全程运行时间 24 小时，每日开航 1 班次，尽管此段运河与津浦铁路平行，两者处于竞争的地位，"由于运费比铁路便宜，呈现出满员的盛况"⑤，南运河航线生意兴隆。据 1935 至 1937 年 6 月整个航线客票收入计算，年客运量在 6—7 万人次之间，南运河航线成为河北省重要的内河航线之一。⑥

① 王树才：《河北省航运史》，人民交通出版社 1988 年版，第 136 页。
② 同上书，第 158 页。
③ 河北省内河航运局：《河北省二十四年行政计划书》，转引自王树才《河北省航运史》，人民交通出版社 1988 年版，第 158 页。
④ 《交通政闻》，《交通杂志》1937 年第 5 卷第 5 期。
⑤ ［日］支那驻屯军司令部：《北支河川水运调查报告》，1937 年版，第 174 页。
⑥ 王树才：《河北省航运史》，人民交通出版社 1988 年版，第 159 页。

表 2 - 5　　　　　　1936 年 3—5 月河北省航运局乘客数量表　　　　单位：人次

航线	3 月	4 月	5 月	总计
津保	2546	12660	823	16029
津磁	3944	18165	2280	24389
津沽	5663	20659	21682	48004
津泊	722	13025	1160	14907
总计	12875	64509	25945	103329

资料来源：《孙董事文淇、张前经理世广、王董事振奎移交新任吴董事接受直隶全省内河行轮局》，1928 年，天津市档案馆藏，卷宗号：106—1—399。

表 2 - 6　　　　　　1937 年 3—5 月河北省航运局乘客数量表　　　　单位：人次

航线	3 月	4 月	5 月	总计
津保	7567	8732	1005	17304
津磁	13604	11814	169	25587
津沽	18374	25562	23833	67769
津泊	12246	14682	6534	33462
总计	51791	60790	31541	144122

资料来源：《孙董事文淇、张前经理世广、王董事振奎移交新任吴董事接受直隶全省内河行轮局》，1928 年，天津市档案馆藏，卷宗号：106—1—399。

　　从以上两表可以看出，津泊航线中 1937 年比 1936 年同比增长 18555 人，两者相差一倍有余，这可能与航道通行情况有着直接的联系。即使以 1936 年 3—5 月乘客人数为基数，以一年航行 9 个月推算，全年的客运量至少为 44721 人。客运收入成为航运局的主要收入来源，我们可以从表 2 - 7 对客货票收入情况简单了解。

表 2 - 7　　1937 年 3—5 月河北省内河航运局各线客货票收入比较表　　单位：元

航线	月份	客票	货票	拖船票	合计
津保线	3 月	3354.15	14.25		3368.4
	4 月	3806.30	16.64		3822.94
	5 月	435.64	1.68		437.32

续表

航线	月份	客票	货票	拖船票	合计
津磁线	3 月	7945.56	46.53	18.00	8010.09
	4 月	5931.27	35.03		5966.30
	5 月	52.59	0.43		53.02
津沽线	3 月	3304.85	388.80		3693.65
	4 月	4406.40	531.56	45.00	4982.96
	5 月	4056.00	567.55		4623.55
津泊线	3 月	4698.50	125.22		4823.72
	4 月	4973.76	147.32		5121.08
	5 月	1742.03	100.20		1842.23
总计		44707.05	1975.21	63.00	46745.26

资料来源：《孙董事文淇、张前经理世广、王董事振奎移交新任吴董事接受直隶全省内河行轮局》，1928 年，天津市档案馆藏，卷宗号：106—1—399。

从上表可以看出，南运河津泊航线 1937 年 3—5 月客货票占该局收入的 25.2%。从客货比例上看，津泊线小火轮以客运为主，货运为辅，货物运量微乎其微，客运营业收入为 11414.29 元，而货票为 372.74 元，货票收入仅占该线客货总收入的 3.3%。

南运河轮船航线的开通，使南运河航运与津浦铁路的竞争日趋激烈，津浦铁路开通了天津至沧县间的短途客车运输，南运河客运受到重创。以往"船只不敷分配，故只运行客，不运货物"①，此后，航运局逐渐认识到单一客运不利于南运河航线的发展，"溯前积习，仅在客运一面着手，对于货运似无注意，殊非尽善之道"，为扩展营业范围，维持南运河航线的营运，又决定开辟天津至德州间货运班轮运输，提出"载人不如载货，小脚之重，火车已有证明……际非乘客日减之时，惟有兜揽货物，俾增利源"。于是，1936 年 3 月，河北省内河航运局发布通告：

---

① 宋蕴璞：《天津志略》，河北大兴蕴兴商行 1931 年版，第 224 页。

查南运河沿岸各地，商业繁盛，往来客贩，沿河相望，本局为便利商行，发展货运起见，特将由津上行至沧县，泊头各地，运费减低，且布匹棉花类成包之货，每次起运在五百斤以上者，均享减价之优待，如每次起运在五千斤以上者，并免收押运者一人之客票。本局津泊码头，现设本市西头芥园地方，每日早八点开船，凡在开船以前到站起票者，均可当日装运，去沧县者，一日半可到，去泊头者，二日半可到，既较路运价廉，尤比帆船迅速，恐未周知，特此通告。

计开，南运河上行轮船运货减价价目

天津至沧县每百斤二角

天津至泊头每百斤二角五分

天津至连镇每百斤三角[①]

从通告内容可见，航运局通过减价等方式与铁路等其他交通方式展开竞争，并且针对火车经常出现的货物积压情况，承诺轮船将不会出现货物积压情况，"凡在开船以前到站起票者，均可当日装运"。南运河货物运输航线最初为天津至泊头镇，后又延长至桑园、德州，以"轮船四艘，按班航行，三日往返一周"[②]，后来，航运局又租用了一艘商轮，用以拖带民船进行货物运输。至此，南运河轮船航运形成了"以客运、货运两大宗为正当收入，而尤以货运为主"[③] 的状况。

南运河民船与轮船运输相比较，"至所谓小轮者，不过拖船以载客，于航业上地位殊微。所恃以转运货物，仍以民船为主要……民船航业又乌可藐视也。"[④] 两者互不影响，相互补充，因民船运输运费低廉、手续简便和航行自由等特点，受到商人的青睐，多以货运为主。轮船运输较民船更加快捷，但运费也高，对航道的要求也高。但两者相对于铁路运输而言，则具有运价低、运输方式灵活、停靠站点多等优点，于是成为沿岸地区人们近距离旅行的首选。

---

① 王树才：《河北省航运史》，人民交通出版社 1988 年版，第 163 页。

② 同上书，第 162 页。

③ 同上书，第 163 页。

④ 李仪祉：《华北水道之交通》，《华北水利月刊》1930 年第 3 卷第 3 期。

民船运输作为南运河货运市场的主要力量，轮船却无法大规模推广的原因是复杂的，一是轮船运输投资过大，民船投资小，适应性更强。据《北支河川水运调查报告》记载，建造一艘使用 20—30 年，载重 100 吨的对槽船，花费在 2500 元左右，仅相当于小马力拖轮造价的十分之一；二是河道环境的限制。内河漕运废弃以后，政府对运河航道的治理毫不重视，河道日渐淤塞，航道通航能力逐步降低，这对木帆船为主的民船运输业影响不大，而轮船有时则无法正常航行。因此，具有投资小、吃水浅等特点的民船成为南运河航运的主要运输力量。

虽然德州至天津之间，南运河水深足够使吃水浅的小轮船行驶，然而至今却还未能定期航行。[①] 南运河航线的艰难发展，一方面受到铁路、公路等新型运输方式的竞争，另一方面是航道状况的严重恶化，"则南运下游已成小沟，稍旱即已见底"[②]。

第二节 南运河航运业的紧缩（1937—1949 年）

一 抗日战争期间南运河航运业的军事运输

（一）日军对南运河航运业的军事管控

华北地区仅有河北、山东有舟楫之利，"而敌所欲加以利用以攫取各地物产者，亦厥为冀鲁两省，尤以冀省为最"[③]。1937 年 7 月 30 日，日军占领天津城，不久，保定、石家庄、邢台、沧州、邯郸等地也相继沦陷。日军为了扩大侵略和巩固统治，把控制交通作为首要目标，认为"华北的船舶，应当一元化为大东亚战争服务"。8 月 11 日，河北省内河航运局被天津市治安维持会接管，成立了"天津市治安维持会内河航运局"，全部船只划归军事运输，除运送战争物资和侵略军以外，还装运日军的伤兵和尸体，"津浦线战事紧张时，敌军伤尸体，完全由河路运津，在西河大虹桥附近焚烧成灰，运回本国"[④]。

---

① ［日］中国驻屯军司令部：《二十世纪初的天津概况》，侯振彤译，天津市地方史志编修委员会总编辑室 1986 年版，第 85 页。

② 徐世大：《四十年来之华北水利》，《工程月刊》1932 年创刊号。

③ 《沦陷区经济概览·交通篇·华北内河交通概况》（油印本），第 6213 页。

④ 《国闻周报》1937 年第 14 卷第 43 期。

1938 年 1 月，天津市治安维持会内河航运局改称为"天津特别市内河航运局"。日军为加强对华北航运业的控制，使其更好地为侵略战争服务，1939 年 2 月 4 日公布《对华北内水航运业商之公示》，日军标榜"为保护华北内水航运业商之生命财产并保该营业之安全起见"①，而颁布此公示，规定华北水运业由"华北派遣军司令官监督指导之，由本军（特务机关）管理之"，如"遇有日本军队征用船只时，应自动的应其征用"。② 为了运输的安全，日军派兵押运船只。可见，南运河等华北内河水系已经完全掌握在日本华北派遣军手中，失去自由营运的地位，完全沦为侵略战争服务。

1939 年 10 月 7 日，天津市特别公署成立了"天津特别市内河航运局让渡委员会"，把内河航运局的船舶、房产等资产转让给华北交通株式会社。在河北省内河航运局原址上成立了隶属于华北交通株式会社的天津航运营业所，该机构成为日本侵略战争和掠夺资源的工具，不久，10 月 14、15 日恢复了南运河天津至德州段航线的客货运输。③

（二）日军对民船的军事化管制

随着日军侵略华北的战争规模不断扩大，需要运送的战略物资越来越多，仅仅依靠铁路和内河轮船水运已经不能满足其运输上的需要，日军逐渐认识到华北内河民船所蕴藏的巨大输送能力，是一支十分重要的运输力量，民船运输开始受到日军的重视。此时，由于前期战争的破坏，河道与船只均遭到损坏，船只数量降至 2000 艘左右。④ 以卫河沿岸的河南汲县（今卫辉市）为例，战争使民船数量大量减少，1937 年前，该县拥有能载 20 余万斤的船 2000 余艘，船运相关人员 5 万多人，经过日军对民船业的血腥摧残，船只减少一半以上。⑤ 并且堤防失修，如南运河夏津县段"运河河道弯曲过多，易受冲刷，沿河险工比比皆

① 《对华北内水航运业商之公示》，1939 年 4 月 1 日，天津市档案馆藏，卷宗号：401206800—J0055—000072。

② 同上。

③ 《津航运营业所本日将开始营业》，《庸报》1939 年 10 月 14、15 日。

④ 郑会欣：《战前及沦陷期间华北经济调查》，天津古籍出版社 2010 年影印本，第468 页。

⑤ 《汲县民主政府资助失业船夫　准备恢复卫河航运》，《人民日报》1948 年 12 月 8 日第 2 版。

是，漫溢溃决几无岁无之……堤岸损毁，河身淤塞，满目疮痍，不言可知矣"①，到 1945 年日本投降时，夏津县的堤防破坏更加严重，"本县境内的卫运河堤防高不足 3 米，顶宽约 2 米，主河槽宽约 40 米，且淤积严重，行洪能力不足 400 秒立米"②。

　　日军对民船的军事化管制主要从许可证制度、统制运营、船团运输三方面实现的。许可证制度首先提出是在 1939 年《对华北内水航运业商之公示》中要求华北各内河航运商"应从速前往就近日本军队（特务机关）出头声请发给航行许可证"③。领有许可证的船只在许可的航行范围内可得到日军的保护，超越许可证准许范围的不得航行。航行期间，应随时接受日本特务机关或内河航运公会检查许可证和载运货物，对"载运认为不利于军之物件者"等行为者给予处理。1940 年 3 月 16 日，华北派遣军《关于华北内水运业之规定》再次规定，华北区域内水运业由华北派遣军管理，日本军第一水路运输队对于华北内水运业担任直接监督指导，规定"凡日本军所属范围以外船舶，而无航行许可证者不得就航"④。民营轮船公司不准再行设立，一般木船"他们搭客载货，必须按照该会社的规定，否则领不了'航行证'，没有航行证的船舶，随时都有被扣留的危险"⑤。日军通过发放船只许可证制度牢牢控制了华北船业运输。

　　许可证制度表面是为了便于民船管理，其真正目的是通过统制运营，使其为日军侵略服务。日军通过租用或者收买等方式强行征用船只，"当前项征用时依据从前运费率表或按照与日本所订立合同付运费"⑥，实际上，只是象征性给一些费用而已。1940 年夏季，华北交通株式会社租用和收买的船只达到 6560 艘，占日本人入侵前河北船只总

---

　　① 《山东省公报》1939 年 8 月 20 日。
　　② 夏津县水利志编纂委员会编印：《夏津县水利志》，1989 年版，第 123 页。
　　③ 《对华北内水航运业商之公示》，1939 年 4 月 1 日，天津市档案馆藏，卷宗号：401206800—J0055—000072。
　　④ 《本局第四科统制编审股三十年十二月份工作事项》，《社会月刊》1941 年第 1 卷第 12 期。
　　⑤ 郑克伦：《沦陷区的交通》，《经济建设季刊》1942 年第 1 卷第 2 期。
　　⑥ 《对华北内水航运业商之公示》，1939 年 4 月 1 日，天津市档案馆藏，卷宗号：401206800—J0055—000072。

量的 54.6% 。① 对于没有领许可证的民船，采取更为严厉的措施进行制裁。1941 年 12 月 26 日，伪华北政务委员会发布《小型帆船取缔暂行办法》，对载货不满 20 吨的小型民船统一实行丈量和登记，而一些没有许可证的小船，不准其进行任何物资的运输。②

日军占领华北期间，日军运送战略物资的船只，即使有军队押送，也时常受到抗日军民的袭击。为了保护运送物资和船只的安全，华北交通株式会社对所统制的民船实行"船团运输"，将几艘拖轮和几十只木船编成一个船队，由内河航运公会、日本水路警备部队和日伪河防队联合武装押送运输，采用这种集中运输的方式，使民船完全失去了航运自由，只能听从日伪政府的调遣，为日军运送战略物资和掠夺沿岸地区的农矿产品，船团运输成为日军统制民船的主要运输方式。1940 年 5 月 21 日，南运河天津至德州、天津至临清两条航线正式实行船团运输，配备船只 170 艘，每个船团 30—70 艘，每月各往返 3 次。据当时的目击者回忆，1939 年 6 月的一天，日军押运 25 只船（一个船团）军用物资，由德州上航，两艘汽艇上设一高竿，高出两岸，竿顶置反光镜两面，竿下有一日军持枪瞭望，岸上有日本骑兵护送。③ 日军还在天津至德州段开设了客运航线，配备 8 艘拖轮与多艘民船进行运输。虽然有军队护送，但仍然不能畅通无阻，德县"水上治安有水上警备队，护送船只，上行治安不良，有时仅可至郑家口而已"④。南运河其他民船因为社会治安状况差，货源短缺，大部分处于闲置状态。船团运输成为日伪占领华北期间内河水运的一种常态，它是战争期间内河航运业的一种畸形运营模式，使南运河民船业受到致命的打击，完全沦落为为战争服务的工具。

船团运输的随船保护工作最初由森冈中佐任司令的水路警备部队负

---

① ［日］铃木大东：《天津的近况》，《华北航业》1941 年第 5、6 号。

② 《华北政务委员会训令为令发小型帆船取缔暂行办法及船舶容量简易丈量暂行办法仰知照》，1942 年 1 月 1 日，天津市档案馆藏，卷宗号：401206800—J0001—3—005571。

③ 山东省航运管理编史办公室编印：《山东航运史》（近代部分），1991 年版，第 232 页。

④ 建设总署水利局编印：《华北河渠建设事业关系各县农事调查报告书》第 1 卷，1942 年版，第 388 页。

责。日军组成的水路警备部队经常遭到抗日军民的狙击及船工们的反抗。于是，日军改变管控策略，选中传统帮会——青帮协助其押运船舶，认为："利用青帮，是维护治安，或者收买人心，开辟内河运输的有利措施，操纵和利用他们具有深远的意义。"①1938 年 6 月 1 日，日伪政权操纵成立"中国内河航运公会"，即"天津内河航运公会"，在南运河等水系主要码头成立 50 个办事处，青帮大字辈头子吴鹏举担任航运公会会长，但实际大权掌控在"常务理事"日本特务渡赖手中。"在日军当局及内河航运公会周密警护下，民船航运再次担负起北支交通要道之重任，并大显其身手。"②

内河航运公会权力很大，负责内河船只登记、征收船捐、颁发航行许可证及武装押运等。内河航运公会的主要任务是强行征用船舶进行军事物资运输，优先装运航运营业所分派的日本军需物资，为防止船民们给八路军运货，规定不准私自招揽运输任务。③并且对船民们进行压榨勒索，按照《内河航运公会征收船只登记纳费规则》，所有船户必须缴纳会员入会费、船只登记费、公会费、船照费等多种费用，其中，仅仅公会费即高达运费总收入的十分之一。同时，天津特别市公署也对船户征收船捐，船户承担着双重征收捐税的负担，此举遭到船户反对和抵制。正如《沦陷区的交通》一书所指出的，航运公会"秉承华北交通会社水运部的意旨，负责调遣船只、检查货物和航行证等事务，在支配内河航运一点来说，自此航运公会成立以后，华北所有民船简直成了华北交通株式会社的租用船舶，该会社更是完全控制华北所有内河水运了"④。

内河航运公会的恶劣行径引起船户的强烈抗议，甚至日军也感到难以驾取了，借华北交通株式会社成立的机会，1940 年 4 月 1 日，华北派遣军解散航运公会，一切原有业务转交给华北交通株式会社，该社成为管理航运、铁路及汽车运输三位一体的华北综合运输管理机关。

---

① ［日］中西清：《华北的内河航运》，《兴亚》1941 年第 22 期。

② ［日］支那问题研究所：《经济旬报》1939 年第 64 期。

③ 冯宝庆：《德县船主公会与安清帮略述》，中国人民政治协商会议山东省德州市委员会文史资料研究委员会《德州文史》第 5 辑，1987 年版，第 12—127 页。

④ 郑克伦：《沦陷区的交通》，《经济建设季刊》1942 年第 1 卷第 2 期。

（三）日军对南运河流域物资的掠夺

南运河流域盛产粮食、盐、煤炭等物资，早为日本所垂涎。大宗货物长途运输方面，南运河流域有内河水运和铁路两种运输方式，虽然津浦铁路被日军严密控制，但依然遭到抗日根据地军民的摧毁，大量物资运输转向南运河航运，日军通过疏浚航道，推行内河运输的机械化，提高内河的通行能力，南运河水路成为主要的运输方式之一。据1939年调查，南运河民船数除天津外，独流镇180艘，静海56艘，唐官屯15艘，青县6艘，沧州45艘，捷地30艘，泊头30艘，东光4艘，桑园10艘，德州50艘，故城10艘，郑家口5艘，武城10艘，临清33艘。① 日伪政府通过强行征用或者租用航运局轮船和民船进行货物运输，据调查，1939年4月至1940年3月，南运河运量达到197910吨，仅次于大清河水系（见表2-8）。另据天津《庸报》记载，1940年5月至8月，南运河使用船舶1072艘，运货4058吨，货物主要为煤炭和木材。② 从以上资料可以发现，南运河运输的主要是杂粮、棉花、煤炭、木材等物资，这些都是军事战争最重要的战略物资，以前所运输的干鲜果、牛骨、草帽辫等商品很少见到。此后，这种趋势更加明显，南运河水运几乎完全运输军事战略物资，尤其是粮食，1940、1941年向天津输入小麦49754石。③ 战争影响交通，交通影响商业，日军侵占期间，南运河沿岸地区经济败落，德州运河两岸农村地区，"因治安不良，不克航行通达，现在上游及下游□不便，故间接影响沿岸各村之产业，日趋衰□"④。而且1942年河南滑县的货运量也由战前的8000吨降到500吨⑤。

① ［日］兴亚院华北联络部政务局调查所编印：《南运河流域事情调查报告》，1939年版。

② 《庸报》1940年8月7日第5版。

③ ［日］添田帮雄：《以天津为中心的内河航运》，转引自王树才《河北省航运史》，人民交通出版社1988年版，第205页。

④ 建设总署水利局：《华北河渠建设事业关系各县农事调查报告书》第1卷，1942年版，第426页。

⑤ 河南省地方史志编纂委员会：《河南省志·内河航运志》，河南人民出版社1991年版，第107页。

表2-8　1939年4月至1940年3月华北主要内河航线运量统计表

航线	通航里程（公里）		运量（吨）			输津货物主要品种
	起止地点	里程	上行	下行	合计	
南运河	天津至德州	215	126653	71257	197910	玉米、高粱
子牙河	天津至臧桥	167	4914	4063	8977	棉花、小麦、杂粮
大清河	天津至保定	200	93076	154139	247215	芦苇、小麦、棉花
北运河	天津至通县	125	30220	50241	80461	面粉、菜类、蓆、盐
蓟运河	北塘至林亭□	114	65681	27097	92778	小麦、米、高粱、棉花
滦河	滦县至承德	120	16332	20194	36526	米、面粉、麦、畜产
合计		941	336876	326991	663867	

资料来源：王树才《河北省航运史》，人民交通出版社1988年版，第205页。

　　1941年12月，太平洋战争爆发后，日军海外军事战略物资的供给全部断绝，必须转而完全依赖于中国占领区的物资支持侵华战争。随着日军建立"大东亚共荣圈"、"大东亚新秩序"侵略方针的确定，日本草拟了《东亚交通政策纲要》，鉴于交通的重要性及公路、铁路等其他交通方式的不足，内河水运的作用更加凸显，"国际形势的显著变化，绝对需要扩大国防资源，当务之急是迫切需要增加华北的棉花、粮食资源，并解决由此而引起的运输问题，完成其使命，内河水运具有特殊意义。"[1]　为了促进粮棉增产，满足日军供给需求，"又悉四月十九日，南运河方面，亦有大船百余只出发，因各县正在积极谋增产事业，且适值春耕播种时节，故南运河方面船团所载货物，多为杂货、肥料及燃料云。"[2]1942年2月日军公布了《华北内河水运五年计划》和《华北水利建设五年计划》，该计划是日军希望通过利用水运交通向华北腹地延伸，掠夺战略资源的主要措施。内河航运为军事服务的目标始终如一，"利用会社的强化统制，汽船的进步和改善，提高河川通航运输能力，以充分达到军队的要求。"[3]　为实现此目标，华北交通株式会社通过疏

---

① ［日］中西清：《华北的内河航运》，《兴亚》1941年第22期。
② 《各河航运　均极畅旺》，《华北航业》1942年第2卷第4期。
③ ［日］《华北内河水运五年计划》，《兴亚》1941年第24期。

浚旧有河道、开凿新运河，来改善和提高内河航运能力。[①] 1941—1944年间，华北交通株式会社多次添置挖泥船，相继对南运河等主要航道进行疏浚治理。日军对连接冀鲁豫三省的交通要道——南运河，安排多艘挖泥船常年进行疏浚，并修建了多处节制闸，改造了碍航桥梁。为弥补南运河水量不足，实施了引沁水入卫工程，南运河水量显著增加，天津至德州段通航能力明显增强，100马力的拖轮及载重100吨的木船可以畅行无阻。[②]

表2-9　　　　　　南运河沿岸与天津间货物运输状况表　　　　单位：吨

货物类型	南运河沿岸至天津	天津至南运河沿岸
米		16000
面粉		12000
小麦	83000	
粟	15000	
玉蜀黍	16000	
棉花	40000	
洋布		3000
煤油		19000
煤	145000	25000
陶器类		2000
杂货		10400
红白糖		61000
纸张		5000
其他	19000	
合计	318000	247000

资料来源：郑会欣《战前及沦陷期间华北经济调查》，天津古籍出版社2010年影印版，第471页。

---

① ［日］中西清：《华北的内河航运》，《兴亚》1941年第22期。
② ［日］《蒙疆年鉴》，1942年；［日］《北支那交通现状及将来》，1942年；［日］《北支那经济年鉴》，1939年。

　　华北地区具有优越的内河水系，内河航路几乎遍布所有农矿产品的主要产区，便于货物的直接装运。内河水运的重要性越加明显，"肩负着开发资源，建设、产业、文化动脉的使命，必须登上新时代的舞台"①。1942年3—6月，日军动用武力掠夺南运河沿岸资源，使用船舶15298艘次，运量384483吨，占总运量的46.9%②，南运河成为动用船舶最多，货运量最大的水系。而日军占领河北期间，由于战争的破坏，民船数量损失严重，据1940年9月统计，南运河、大清河、子牙河和滦河等水系尚有民船6000余艘，到1944年5月减少到1600余艘，到日本投降时民船总数仅有969艘。③ 为此，1942年8月、10月，日军两次制订了一个长达三年的《扩充内河运输计划》，南运河天津至修武段增加10艘拖轮、1120艘木船，运输焦作煤、粮食等货物数量达250万吨。④ 抗日战争前及沦陷期间华北日军通过南运河航运掠夺的物资主要是煤炭、粮食及棉花等产品（见表2-9），此时的南运河水运主要是为军事侵略服务的。

二　解放战争期间南运河航运业的发展困境

　　1945年8月15日，日本宣布投降，抗日战争至此结束。不久，国民党挑起内战，为防止战略物资流入解放区，国民党政府相继发布了多道命令，对解放区实行全面封锁，严禁车、船相互往来。此时，南运河沿岸城镇分为解放区与国统区，沿岸的沧州、泊头、临清等大部分城镇是共产党领导的解放区，而南运河两端的天津、新乡等地控制在国民党手中。在这种形势下，国民党政府对广大解放区实行严格的经济、交通封锁，使天津市水路、铁路交通处于断绝状态，南运河运输成为局部地区的区域性运输方式。国民党天津市警察局对民船实行严格的管制，严禁民船在非码头地点停靠，在沿河各码头设立许多检查站，对来往船只及货物实施层层盘查，强迫民船从事军运，规定所有船舶"皆以军事运输为第一优先"，严重干扰正常的货物运输。如南运河上游新乡段，

---

① ［日］中西清：《华北的内河航运》，《兴亚》1941年第22期。
② ［日］《创业四周年，跃进社业的现状》，《兴亚》1942年第33期。
③ 《天津市政统计及市况辑要》，1945年版。
④ 王树才：《河北省航运史》，人民交通出版社1988年版，第203页。

在国民党"第一兵站总监部"下设立了分监部航运营业所，将民船分编为 8 只船队，每队 15 艘木帆船，结伴航行，类似于日军的船团运输。同时，设立新乡第二区水上村 20 保，强迫船民在新乡河段为国民党运输军需物资或零星货物。国民党为了勒索民间航运从业者，采用"通罪"等多种罪名欺压船户，如道口的船夫李福魁即被扣在新乡 4 年。国民党的强行管制，导致大部分船夫失业，有的拉洋车，有的打鱼，"现在除冀鲁豫道口至冀南区临清段尚有百余只大船外，新乡至汲县间连一只大船也没有。"① 据统计，1947 年进出天津的民船共有 9218 艘，货物运输量不足 10 万吨。② 如果以每年 9 个月航行期计算，平均每月民船航行数仅为 1024 艘。到 1948 年 1 月，进出天津民船数不足 100 艘，2 月也只有 400 多艘。③ 以天津为中心的内河民船业几乎完全瘫痪。

南运河解放区段能够进行区域性运输，在调节各地商品及支前运输中发挥了重大的作用。当时，津浦铁路运输中断，南运河水运成为大宗货物运输的主要方式。解放区政府十分重视交通运输事业，发展地区经济，支援解放战争。截至 1947 年 8 月，在冀中民主政府的扶持下，南运河北起青县，南达临清段已经恢复通航，对冀中、冀南及渤海等解放区的物资交流贡献颇大。④ 临清位于南运河与卫河的中间，河北、河南、山东三省的交界处，交通位置非常重要，1946 年 4 月，临清广华转运公司成立，隶属于裕通转运股份有限公司，主要利用南运河便利的航运条件，打通与天津、济南两个区域经济中心贸易联通渠道，加强晋冀鲁豫和渤海区两个解放区的物资交流，互通有无，为解放区输送了大量的物资，广华公司成为晋察鲁豫解放区在南运河成立最早的运输机构。

广华公司执行解放区政府"以商养运，以运支前"的正确方针。他们从天津等国民党占领区的私商手里购买大量的日用品和食盐，运至德州、馆陶、龙王庙、道口等地销售，解决了解放区部队与群众的生活

---

① 《汲县民主政府资助失业船夫　准备恢复卫河航运》，《人民日报》1948 年 12 月 8 日第 2 版。

② 天津市政府统计处：《天津市主要统一资料手册》，1947 年版。

③ 《天津市政统计月报》，1948 年版。

④ 《南运河　畅通无阻》，《人民日报》1947 年 8 月 18 日第 1 版。

急需，返航时将卫河流域所产的粮食、棉花等土特产品运至山东北部和河北冀中解放区。[①] 通过购销贸易，一是平衡了地区间的市场价格，繁荣了市场，稳定了人们的生活；二是所得利润也为公司积累大量的资金，公司派人去国民党统治区天津、济南、德州等地购回了一批木船，扩大了运输量。同时，解放区政府运输处为扩大运输规模，也很重视造船事业，在卫河沿岸的河南南乐县张扶邱建立造船厂，广华公司也在临清建立船厂。

在解放战争期间，南运河水运依然在困境中艰难地发展，为沟通地区贸易做出了一定贡献。譬如，泊头镇是南运河上著名码头之一，水运与泊头的社会经济发展紧密相关。在解放战争时期，在冀中行政公署的领导下，泊头镇的民船业为支援解放战争及发展地区经济作出了重要贡献。1946 年 5 月，泊头市获得解放，对待船户，泊头市政府采取不得进行斗争的规定，船主按照工商业者对待，不作为地主或富农，泊头市政府积极落实私人船舶政策，组织船户成立了船业工会，对船户进行教育，帮助船主组织货源，解决他们生活上的困难，这些政策吸引了天津等地大量船户来到泊头，参加解放区的内河运输。1948 年 3 至 7 月，由天津到泊头镇登记的民船有 81 艘，随河船 114 艘，仅仅 5 个月泊头镇增加民船 195 艘，总运力 11975 吨，占当时泊头民船总运力的 88%。[②] 而当时泊头镇共拥有木船为 231 艘，总运力为 13205 吨，超过滏阳河、子牙河、滹沱河航线的船舶总运力。这些民船被组织起来，由泊头市政府和冀中运输公司组织的运输站领导，运输站的任务"是为了壮大扩展航运事业，为战争与经济服务，便利工商业户所调剂运输，繁荣泊市……为建设解放区服务"[③]。

泊头民船运送的主要货物有粮食、食盐和煤炭等。沧州地区盛产食盐，黄骅、盐山、海兴等地所产食盐用马车运到泊头或沧州，再通过民船运至南运河上游的德州、临清、馆陶、河南龙王庙、道口等地，供应

---

① 王树才：《河北省航运史》，人民交通出版社 1988 年版，第 223 页。

② 冀中行政公署调查组调查材料：《泊镇运粮河运输概况》，转引自王树才《河北省航运史》，人民交通出版社 1988 年版，第 233 页。

③ 冀中行政公署运输调查组：《关于泊镇市水陆运输与码头工人工作的初步意见》，转引自王树才《河北省航运史》，人民交通出版社 1988 年版，第 233 页。

冀鲁豫解放区军民的生活需要。同时，为避免回航空舱，冀中解放区政府提前派人到德州、道口等地组织煤炭、棉花、猪鬃、羊毛等货源，利用民船运回泊头或者沧州。为供应河南前线部队的粮食需求，民船也是首先将冀中解放区的粮食集中运到泊头，然后装船运往前线部队。1948年冀中解放区南运河船只运量没有统计数据，仅以船主张立成为例，他使用一艘35吨的木船参加70天的运输，在姚官屯、德州、馆陶、泊头、捷地、沧州等地往返运输，共运送货物146.4吨，运费收入2475.9万元（边币），一艘小型船只70天尚且运输146.4吨[①]，其他大型船只运输状况肯定更高，可见南运河的民船运输业日益活跃。

南运河上游河南段，解放区政府积极扶持民船业发展，1946年，"滑县道口市，为准备载运麦粮，恢复河运，沟通贸易，现已由公营商店发放170万元之无利贷款，以供船商修造船只。……正赶工修造船只14只，雇用工人150名，每天可载运600石"。到1949年，道口已"建立船厂4家，造大小船200余只，载运量1万余吨"[②]，大量船只的建造与修复为解放战争的胜利及新中国卫河航运的发展奠定了基础。

第三节　南运河航运业的复兴(1949—1965年)

1949年年初，华北地区基本解放，公路运输基础薄弱，铁路运输遭受战争破坏，尚未完全恢复，且覆盖面小、运输能力有限，各级人民政府对水运交通工作十分重视。3月17日，在北平召开华北交通会议，指出今后交通运输工作的重心要发生转移，把交通运输的重点由支援战争转向社会经济建设上来。此外，明确指出工商业、农业、运输业及国民经济其他部门的发展与河流的利用有着紧密的联系，应积极开发内河航运，并保持正常的通航，使大量农产品从广大农村地区运到城市，发展城乡间的物资交流，增加地区间的货物运输，保证工业企业的原料供给，为大规模的建筑工程提供建筑材料，防止沿岸城

① 王树才：《河北省航运史》，人民交通出版社1988年版，第235页。
② 《滑县道口市修造船只恢复河运》，《人民日报》1946年5月28日。

镇外运物资的积压和腐坏现象。随着国家对内河航运交通的日益重视，《中华人民共和国发展国民经济的第一个五年计划》明确指出："水路运输是一种最经济的运输，必须积极地提高其在整个运输中的比重，五年内水路运输方面的主要任务是发展内河运输。"[①] 因此，国家及地方水利交通部门加大航道建设和水路运输的整治力度，希望改进航道的运输情况，恢复往日的繁荣局面，华北地区的内河航运交通建设进入一个快速转型与发展的黄金时期，在航运政策、管理机构、航道、航运技术等方面发生了翻天覆地的变化，南运河航运为沿岸社会经济作出了重要贡献。

一　南运河航运的管理机构与政策改革

南运河流经冀鲁豫三省，公营与民间船只数量众多，在解放战争期间，这些船只分属于不同的机构管理，这种多头管理、分散经营的现状，在组织货源、管理船只等方面已经不能适应社会经济的发展。于是，1948 年 1 月，在石家庄召开的华北交通会议上，针对南运河的特殊情况，董必武在会议总结报告上提出"卫河和运河，经过冀中、冀南、渤海三个区，要设立一个统一的管理委员会，来保证航运的便利"[②]，此建议推动了南运河的统一管理。此后，南运河管理机构多次发生变迁。1948 年 6 月成立了华北财办卫运河管理委员会，使阻断多年的南运河内河运输得以全线贯通和统一管理。1949 年 2 月，华北人民政府将设在德州的卫运河管理委员会改为"华北人民政府交通部卫运河航政管理处"，该机构既从事运输又负责管理航政。此外，将主要从事于南运河运输的广华运输公司改组成"卫运河船运公司"，驻地德州。1949 年 4 月初，华北人民政府在"卫运河航政管理处"基础上，在德州成立"华北人民政府交通部航运管理局"（简称华北内河局），隶属于"华北人民政府航务总局"领导。华北内河局主要管理南运河水系的航运业务，并在沿岸的天

---

① 《中华人民共和国发展国民经济的第一个五年计划》，人民出版社 1955 年版，第 100 页。

② 刘存哲：《晋冀鲁豫地区交通史》，人民日报出版社 1989 年版，第 176 页。

津、沧州、德州、临清设立航运办事处，组建"华北内河船运公司"，从此，南运河水运交通管理由分散走上了初步的统一，标志着南运河水运从为军事战争服务转移为经济建设服务。这一时期，南运河航政的主要工作是开展航道调查和船舶登记事项，制定了《华北内河船舶及船舶业管理暂行办法草案》、《华北内河船舶检丈暂行办法》和《停泊证》等规章，规定凡航行内河各航线的公私船舶，均须向华北内河航运管理局登记，经检丈核准后，方准航行。对于出现的碰船、撞桥等各类水上交通事故，航政部门组成调查小组对各种不安全因素进行了调查研究。

1950年2月，中央交通部进一步明确指出：华北内河航运管理局主要管理卫运河水系的跨省运输，除卫运河以外，河北省其他内河水系归河北省人民政府交通局管理。1950年4月，华北内河局改属中央交通部直接领导，从机构设置的调整上，也可以看出南运河航运的重要地位。华北内河局接收了平原省卫河航运公司，虽然实现了对南运河的跨省的统一管理，但由于不同于其他河系的管理体制，在统一运价、统一调度、统一货源方面依然存在一些问题。

1953年6月，华北内河航运管理局与河北省交通厅航政处实行合并，新机构为"卫运河系河北省内河航运管理局"，不仅管理河北省省内各水系的航运业务，也管理包括山东省临清办事处和河南省新乡办事处所管辖水系的航运业务。机构设置的再次调整，使南运河水系的跨省运输进入了统一管理、统一运价的新阶段，该机构以"低利多运，面向工农业生产，为国家经济建设服务"为方针，对运价普遍下调。航运管理局还统一掌握货源，取缔私人行栈和非法经营，对公私船舶统一分配，准许各河船舶跨河行驶，对全省船舶实行统一调度指挥，增强了地区、企业、部门之间的业务联系和专业化协作，调剂了各河运力，提高了船舶利用率和运输效率，也使航政工作进一步向着制度化、规范化的管理方向发展。

南运河航运机构成立以后，为支援工农业生产，发挥内河航运的运输优势，积极探索航运管理的新方法，制定和出台一系列措施，1958年8月16日，华北内河航运管理局，制定了《南运河卫河航行暂行规则》，"保障航行安全，提高运输效能，以利城乡物资交流"[1]，还采取了多种措施推动南运河航运业的进步。

第一，大力扶植民船业的发展，鼓励船户继续从事运输生产。对于经营状况十分困难的船户，帮助他们排忧解难。道口镇解放后，政府为了救济船家和振兴道口水利交通，发放无息贷款107万元，帮助船户修理船14艘。[2] 在1950、1951、1953年三年中，政府向南运河615艘民船发放贷款共114160元（旧币），主要用于船只的修理和维护，通过资金帮助的办法，使一批频于破产的船户重新获得了新生。即使如此，由于战争的破坏，航运船只短期内很难迅速恢复，1950年的船只数仅仅相当于七七事变前的39%，吨数的35%（见表2-10）。

表2-10 1937年前与1950年南运河船数量与运量比较表

船舶种类	1937年前		1950年公营船		1950年私营船		1950年合计	
	船数	吨数	船数	吨数	船数	吨数	船数	吨数
对槽	——	——	66	3635	793	42223	859	45858
独身					322	5403.5	322	5403.5
合计	3000	145000	66	3635	1115	47626.5	1181	51261.5

资料来源：根据《各种运价调查报告》制，1950年，河北省档案馆藏，卷宗号972—1—22。

第二，私营航运业的社会主义改造。改组了由大船主和少数封建把头所把持的"南运河船运业同业公会"，不久，又在航运业开展"三反""五反"运动，铲除航运业中的封建残余势力。1952年中国共产党提出了过渡时期的总路线，逐步实现国家对农业、手工业、资本主义工商业的社会主义改造，1954年召开的全国交通会议上，明确地提出对资本主义运输业和个体运输业进行社会主义改造的任务。次

---

[1] 《港务局关于轮船管理运输航行各种办法章程规则等》，1958年，天津市档案馆藏，卷宗号：77—3—2850。

[2] 《政府扶植道口船业 船家生活逐渐改善 冀中造船业纷纷动工》，《人民日报》1946年7月2日第2版。

年，河北省、山东省、河南省对南运河水系私营木船的社会主义改造
正式开始，在当地政府和各航运办事处的密切配合下，通过对广大船
户进行深入教育，采取自愿互利和民主管理的方式，逐渐建立了一些
民船运输合作社和互助组。1955 年 12 月进一步规定各河系大小船只
一律实行公私合营。各地航运办事处普遍建立了公私合营工作委员
会，该委员会主要由船户和工人代表组成。1956 年 1 月全面开始了私
改工作，私改工作中出现了船户抵触等的问题，7 月 7 日，对合营面
过宽、自愿参与等问题进行了调整：凡载重量 40 吨以上较大木船，原
则上仍实行公私合营；40 吨以下木船继续组织运输合作社；10 吨以
下小木船则归农业生产合作社。到 1956 年年底，基本完成了对私营和
个体木船运输业的改造①，确定了内河航运全面所有制和集体所有制
这两种公有制的所有制结构。对航运业的社会主义改造为进一步实行
统一调度和计划管理提供了保障，但也存在民主作风差，船户积极性
下降，财务管理混乱等问题。

　　第三，实行南运河三省分管与相互协作。自 1953 年卫运河系河北
省内河航运管理局成立到 1957 年 4 月，在这 4 年时间里，南运河航运
统一管理，取得喜人的成绩，到 1956 年，内河货运量比 1953 年提高
19.24%。② 由于国民经济的迅速发展，特别是 1956 年运输物资剧增，
运力跟不上运输需要的现象更为突出。加以该河系流经各省境内短途运
输物资有很大增加，为便于各省加强领导，因地制宜地解决问题，更好
地满足省境物资运输的需要，经协商，决定将南运河水系水上运输分开
管理。各省的管理范围均以省界为线，对南运河运营的船舶进行了分配
（见表 2 - 11）。分管后的南运河航运管理机构也进行了相应的调整，河
北省水运机构改称为"河北省交通厅航运局"，河南省在新乡办事处的
基础上成立了"河南省交通厅内河航运管理局卫河管理处"，山东省在
临清和德州办事处的基础上成立了"山东省交通厅航运管理局德州办
事处"。

---

① 王树才：《河北省航运史》，人民交通出版社 1988 年版，第 287 页。
② 同上书，第 292 页。

表 2 – 11　　　　　　　　　1957 年三省分管南运河情况表

省份	范围	分配船只情况				
		机动船舶（艘）	动力（马力）	拖轮（艘）	木帆船（艘）	吨位
河北省	天津至桑园 281 公里段	4	400	11	1939	50149
山东省	桑园至翟村铺 325 公里段	7	390	4	341	23180
河南省	翟村铺至新乡 252 公里段	3	160	3	556	22994

资料来源：根据《河北、山东、河南三省关于卫运河系分省管理交接会议的记录》制，1957 年，河北省档案馆藏，卷宗号 972—2—445。

　　南运河的管理被三省分管后，国家交通、水利部门鉴于南运河是联系三省的一条重要交通要道，应该从南运河航运整体出发，各省之间相互合作，解决跨省运输中的运输计划，协调船舶、运价及规章制度等问题，为了适应这一新体制，决定建立三省航运联席会议制度。1957 年 9 月，第一次联席会议在河北省召开，安排了第四季度跨省运输计划和分运比例，河北省运往河南省 6000 吨盐，运往山东省 3300 吨、棉花 1200 吨、砖 805 吨、杂货 195 吨，河南省运往河北省小麦 1 万吨、杂货 2000 吨，运输船只的一半由占有货源的省份提供，并由对方省提供返航回程货源。此外，对以后编制计划、运费、港口作业等问题都作了统一的规定。三省联席会议得到了各省认真执行，相互之间经常联系协商，避免产生不利影响。

　　三省联席会议是南运河航运的一种成功尝试，从 1957 年至 1968 年的 12 年间，共召开了 23 次会议，平均每半年一次。1968 年，因为南运河逐渐出现断流现象，正常的航运时断时续，三省联席会议也随之停止。由于三省联席会议制度的确定，防止了分省管理后地区分割和互相扯皮等问题的出现，发挥了南运河跨省水上运输的优势，便利了三省间的物资交流，保障了南运河长途运输的通畅。

二 南运河航道的整治与航运技术的进步

航道通畅是内河水运的最基本条件。自清朝末年，内河漕运停止以后，由于海上运输和铁路运输的兴起，国家经济中心转移至沿海地区，从国家层面讲，大运河航运已经失去了沟通华北及华东地区的军事及经济价值，而且那时国库空虚，战争频发，国家及各级政府部门疏于南运河的疏浚和维护，导致南运河运力开始不断下降。清末民初，南运河下游河道"淤浅异常，现在中泓水深不过二尺七寸有余，实为向来所未有，一切行船均不能到埠，航运既艰，各项货物自形滞塞，粮石一项尤为紧要"①。

民国时期情况略有好转，南运河航道的疏浚计划多次列入政府的工作计划中，偶尔也有挖泥船在河道上作业，但由于政府财力有限，机构变动频繁等原因，大规模整治南运河的水利工程几乎没有。并且，出于战争的需要，国民党及日军对航道的破坏有增无减，即使是河北省通航能力最强的南运河，也遭到严重的破坏。譬如：日伪政府为引南运河水入马厂减河浇灌小站稻田，满足侵略战争的需要，在运河青县马厂附近航道内用沉船、木桩、柳条筐等物修筑了一道拦水坝。解放战争后期，国民党为封锁交通，切断与解放区之间的水上通道，在南运河下游也修筑了两座大坝，其中一座还埋置了大量地雷，曾引起两次船只爆炸事故，炸毁木船2艘，船工死亡2人，伤5人。② 河道还有大量因无人管理而形成的浅滩、碍航桥、过河电线等，此外，"尚有因河道年久失修，河床淤积之浅滩及胶泥坎甚多，实为航行之障碍"③。1948年，航道不畅，"惟九宣闸至天津市间，因河道淤垫，每届五六月间水源枯竭，深不没胫，航运辄告阻滞"④。平时仅能吃水一公尺以下船只可以通行。

---

① 《为疏通南运河事致天津商务总会的批》，1906年4月15日，天津市档案馆藏，卷宗号：401206800—J0128—3—000297—005。
② 王树才：《河北省航运史》，人民交通出版社1988年版，第257页。
③ 天津市财政经济委员会：《本市各交通运输部门报铁路、公路、海运、航运及市内交通情况统计报告》，1951年，天津市档案馆藏，卷宗号：77—2—1151。
④ 《北运、苏运、子牙、大清、南运河流域主要资料记录表》，1948年，天津市档案馆藏，卷宗号：77—3—2753。

华北内河航运局管理局成立后，为了改善南运河航道的通行情况，采取了一系列措施。首先，解决南运河航道的堵塞和淤浅情况。管理局组织私商船只及沿岸居民，大力恢复内河的航运工作。在 1949 年的全面清河运动中，南运河上主要浅滩、拦水坝等重点碍航项目，很快得到清除，但南运河中还有大量的碍航物，影响船只的航行速度和安全。1950 年，航运部门与广大船户组成了"清河委员会"，为了本地水运交通的通畅，沿河各地政府也发动人民群众参加义务清河运动，沿岸各地掀起了清河运动的高潮。例如仅初春的半个月时间内，南运河沧州段船工们就清除南运河下游河道中的垃圾杂物 5300 立方米。① 清理河道工作延长至 1952 年，清理出木船、沉船、胶泥坎、纤道树木等大量碍航物，改善了南运河航道的通行条件，保障了船只运输的安全，提高了船运的效率。1953 年，抓斗挖泥船在河道上进行施工。1954 年，在航道上设置航标。在相关部门的配合下，南运河航道基本能正常通航运输。

在国民经济不断发展的形势下，公路、铁路等运输方式不能满足货运需求，大运河航运再次受到重视，随即相关部门着手解决南运河航道适航能力差的问题。1958 年，国家为构建一个四通八达的水运网，开始实施打通南北大运河工程，在北京成立了大运河委员会，由交通部部长王首道担任主任委员，水利电力部副部长钱正英和江苏、浙江、山东、河北省的副省长都参加领导工作，希望该河将来可以分担津浦铁路过重的运输任务。② 为此，交通部第一航务工程局下放给河北省，改称河北省交通厅航务工程局，同时还建立河北省大运河工程指挥部，河北省交通厅航务工程局的航道技术人员全部调到了这个指挥部，并于当年开始了对南运河河北省段的扩宽、截弯、挖深及切滩工程，但由于选线不当和施工质量低等原因，反而使航道严重淤积。③

卫河是南运河上游重要的航段，但河道泥沙淤积越来越多，其中，新乡合河镇到汲县周湾一段是南运河上游卫河河床泥沙淤积最严重的地

---

① 《沧州市志》编纂委员会：《沧州市志》，方志出版社 2006 年版，第 564 页。

② 《在大半个中国建立一个四通八达的水运网 打通南北运河 联结五大河流 几十万民工开始疏浚一千五百多公里的河道》，《人民日报》1958 年 5 月 17 日。

③ 中华人民共和国交通部编：《第二次全国内河航道普查资料汇编》，人民交通出版社 2004 年版，第 307 页。

段,不仅影响航运,排涝能力下降,地下水位也上升,导致沿河两岸盐碱地面积增大。1962 年,水利电力部决定使用机械疏浚这条河道。作为我国第一个使用机械疏浚平原河道的试点工程,投入施工的机械有挖泥船和采砂船等共 625 台,经过疏浚后,河床加深至二米多到四米,排水能力达到历史上的最高水平,地下水位普遍下降,沿岸各县盐碱地面积减少。① 此外,为了彻底摸查全国内河现状,以便正确地进行内河规划工作,大力开展航运事业,1953、1956 年,全国水利部门两次开展内河水道普查工作。

其次,增加南运河上游来水量,弥补其枯水期水源不足。为加大上游卫河的流量,政府还采取了引黄河水注入卫河的办法,简称"引黄济卫"。共有两条引黄济卫干渠,第一条是人民胜利渠,全长 52.9 公里,流域面积 55 平方公里,1952 年 4 月 1 日修建,由武陟县秦厂村南引黄河水至新乡市郊的饮马口注入卫河,卫河水位明显提高。第二条是共产主义渠,于 1958 年开挖,该渠是豫北地区最大一条人工河,渠首与人民胜利渠渠首接近,经获嘉县西永康,先后流至沧河口和淇河口注入卫河,引水后,淇河口以下最大水深由 4.87 米提高至 5.75 米,最小水深也由 1.1 米增加到 2.71 米。② 以上两项工程自 1958 年 5 月 1 日至 1961 年 6 月,共向下游输水达 8.5 亿立方米,增加卫河、南运河来水量,促进航运事业的发展,还可以灌溉冀鲁豫三省的农田。

航运技术方面,也进行一些新技术的尝试和革新,提高了货物运输效率。第一,开展船舶运输计划管理。从 1953 年至 1955 年,航运部门建立起一套完善的从上到下的调度指挥系统,为实行统一调度和计划运输提供了可靠的保障。以前,由于货船不平衡,货多船少,物资积压待运严重,缺乏明确的联系调度,形成盲目被动局面,"各地缺船现象相继发生,如天津、德州、新乡都感觉船只缺乏"。③ 为此,南运河航运部门努力改善这种状况,组织的"三港两线"运输就是典型的例证,

---

① 《我国第一个使用机械疏浚平原河道的试点工程 卫河清淤首期工程全部竣工》,《人民日报》1965 年 10 月 18 日。

② 安阳市交通志编纂委员会:《安阳市交通志》,人民交通出版社 1990 年版,第143 页。

③ 天津市财政经济委员会:《本委及各单位关于运输工作总结报告、会议记录》,1953年,天津市档案馆藏,卷宗号 77—1—508。

三港指的是天津、临清、德州三个港口，两线是天津至临清航线、临清至德州航线，三港两线的运输方式即定港口、定船舶、定航线、定运行时间，一切运输事宜完全按照计划进行。通过该计划的试行表明，津临线配套运输的 3 个拖驳船队，1955 年运输效率同比提高了 40%，临德线的船舶周转率较 1954 年提高 33%。内河航运管理方法的不断创新，提升了船舶运输的效率，加速了沿岸地区物资的流通。

　　第二，推行一列式拖驳运输法。南运河是海河水系中最早试行内河轮船运输的航线，但主要限于客运，轮船货运没有发展，改进船舶运输方式，挖掘船舶的潜力，充分发挥已有船舶的效能，成为航运部门最为关心的问题。苏联的一列式拖驳运输法引入我国后，推动了我国内河运输方式的变革。1952 年，华北内河航运管理局成立了"一列式拖带委员会"，专门负责该方法的推广。首次拖驳试航选择在运量大、运输条件好的南运河航线上，从 1952 年 8—11 月共进行了 5 次短途和 3 次长途的拖驳试航，11 月 19 日，拖带 5 艘木轮、载重 337 吨的"河丰"号拖轮从临清出发，驶往南运河上游的新乡市，12 月 2 日，抵达新乡港，行程达到 400 多公里。至此，南运河成为海河水系中首条能全线通行轮船拖带的航线，大幅度提高了运输效率，每艘木船上的船工由 16—17 人减少到 5—6 人，减少了大批劳力。1953 年，一列式拖驳运输法在其他航线迅速推广开来，期间，船员们不断改进航运技术，发明或改进了"高线拖带法"、"三段烧火法"、"黄砂滤油法"等航运技术，进一步推动了一列式轮船拖带运输的发展。①

　　第三，水陆联运，一条龙运输协作的实行。1959 年 9 月，全国开始推广秦皇岛等地的路港协作经验。不久，交通部、铁道部等 7 个部在北京联合召开"一条龙"运输协作会议，号召全国有关交通部门开展一条龙的运输线。南运河的水陆联运是在这样的时代背景下形成的。南运河天津至德州段与津浦铁路平行，是津浦铁路的重要辅助运输线。此外，南运河作为连接冀鲁豫三省的重要货物运输通道，也是海河水系中腹地面积最广、货物通过能力最强的一条航线。随着工农业生产的发展，运河航运货运量日益增大，船舶运力不能满足货物运输量，造成货物积压

---

　　① 王树才：《河北省航运史》，人民交通出版社 1988 年版，第 277、279 页。

码头现象十分严重，转而利用陆地运输。如南宫运往天津的农产品，本可以先运至油坊镇或故城码头，通过南运河运至天津，因船舶运力紧张，只能通过公路运至衡水，经石德铁路运至德州，再经津浦铁路转运至天津，货物三次中转，费时费力，也加重了铁路运输的负担。

南运河的水陆联运港主要有新乡、南馆陶、油坊、临清、德州、桑园、泊头、沧州、杨柳青、天津等，在天津、沧州、桑园等物资比较集中的地方还建立了联合运输协作机构。在天津南运河的水陆联运由一条龙运输协作办公室负责，由河北省交通航运局和天津市红桥区交通运输局、市内运输管理所、码头管理所、物资托运站、土产杂品公司、汽车六场、第三商业局、红桥区交通队、粮食二库等单位组成，该办公室根据托运单位所运货物具体情况，综合考虑，统一编排运输计划、统一安排车船运力，统一调度指挥，物资部门实行统一托运和一次结算，大大减少了中间环节，杜绝了运输过程中手续繁杂、浪费严重的弊端，使码头货场的利用率提高了一半以上，船舶在港时间也缩短了一半。如沧县，位于河北省东南部水陆要冲，在组织一条龙运输协作中，沧县与周边的泊头、盐山、黄骅、河间4县共同建立了协作委员会，由各县代表、铁路、航运、公路、搬运公司及各厂矿代表、政府机关组成。联合运输施行后，简化了手续，货物压港等问题也迎刃而解，下面我们以汲县（今卫辉市）水陆联运情况为例说明。

河南汲县地处豫北平原，京广铁路和卫河纵横贯穿县境，公路四通八达。周围十几个县的粮食、棉花、油料、青麻等农副产品在此集聚运往全国各地，便利的交通地位使这个县形成了一个庞大的交通运输机构。它拥有千余人的运输队伍，但由于过去没有统一的领导机构，各自为政，指挥不灵，使水陆运输工具不能充分发挥作用。汲县为改变原有的交通运输面貌，成立了"汲县联运服务办公室"，负责指挥整个交通运输工作，把各种不同的运输工具，不同的运输环节，有机地衔接起来，简化运转手续，砍掉中转环节，做到了上门取货，送货到家，电话受理，一次划拨。[①] 一条龙运输协作优势的体现在产、运、销的全面大

① 《广大革命职工听毛主席的话认真进行斗批改　汲县交通运输战线实行"联运"》，《人民日报》1968年9月5日。

协作，在此形式下，水路、公路、铁路、装卸和物资供需均被带动起来。参加一条龙运输协作的各种不同的运输工具也改变了以往不定时的运行方式。

三 南运河航运贸易日趋繁荣

（一）南运河航运运量的不断增长

新中国成立初期，津浦铁路因战争破坏，运输能力有限，而公路通行路程短，且多是晴通雨阻的土路，只有水路具有优先发展和利用的条件。并且，南运河沿岸地区农村的农副产品多是经水路与外界进行沟通往来，南运河流域人们的生产生活无不与水运息息相关。但多年的战争使船运工具遭到严重破坏，经过政府和船户共同努力，航运条件获得迅速恢复，大批的农副产品和工业品通过南运河发往全国各地。据1949年4月调查，"卫运河自道口至天津有船500艘，载重三千二百万斤。"① 至1949年8月9日的货运统计，仅进出天津码头的南运河货物就有37000余吨②，南运河航运为沿岸地区工农业生产的发展作出了重要的贡献。

南运河航运船只也参与了一些紧急运输任务。1949年年初，解放区政府为了赶修津浦铁路，急需从南馆陶运铁路器材到德州，南运河航运部门立即调用160艘木船，仅用20天，就运送枕木13260根，钢轨8943根，夹板3062块，圆满地完成任务。③ 1949年下半年，中央交通部给南运河、子牙河航运管理部门一个更加艰巨的任务，从河北省和平原省④38个县的农村调用粮食运往德州，首先将分散在各地的粮食集中到南运河和子牙河的各个码头，这次参与运粮的有712艘民船，公营船舶不多，为协调运输事宜，在临清、衡水、龙王庙、道口、新乡等地成立了指挥站。同时，为了提高运输利用率，在运送粮食返航空仓时，组织承揽短途货和回程货，运送棉花、煤、盐等货物

---

① 《人民日报》1949年4月1日。
② 王树才：《河北省航运史》，人民交通出版社1988年版，第270页。
③ 同上。
④ 平原省，旧省名，1949年8月20日正式成立，省会驻新乡市，主要辖新乡、安阳、湖西、菏泽、聊城、濮阳6专区，1952年11月15日平原省建制撤销。

6583 吨，缓解了运力紧张状况。这次大规模粮食水上运输，共运送粮食 6 万余吨，相当于原计划的 1.7 倍，也为摸清航路情况与全面复航作出了重要贡献。[①]

　　1949 年 10 月 1 日，中华人民共和国正式宣告成立，华北地区全部解放，南运河全面通航，南运河由军事运输为主转向为沟通城乡贸易，船只数量不断增加。1950 年，河北省交通局统计，仅南运河河北省境内有船只 1300 只，载重量 59585.5 吨，其中公营船只 142 只。[②] 航运经济日趋繁荣，南运河天津至临清段沿途最繁荣码头是天津、临清、德县三地，1950 年 6—12 月份南运河全段码头装卸额数为 30 余万吨，其中，经过这三个码头装卸即达到 20 多万吨。[③] 据统计，1950 年天津通过南运河进出货物共达 253721 吨（见表 2 - 12）。

表 2 - 12　　　　1950 年天津市货物经南运河输出入统计表　　　　单位：吨

食粮类	上航	下航	油料类	上航	下航	日用品类	上航	下航
小麦	353.2	50509.75	油籽	46.5	11555.5	燃料油	1447.7	8
杂粮	22648.35	2702.4	豆类	2.5	1194.9	棉织品	86	149.3
面粉	851.9	2742	花生米	0.7	1588.6	颜料		22.3
谷子	40		棉籽		1340.6	煤油	2520.1	
大米	124.3		芝麻		234	布	13.3	
小米	92.6	11.4	菜籽		15.5	纸张	10.9	
玉米	916.1	415.6	其他		4815.9	染料	5.2	
其他		12.4	小计	49.7	20744.8	火柴	13.5	
小计	25026.45	56393.55				肥皂	0.5	
						棉纱	7	
						针织品		
						其他	363.9	95
						小计	4462.1	274.6

[①]　王树才：《河北省航运史》，人民交通出版社 1988 年版，第 271 页。
[②]　《1950 年度本厅统计资料》，1950 年，河北省档案馆藏，卷宗号：972—1—27。
[③]　《各种运价调查报告》，1950 年，河北省档案馆藏，卷宗号：972—1—22。

续表

食粮类	上航	下航	油料类	上航	下航	日用品类	上航	下航
食用品类	上航	下航	建筑材料类	上航	下航	工业原料类	上航	下航
食盐	16225.1		木料	2079.4	32.9	皮硝		40
糖	66.8		竹木类	653	304.9	煤炭	2389.9	431.4
食用油	74.6	4113.3	白灰	2.3		棉花	95.6	17184.4
蔬菜	12.8	13557.6	黄土		11	电化类	9.3	5814.1
干鲜果	3.5	8230.4	石灰	43.7	1	烟草		355.7
荻	8		砖瓦	252.5	3685.8	麻	36.5	114.6
鱼	3	0.36	石料	60.5		碱类	2	88
茶叶		47.3	水泥	27.7		化学品		200.2
枣		10	其他	90.2	1491.2	硫磺		186.0
冬菜		20	小计	3209.3	5519.6	柴油	24.7	
瓜子						机油	2894.6	
山芋		16				其他	17	907
其他		389.75				小计	5469.6	25321.4
小计	16393.8	26384.71						
金属原料及成品类	上航	下航	动物及其产品类	上航	下航	其他货物	上航	下航
铁器材	2911.2	19.9	猪羊		633.2	肥料	26358.1	558.7
铁	860.7	19.5	鸡蛋		2843.7	豆饼	13249.45	
铜		9.2	皮毛		221.1	药材	56.3	2.4
铁制品	904.35	4.6	驼羊毛		5.3	瓜子		93.7
机器	47.2		其他		41.1	柴草	375.3	363.95
铜铁瓷类	918.9	18	小计		3744.4	草帽辫		242.1
其他	1	6				芦席	205.4	62
小计	5443.35	97.2				西药	1.5	
						杂货	3554.2	803
						麸皮	1924.2	
						麻袋	411.9	38.7
						卫生油		16

· 79 ·

续表

食粮类	上航	下航	油料类	上航	下航	日用品类	上航	下航
						家具	129.3	18.6
						糠	407.2	8
						缸	155	
						竹货	21.8	
						其他	4719.75	1406.82
						小计	51572.4	3613.99

资料来源：《1950年南运河系天津市货物输出入统计表》，1950年，天津市档案馆藏，卷宗号77—3—2756。

　　从表2－12可知，南运河依然是沿岸地区最重要的运输通道，货物种类涉及农业、工业、商业及日常生活用品等。其中，运量最高的是食粮类，上下航共计81420吨，其次是其他货物类为55186.39吨，第三是食用品类为42778.51吨。最少的为动物及其产品类为3744.4吨，其次是日用品类和金属原料及其成品类。从运输货物种类来看，涵盖生产生活所需的各个产品，包括食粮、油料、日用品、食用品、动物及其产品等与人民生活紧密相关的产品，还有与工农业生产相关的工业原料、金属原料及其成品、建筑材料等。从单个货物种类运量看，超过1万吨以上的就有8种，按照运量从大到小分别是小麦（50862.95吨）、肥料（26816.8吨）、杂粮（25350.75吨）、棉花（17280吨）、食盐（16225.1吨）、蔬菜（13570.4吨）、豆饼（13249.45吨）、油籽（11602吨），这些货物中，食盐是人们每日生活的必需品，且南运河紧邻长芦盐厂，一直都是长芦盐业南运的重要通道。其余货物均与农业有关，肥料、豆饼有助于提高农作物的产量，小麦、棉花、蔬菜、油籽都是华北地区主要的农产品。以上几种货物也是人们日常生活的必需品，主要解决人们的温饱问题，而一些价格昂贵、体积较小的工业产品，如西药、肥皂、棉纱等产品却运量非常小，肥皂仅为0.5吨，西药也不过1.5吨。从货物流向看，船只上航主要从内地将大量农副产品运往天津，供天津消费及出口，下航货物量远远超出上航，下航主要是把食盐及天津生产的工业产品输入内地，货物运输的物资流向和产品种类与以往没有太大的变化，天津依然保持着华北经济中心的地位。

表 2 - 13　　　　　　　1952 年南运河货船分类统计表

项目	单位	1949 年运量（8—12 月）	1950 年运量
粮食	吨	54032	124204
食盐	吨	24900	20737
煤炭	吨	13267	113755
石油	吨	1009	7195
重油	吨		
植物油	吨	2230	4525
棉花	吨	4569	17722
棉纱	吨	643	328
矿石	吨	——	——
木材	吨	1184	4041
水产	吨	38	4
肥料	吨	7430	48429
化学品	吨	1249	7769
洋灰	吨	——	27
建筑材料	吨	1635	7109
金属及其他产品	吨	1729	6469
其他	吨	27729	69071
总吨数	吨	151679	431392
总吨公里数	千·吨公里	51027	114725
平均运程	公里	336	266

　　资料来源：天津市财政经济委员会《本市各交通运输部门报铁路、公路、海运、航运及市内交通情况统计报告》，1951 年，天津市档案馆藏，卷宗号 77—2—1151（填表机关：华北内河航道管理局，小数点后省略）。

　　随着社会秩序的稳定，工农业生产的不断发展，据 1957 年河北省内河航运管理局调查，南运河流域较大县镇 30 余个，大小工厂约 50 座。① 随着南运河沿岸地区需要运输的货物量迅速增加，以及南运河航运经营管理的完善，航道清除碍航物及清淤工作的不断推进，机械化运输的推广应用等措施的实施，1953—1956 年，南运河航运贸易量逐年增加，从煤炭、石油制品、建筑材料、木材、粮食、盐、植物油等几种主要货物的运量也可以反映出来（见表 2 - 14），由 1953 年的 721798 吨增至 1956 年的 1323858 吨。不仅南运河自身的运量在不断增长，与河北其他内河货物运量相比，南运河四年的货物运量共计 3961672 吨，高于河北其他内河水系，位居首位。

表 2 - 14　　　　1953—1956 年南运河主要货物运量统计表　　　单位：吨

年份	运量总计	煤炭	石油制品	建筑材料	木材	粮食	盐	植物油
1953	721798	304175	7384	36630	11234	176883	36057	8780
1954	893279	352463	7864	111355	27991	209290	33521	10929
1955	1022737	995801	9783	145809	——	147427	34581	7994
1956	1323858	659423	5904	243795	15412	201025	10614	11416

　　资料来源：河北省地方志编纂委员会编《河北省志》第 39 卷《交通志》，河北人民出版社 1992 年版，第 244 页。

　　巨大的货物运输需求需要充足的运力保障，1957 年，南运河有大型木帆船 234 艘，中型 536 艘，小型 682 艘，大型拖轮 6 艘，中型 10 艘，小型 1 艘，中型木客轮 2 艘，木船载重吨位最大为 140 吨，最小 20 吨，拖轮最大为 100 匹马力，最小 18 匹马力，全年营运天数为 229 天。根据 1955 年统计，上行货物达 520721.8 吨，运输物资为盐、煤、建筑器材、煤油等，下行货物达 468031.5 吨。② 即使南运河运力已经不小，但该河运输任务大、船只少的矛盾依然存在，经常出现货运船只紧张的状况，今后如能增建一批拖轮，才能适应需要。

　　南运河航运在地区经济中的地位越来越重要，政府通过政策、资

————————

① 《全省河系水道普查调查报表》，1957 年，河北省档案馆藏，卷宗号：972—3—460。
② 同上。

金、技术方面的支持，使南运河航运日渐恢复。南运河上船只往来如梭，据统计，自 1958 年 8 月南运河四女寺船闸通航至 1973 年，过闸船只 10.71 万艘，运输物资 902 万吨，收取过闸费 54.1 万元。[①] 从这组数字，我们也可以看出南运河航运贸易的兴旺景象。

（二）南运河运输货物的种类与流向

新中国成立后，社会环境稳定，这给沿岸地区恢复工农业生产提供了发展的机遇，南运河航运的主要功能回归至沟通沿岸地区商品贸易。这一时期，华北地区的铁路、公路等其他运输方式也得到一定的发展，但不能满足广大城乡运输的需要，内河航运继续发挥着重要的作用。下面我们从几份调查资料来展开分析，探析南运河运输货物种类和物资流向变化情况。

据华北内河航运局对南运河船户的调查，王廷元和刘云贵是南运河航线上经营较有办法较好的船户。1951 年，王廷元的船行程 4160 公里，运送货物 790 吨，总收入 88263446 元（以下均为旧币），总开支 75376978 元，工资伙食占总开支 56.7%，其盈利 12886468 元（见表 2–15）；刘云贵的船行程 4845 公里，运送货物 512.793 吨（见表 2–16）。

表 2–15　　　　　1951 年船主王廷元船运经营实况调查表

航行次数	装货地点	卸货地点	里程（公里）	货名	货运吨数
1	南馆陶	天津	575	果米	95
2	天津	临清	540	木料	45
3	临清	南馆陶	83	盐	20
4	南馆陶	天津	575	菜籽	97.9355
5	天津	北馆陶、龙王庙	675	豆饼	96.7260
6	南馆陶、临清	天津	55 /545	棉花	70
7	天津	油坊	515	盐	100
8	油坊	德州	119	——	

[①] 河北省水利厅水利志编辑办公室编：《河北省水利志》，河北人民出版社 1996 年版，第 151 页。

续表

航行次数	装货地点	卸货地点	里程（公里）	货名	货运吨数
9	德州、临清	临清、德州	478	煤、棉花	200/66
总计			4160		790.6615

资料来源：《为送达调查民船目前经营情况希参照研究速与解决由》，《华北内河航运局呈报本局关于民船经营、劳资集体合同和有关报表》，1952 年 7 月 10 日，天津市档案馆藏，卷宗号：84—1—128。

表 2 - 16　　　　1951 年船主刘云贵船运经营实况调查表

航行次数	装货地点	卸货地点	里程（公里）	货名	货运吨数
1	天津	北馆陶	546	豆饼	92.543
2	北馆陶	元村	117		
3	元村	天津	665	麦子	90
4	天津	道口 元村	395 665	麻酱 豆饼	17 52
5	元村	东光	425	麦子	94.85
6	东光	天津	241		
7	塘沽	武城 临清	485 678	盐	15 80
8	龙王庙	临清	138		
9	临清	天津	490	棉花	71.4
总计			4845		512.793

资料来源：《为送达调查民船目前经营情况希参照研究速与解决由》，《华北内河航运局呈报本局关于民船经营、劳资集体合同和有关报表》，1952 年 7 月 10 日，天津市档案馆藏，卷宗号 84—1—128（刘云贵 1951 年运货实况，按 1952 年运费价格及依照 1952 年四期集体规定时间计算）。

表 2 - 17　　1949 年 8—12 月与 1950 年南运河货船运量分类统计表　　单位：吨

货物名称	1949 年 8 - 12 月	1950 年	货物名称	1949 年 8 - 12 月	1950 年
粮食	54032	124204	木材	1184	4041
食盐	24900	20737	水产	38	4
煤炭	13267	113755	肥料	7430	48429

续表

货物名称	1949 年 8－12 月	1950 年	货物名称	1949 年 8－12 月	1950 年
石油	1009	7195	化学品	1249	7769
重油	——	——	洋灰	——	27
植物油	2230	4525	建筑材料	1635	7109
棉花	4569	17722	金属及其他产品	1729	6469
棉纱匹头	643	328	其他	27729	69071
矿石	——	——	货物总量	141644	431385

资料来源：天津市财政经济委员会《本市各交通运输部门报铁路、公路、海运、航运及市内交通情况统计报告》，1951 年，天津市档案馆藏，卷宗号 77—2—1151。

据华北内河航道管理局对 1949 年 8—12 月与 1950 年度南运河货船运量分类统计（见表 2－17），可以看出 1950 年货物超过万吨的货物种类有棉花、食盐、煤炭、肥料，年运量 5000 吨以上的从多到少排列为粮食（124204 吨）、煤炭（113755 吨）、肥料（48429 吨）、食盐（20737 吨）、棉花（17722 吨）、化学品（7769 吨）、石油（7195 吨）、建筑材料（7109 吨）、金属及其他产品（6469 吨）。1949 年下半年的情况基本也是如此，没有太大的变化。这与 1957 年河北省内河航运管理局的调查也基本一致，南运河"上下航运输以粮食、煤炭、油料、建筑器材为大宗，物资交流堪称频繁"[①]。我们再看一下 1951 年对王廷元、刘云贵的调查情况，是否和上面的结论一致？1951 年王廷元运输的货物有煤炭 200 吨、食盐 120 吨、棉花 136 吨、菜籽 97.9355 吨、豆饼 96.7260 吨、果米 95 吨、木料 45 吨。1951 年刘云贵运输的货物总量少于王廷元，有小麦 184.85 吨、豆饼 144.543 吨、盐 95 吨、棉花 71.4吨、麻酱 17 吨。

以上数据基本反映了 1950 年前后，南运河运输的主要货物种类有粮食、煤炭、食盐、肥料、棉花、石油、建筑材料、化学品等，这些货物有一些共同特点，如体积较大、廉价、不易变质等。1953—1956 年主要货物种类依然是煤炭、粮食、建筑材料、盐、植物油、木材等，其

_____

① 《全省河系水道普查调查报表》，1957 年，河北省档案馆藏，卷宗号：972—3—460。

中建筑材料和煤炭等工农业生产原料类增长速度最快，成为一项主要的运输货物，从 1950 年的 7109 吨增至 1956 年 243795 吨，增加 34 倍多，煤炭从 1950 年的 113755 吨增至 1956 年的 659423 吨。内河水运的货物从过去的农产品和手工业为主，逐渐转向以农产品和大工业生产所需的矿物能源、原材料以及半成品为主。水运货物种类变化的因素主要有以下几点：第一，经济结构的变化。经济结构与运输结构存在必然的联系，产业机构必然引起产品结构的变化，从而导致运输的货种结构随之变化。第二，政策因素是调整水运货物结构的手段，新中国成立后，国家加大对公路和铁路发展的支持力度，对商品的运输要求也不断增高，要求更加快速、方便、安全等，一部分货物运输转为陆上运输。第三，是运价在商品的成本中所占的比重是不一样，例如煤炭、粮食、化肥所占比重较大，而日用品和百货所占比重较小，"这主要是由于运输大体上按重量和距离计量收费的，因此对于价值低的原材料等运费所占比重相对高，而价值高的贵重物品运费所占比重较低"[1]。

第四节　南运河航运业的衰落(1965—1980 年)

新中国成立后，虽然南运河航运业进入快速发展期，但依然存在船多货少、运价低等一些问题，尤其是南运河部分航道不畅一直困扰着航运业的发展，主要是航道淤浅、水源不足、障碍物多等因素造成的，针对以上种种问题，中央及各级水利机关实施了一系列水利工程，试图改善南运河航道的通航条件，保证航运船只的正常行驶，虽然取得了一些效果，但依然不能挽回南运河航运衰落的命运，南运河航运业的衰落导致沿岸城镇经济格局的变化，呈现出不同的经济态势。

一　南运河航运业逐步走向衰落

新中国成立后，南运河仍能通行 50—100 吨的木船，依然发挥着重要的航运作用，"它（指南运河）目前是平原、河北、山东三省广大地区城市联系乡村的主要纽带，在城乡物资交流中起着重大作用，也由于

---

① 许庆斌等：《运输经济学导论》，中国铁道出版社 1995 年版，第 203 页。

天津是华北最大的物产集散港埠，南运河又汇流于津，注入渤海，通过该河系往返运输之主副农产品及工业日用品的数量占华北内河之冠。"①如河北省景县老君堂村至流河镇段长 211 公里，1949—1962 年平均年运量达到 63 万吨，1956 年最高 132 万吨。②

南运河航运的恢复与发展并非一帆风顺，也出现了很多问题。1951年，华北内河水系航运业普遍出现了船多货少、运价低的情况，导致船户无利可图，甚至有的亏本，"在船多货少的情况下，有些船户就不敢去计较运价高低，能赚出各项开支，人能吃饭，有零花的就行。"③这导致船只失修，船户生产情绪低落，不少船主普遍拖欠工人工资，"有的船主老婆病了不看，小孩病了不吃东西也不治，为逃避工人索讨工资伙食，自己偷出窝窝头不回船，到机关哭求办法……据说有四家因无力修船用棉花堵塞漏缝。"④南运河的航运情况也一样不景气，船只数量明显减少，"运河泊津的船只，准备运输运河货物，但开河后运河无货可运，转入海河运输，既来少数下水船只亦随转入海河。"造成这样局面的原因是复杂的，一是货物供求关系失调，内地输入天津的货物量多于天津输出的货物量，故上航运价低于下航，运价问题尚难统一。二是由于南运河下游航道狭窄和码头装卸效率低，船只需要在码头等待多日，增加船户开支。三是存在船多货少，船只无货可运的情况。这是由于全国刚刚解放，"三反"、"五反"运动的开展，工农业生产未能完全恢复，"货源减少，运输萧条，停船过久，开支加大而形成暂时严重局面，这是一个主要原因"⑤。

随着城乡贸易的迅速发展，航运贸易呈现一派繁荣局面，又引发了新的问题。一是船只数量不够，船舶需求量不能满足沿岸地区社会运量的需求。二是港口落后，设备简陋，阻碍港口作业进一步发挥。这些港

---

① 华北区运输公司等编印：《中央交通部、华北区水陆运输机构业务情况简介》，1951年版，第15—16页。

② 交通部：《全国内河航道普查资料汇编》，1981年版，第356页。

③ 《各种运价调查报告》，1950年，河北省档案馆藏，卷宗号：972—1—22。

④ 《为送达调查民船目前经营情况希参照研究速与解决由》，《华北内河航运局呈报本局关于民船经营、劳资集体合同和有关报表》，1952年7月10日，天津市档案馆藏，卷宗号：84—1—128。

⑤ 同上。

口大部分处于码头分散的河岸土坡自然状态，装卸工具落后，完全由笨重的体力劳动所担负，因而大大阻碍了装卸效率的提高。如德州港，全程988.7米，无港口建筑，全年吞吐量可达40余万吨，通过量达100余万吨，物资相当充沛，总处于运不尽、装不绝的状态，但由于码头窄隘，搬运工具落后和运输能力不足，时常出现货物拥塞及船舶在港停泊时间过长现象，因此每年都不能将全部物资运出，如1956年，社会运量为688233吨，全年仅完成了82.09%。1956年第二季既无枯水又无汛期，货源充沛，而该港仅自行木船一项，本季实际停泊天数却占全季营运天的68.78%。[①]

南运河航运受到社会环境和自然环境的影响巨大，除了以上问题外，航道不畅和水源不足也是制约南运河航运业发展的阻碍，虽然政府不断实施了一些措施阻止南运河航运衰落的命运，但都无济于事，无法从根本上解决影响航运的种种不利因素。1959年，开始修建岳城水库，截留大部分漳河水源，导致南运河上游来水减少。引黄济卫工程的实施，大水漫灌，引起地下水位上升，导致广大平原地区直接碱化面积达2.6万公顷，间接碱化影响约7.3万公顷[②]，低洼地区出现沼泽化。1962年，停止引黄济卫，水流减少，停航减载现象更加严重。1965年华北地区发生严重的干旱，此后，河北省干旱少雨天气一直持续多年，加上灌溉航运矛盾日益突出，南运河航运业由盛转衰的局面已是大势所趋。1967年，南运河航运部分停运，运量不断下降，例如1966—1970年南运河山东段共完成货运量64.5万吨，8020万吨公里，分别仅占同期山东内河运输的5%、10.5%。至此，南运河航运开始断断续续，至1978年，南运河山东段通航天数仅为3天，完成货运量0.9万吨，货物周转量94万吨公里，为1965年的0.04%、0.03%[③]，南运河断航导致其山东段航运业1965年至1980年总亏损1700多万元，最高年份达

<hr />

① 《卫运河系河北省内河航运管理局关于57年运输存在严重问题请求考虑解决的问题》，1957年，河北省卷宗号：972—2—461。
② 漳卫南运河志编委会：《漳卫南运河志》，天津科学技术出版社2003年版，第213页。
③ 山东运河航运史编纂委员会：《山东运河航运史》，山东出版集团2011年版，第384、388页。

到 200 多万元。① 1980 年以后，南运河航运几乎全部停运。

表 2 - 18　　　1965—1979 年华北主要内河航线历年货物运输量
完成情况表②

年份	南运河		子牙河		大清河		蓟运河	
	运量（千吨）	总吨公里（千吨公里）	运量（千吨）	总吨公里（千吨公里）	运量（千吨）	总吨公里（千吨公里）	运量（千吨）	总吨公里（千吨公里）
1965	23	7093	167	16692	68	5019	58	4113
1966	3	332	122	12974	51	4183	120	4487
1967	——	——	36	3913	22	1739	46	637
1968	——	——	22	1485	5	434	34	383
1969	11	5110	28	2692	100	7678	14	559
1970	——	——						
1971	51	7918	79	5236	88	5164	101	10344
1972	7	977	7	414	62	2970	45	5304
1973	30	6719	79	4937	55	4028	1	227
1974	5	1322	82	2818	53	3640	——	——
1975	4	701	41	1309	17	856	——	——
1976	9	2147	48	2989	21	887	——	——
1977	5	1229	70	3764	74	3236	——	——
1978	——	——	89	4845	99	4538		
1979			26	1701	70	3774		

资料来源：王树才《河北航运史》，人民交通出版社 1988 年版，第 333—334 页。

从上表可知，华北主要内河水系中，南运河航运衰退的速度最快，1965 年货运量只有 23 千吨，远远低于其他内河航运量，此后，大部分年份不足 10 千吨，1980 年后南运河航运几乎终止，仅剩区域内的间歇性短途航运，南运河航运的辉煌时代就此结束。

导致南运河衰败因素众多，南运河的断流表面是生态环境的变迁所

① 山东省交通厅编印：《当代山东的航运资料》，1985 年版，第 22 页。
② 王树才：《河北航运史》，人民交通出版社 1988 年版，第 333—334 页。

造成的，诚然，气候、降水等生态因素变化对此有一定影响，但作用不大。南运河的衰落不仅仅是生态环境问题，还有人类对自然生态系统的侵蚀与破坏。新中国成立后，我国人口数量迅速增加，亟须发展农业水利设施，增加粮食产量。此外，这一时期我国生产力水平获得极大解放和提高，对自然的改造能力日渐增强，尤其是大跃进时期，"人定胜天"、"向大自然进军"的意识急速膨胀，在改造自然的同时不尊重客观规律，缺乏科学调研，在南运河沿岸兴修大量的水利工程设施。如在"根治海河"运动中，对河道截弯取直，修建水坝和分流渠等工程，毋庸讳言，这些水利工程增强了该流域水资源的开采利用，提高了南运河的防洪泄洪能力，但也破坏了南运河自然生态系统，使南运河流域水资源处于不可承载的状态。南运河的衰落是生态环境和人类无序利用水资源产生的结果。从生态环境层面的变迁，我们可以管窥那个时代社会对水资源利用的运行机制与人们对待生态环境的思维方式。历史的教训是沉痛的，我们必须汲取经验教训，调整经济发展思路，正确开发利用自然资源，做到人与生态环境的和谐相处。

二　南运河航运衰落对沿岸区域的影响

南运河航运的衰落直接影响到航运船只的正常通行，使船运企业员工和船民面临下岗或转行的危机，同时，使沿岸城镇失去了一条重要的交通通道，交通优势的失去导致物资进出困难，经济增速放缓，仅仅依靠南运河航运的单一型交通城镇的经济地位不断下降。南运河的断流也影响到了人们的生产生活用水问题，下面进行简单的分析。

首先，导致船运企业和民船营业亏损严重。面对严峻的航运形势，一方面一些船只转移或调往到其他河段航行，如南运河河北段部分船只转移到天津等地，或者转移到丰南县临海盐厂附近，开始盐的运输业务。[①] 山东段一部分船舶陆运到台儿庄等地，开辟台儿庄水运市场。[②] 河南卫河航运企业把 103 艘木船和 6 艘拖轮等船只下放到安阳地区管

---

① 中华人民共和国交通部：《第二次全国内河航道普查资料汇编》，人民交通出版社2004年版，第308页。

② 山东运河航运史编纂委员会：《山东运河航运史》，山东出版集团2011年版，第384、388页。

理，其中，将 3 艘钢制蒸汽机拖轮调到淮河参加运输，44 只大船租给天津航运局管理和使用，其余船只半运半停，下放的干部、工人交由汤阴、濮阳地方铁路局领导。① 另一方面安排航运社船户、船员转行，如沧州市第二造纸厂和三里庄办的盐化厂及存货场都有船员在此工作。②

其次，南运河航运中断对沿岸城镇经济的发展及经济格局影响巨大。南运河沿岸城镇的兴起与发展几乎均是依赖于其水运交通优势，区域经济的发展与水运的畅通息息相关。20 世纪 80 年代，南运河航运停止以后，沿岸城镇失去了优越的交通地位，公路运输网络还不够完善，汽车等机动运输工具尚未普及，这些城镇失去了运价低廉、便捷的水上交通方式，从而疏远与腹地之间的联系，造成其原有货物转运功能的丧失。这些城镇的繁荣很大程度依赖于经济腹地的支撑，尤其是临清、油坊、道口等以中转贸易为主的城镇更是凭借其与经济腹地之间的货物集散维持其商业的繁荣。南运河停航使依靠水路运输货物的腹地商人，放弃与南运河城镇的传统商贸联系，转而选择铁路枢纽城市建立起新的商贸网络。沿岸城镇失去了腹地经济的支撑，其城市经济地位及发展活力日趋衰败。

具体到每个城镇其影响程度是不一样的，交通单一型城镇受影响较大，如临清、道口、油坊等地，在公路交通不发达的时代，水运是这些城镇大宗商品贸易的主要运输方式。明清时期，临清是华北地区最大经济中心之一，是棉花、粮食、丝绸等南北商品中转的港口城市。近代以来，内河漕运废弃，津浦铁路没有经过此地，临清失去了发展的机遇，大宗货物仍然主要依靠民船运输，南运河的衰落使许多依靠水运运输原料的企业受到影响，也给公路运输造成较大的运输压力，货物堆积如山，临清社会经济地位随之下降，由华北经济中心市场沦落为隶属于聊城的普通县级市。油坊镇更是如此，民国时期，该镇商业兴盛，店铺林立，周边村镇所产的棉花、粮食、手工业品都在此码头集中输出，天津、德州等地外来的洋杂货也在此分散到各地，南运河航运停止以后，

① 河南省交通厅交通史志编审委员会：《河南航运史》，人民交通出版社 1989 年版，第 314 页。

② 《沧州市志》编纂委员会：《沧州市志》，方志出版社 2006 年版，第 233 页。

该地失去了交通优势，成为清河县一个不起眼的普通乡镇。

而对于交通复合型城镇经济来说，南运河航运的影响相对较小，因为这些城镇拥有铁路等现代交通方式可以代替水运，例如德州、泊头等地，因为津浦铁路途经于此，在该处设立火车站。津浦铁路基本沿着京杭大运河而行，在新中国成立后，津浦铁路复线工程建成，对于交通复合型城镇来说，铁路运输速度更快，它把德州、沧州、泊头等复合型城镇与全国南北市场联系起来，津浦铁路已经成为其客货运输的主要方式，南运河航运只是津浦铁路的一种辅助运输方式。津浦铁路修建之前，德州与临清的经济地位几乎相当，新中国成立初期也相差不大，随着德石铁路的修建，德州成为津浦、德石铁路的交汇点，增强了德州的商品流通功能，德州工农业产品可以直接销售至全国各地市场，运往临清等地的物资往往通过铁路先运至德州，再经水运至临清。与此同时，铁路也带来先进的技术和文化，信息更加灵通，因此，德州对外贸易日趋繁荣，城市规模不断扩大，城市工业得到振兴，德州最终取代临清成为鲁西北的经济中心。从行政级别上看，德州也高于临清，一直作为地方专区、地级市的行政中心，这与德州优越的交通地位也有一定的关系。泊头原本为交河、南皮县的共管地，虽然屈为一镇，而实为两县的经济中心，周边地区进出天津的物资在此集散，拥有泊头火柴厂等近代大型企业。航运的终止并未阻挡住泊头发展的步伐，通过津浦铁路运输煤炭、粮食、鸭梨等商品。泊头的铸造业也持续发展，鸭梨种植面积不断扩大，畅销海内外。

南运河的衰败打破了沿岸地区原有的经济市场格局。这些城镇依据码头与市场最优原则自然形成。南运河通航时，天津、沧州、泊头、德州、临清等地依托便利的水运，根据彼此的区域经济特点，各种生产要素等在各地之间流通，形成相互补充的南运河经济带，主要货物流向为沿岸城镇与天津之间相互交流，或者沿岸城镇彼此之间的交流，由于南运河航运的衰败导致沿岸城镇带缺少了航运纽带的联结，改变了原有客货的流量和流向，使南运河沿岸城镇间的紧密联系受到遏止，甚至完全被切断，城镇带的横向联系完全被阻断后，各城镇变成了与周围隔绝、孤立的单元城镇，原来的城镇经济带不复存在。各地依据铁路、公路等现代交通体系，重新构建了一个新的交通经济格局。例如临清与道口、泊头、沧州、天津等沿岸城镇的经济交往减弱，反而加强了其与聊城、济南、邯郸等地物资交流。导致临清所需的焦作煤无法通过内河航运运输，临清开始转向购买石家庄井陉等地的煤炭。

南运河断流亦影响到沿岸城镇人们的生活生产用水。民国时期，沿岸地区人们的生活用水均取自南运河，例如，临清内的水井含有盐分无法饮用，"城外无水井，都是用河水"①。武城城内虽有二三眼井水，有人使用井水，但多数人通过水车或水桶从南运河取水饮用，此水有点浑浊，呈赤色，需用明矾处理后饮用。② 德州亦是如此，南运河河水"现为城内及沿河各农村之饮料用水水源"③。南运河断流前，为了满足沿岸城镇地区人们的生活用水，产生一个行业——运水业。该行业一直持续到新中国成立后，如1950年9月沧镇总工会将挑水的劳动者组织起来，成立了"沧镇运水工会"，约有120余人，有手推车110辆，挑水的仅有10余人。1958年，改称为"运水服务队"；1960年，又改称为"运水站"。④ 1980年南运河断流后，沿岸城镇人们放弃饮用南运河水，改为饮用地下水。

① 《大运河调查报告书》，冯天瑜、刘柏林、李少军选编《东亚同文书院调查资料选译》（下册），社会科学文献出版社2012年版，第1425页。
② 同上书，第1427页。
③ 建设总署水利局：《华北河渠建设事业关系各县农事调查报告书》第1卷，1942年版，第390页。
④ 沧州市交通志编纂委员会：《沧州市交通志》，中国社会出版社1993年版，第222页。

第三章　南运河流域新旧交通格局的
重构与冲突

近代以来，南运河流域经济与交通格局发生了巨大变化。以往临清、德州、沧州等沿岸城镇凭借着优越的水路交通优势，一直作为该流域的经济中心，随着天津与济南的开埠及迅速崛起，这种经济布局被打破，它们取代传统的运河城镇，成为南运河流域最重要的经济中心。同时，津浦铁路的开通亦改变了南运河流域的交通格局，南运河下游天津至德州段与津浦铁路几乎平行，德州上游段城镇远离铁路，这种新式交通格局一方面给该区域经济发展注入了新的活力，另一方面也拉大了沿岸城镇社会经济发展的差距。

第一节　新式经济格局的形成

一　天津与济南的开埠

（一）天津——华北最大的港口城市

天津位于华北平原东部，南运河流域最重要商业城市，东临渤海湾，北依燕山，地势低下，为典型的扇形海河水系流域，众多河流在此汇合入海，"天下之水，半聚于兹"①，因此天津有"九河下梢"之称。在现代交通工具出现之前，我国传统出行方式一般是南船北马，而天津地区河网纵横，拥有稠密的水上交通网络，不同于北方其他地区，水陆两种交通方式兼用。天津因拱卫京畿，地处沿海，腹地广阔，内河水运业十分发达。

---

① 民国《天津县新志》卷24《金石》，上海书店出版社2004年版，第614页。

天津是一座因内河水运而兴起的大都市，内河水运与其发展息息相关。天津及其腹地属于海河流域，该水系初步形成于东汉末年，曹操为了讨伐北方的乌桓，"自呼沲入泒水，名平虏渠；又从泃河口凿入潞河，名泉州渠，以通海"①，由于曹操对渠道进行了改造和兴修，使泒水尾闾地区（今天津周边区域）成为海河各水系的汇集之处与运输冲要之地。郦道元在《水经注》记载"清、淇、漳、洹、滱、易、涞、濡、沽、虖池同归于海，故经曰泒河尾也"，海河水系由此初步形成。隋朝开凿永济渠，使黄河与海河两大水系相连。唐朝开凿新平虏渠，使军粮城一带成为船只云集的"三会海口"。金朝迁都北京后，大批官僚、贵族和军队所需粮饷都依赖江南地区，经大运河运至天津，再转输京城，天津的三岔河口一带商贸逐渐兴盛，金朝在此设立直沽寨。元朝迁都北京后，至元二十年（1283 年）开凿济州至安民山的济州河。六年后又开凿会通河，济州河与会通河相连，江南漕粮可以直达临清入南运河。至元二十九年（1292 年）又兴建通州至北京的通惠河，至此，江南的漕船不必绕道中原地区，可经天津直达通州。元朝时期，无论是内河漕运与海运漕粮等都在天津聚集后而北上入京，天津沿河一带出现了"转粟春秋入，行舟日夜过"②的场面。此时，天津已有一大批官兵、船户和商户在此聚居，多从事与漕运相关的行业，城市的雏形基本显现。

明朝漕运兴盛，三岔口一带"粮艘商舶，鱼贯而进，殆无虚日"③。永乐二年（1404 年）在此设立天津卫，天津城紧邻三岔河口，南来北往的船只在此停歇，在补充给养的同时，与沿岸商户进行商品交易。明清之际，由于政府允许每艘漕船可以携带"土宜"进行交易，过往船只捎带的南方货物在进京的最后一站靠岸交易，天津"当南北往来之冲，南运数万之漕悉道经于此，舟楫之所式临，商贾之所萃集，五方之民所杂处……名虽曰卫，实在一大都会所莫能过也"④。天津城内从事

---

① （晋）陈寿：《三国志》卷 1，中华书局 1959 年版，第 28 页。
② 来新夏、郭凤歧：《天津通志（旧志点校卷上）》，南开大学出版社 1999 年标点版，第 569 页。
③ （清）薛柱斗纂修：《新校天津卫志》卷首，成文出版社 1968 年影印本，第 17 页。
④ （清）薛柱斗纂修：《新校天津卫志》序，成文出版社 1968 年影印本，第 22 页。

漕运及内河航运贸易的人数迅速增多。据统计，清代中期天津人口职业中船户升至 5465 户，占到总户数的 6%①，众多的船户与船只为天津与腹地的内河水运业发展提供了保障。道光五年（1825 年），由于大运河长期失修，临清至济宁段已不能顺利通航，改用轮船海运漕粮，仍然在天津转运入京，而天津与腹地的商品运输依然主要依靠内河水运，天津的经济地位没有受到影响。据清末天津钞关所调查，"天津每岁贸易约有七千万两，而由民船所营者占四千二百余万两，则民船航业又乌可渺视也。"②

天津拥有优越的交通条件，内河水运网络往南有南运河，北有北运河，西去有西河（即大清河和子牙河），东有东河（即蓟运河），海河把天津和渤海连接起来，扩展了其海运的范围，从而使天津由内河港转变为海口港，天津成为资本主义国家打开中国北方市场最理想的商埠。第二次鸦片战争后，咸丰十年（1860 年）10 月 24 日中英两国签订了《续增条约》（即《北京条约》），第四款规定"大清大皇帝允以天津郡城海口作为通商之埠，凡有英民人等至此居住贸易均照经准各条所开各口章程比例，画一无别"③，25 日又与法国签订《续增条约》，第七款规定"直隶省之天津府克日通商，与别口无异"④，天津成为我国北方最早开放的港口城市后，内河运输与远洋运输相结合，内河港和海口港相得益彰，使天津不仅成为华北地区的区域性商品转运中心，也成为世界商品市场的区域商品转运中心。天津真是"繁华热闹胜两江，沿路码头买卖厂"⑤，这进一步奠定了天津作为北方重镇的经济地位。

天津被迫开埠后，开始向近代商业城市转变，国外列强以天津为商品集散地，由此向内地倾销外来商品和掠夺原料，棉布、呢绒、丝缎、仪器、五金、烟草、茶叶等南货与石油、洋布等洋货大量运抵天津，进出口贸易极为繁荣。1874—1904 年，天津的进出口贸易净值在烟台、

---

① 陈卫民：《天津的人口变迁》，天津古籍出版社 2004 年版，第 48 页。
② 李仪祉：《华北水道之交通》，《华北水利月刊》1930 年第 3 卷第 3 期。
③ 王铁崖：《中外旧约章汇编》第 1 册，生活·读书·新知三联书店 1957 年版，第 145 页。
④ 同上书，第 148 页。
⑤ （清）张焘：《津门杂记》，天津古籍出版社 1986 年版，第 101 页。

牛庄之上，成为"北洋三口"的领头羊。大连、青岛的开埠，虽然对天津港造成一定的影响，但 1904—1913 年天津塔的进出口贸易额依然在北方五港之首。① 天津地位仅次于上海，是中国第二大贸易港，其出口贸易依赖广大的华北农村所产物资的供给，腹地范围逐渐扩大，不仅仅局限于河北省，山西、内蒙古、陕西、甘肃、新疆等地也成为天津中心市场的次生腹地，加速了北方和南北地区自给自足自然经济的解体，农村生产方式逐渐向城市靠拢。在铁路与公路等陆上运输尚不发达的情况下，内河水系自然成为天津连接腹地的重要通道，海关总税务司曾说："在中国，除去上海或许还有广州，没有任何一个口岸像天津这样有着同内地如此良好的水路交通。"②

天津开埠以前，已经是漕运、粮食转运、盐业、区域商业中心，但棉纺织业、丝织业及机械制造业等工业却发展滞后。天津的真正发展始于开埠后，天津城市的近代商业和工业不断兴起，成为华北最重要的商埠。

天津作为华北最大的对外贸易港口，进出口货物仅次于上海，20世纪 30 年代的贸易额占华北总贸易量的近 60%③，主要商品的出口额居北方港口城市首位。如 1934—1938 年绵羊毛、山羊绒的出口总量甚至超过上海，位居全国第一。1920—1933 年，天津的棉花出口占到全国棉花对外出口总量的一半以上。④ 天津也是北方的工业中心，洋务运动开展以来，李鸿章、周学熙等人利用天津沿海港口城市的便利条件，在天津建立一大批近代工厂，据严中平先生的《中国近代经济史统计资料选辑》对 1933 年、1947 年的北方 12 个城市的统计，天津工业位居北方主要工业城市第一位。近代工业的发展离不开金融业的支持，1900 年之前，天津已有银号、票号等 300 多家，到 1928 年，仍有 258 家银钱号营业中。⑤

天津成为华北地区最重要的商业中心后，对南运河流域社会经济产

① 寿杨宾编著：《青岛海港史（近代部分）》，人民交通出版社 1986 年版，第 93 页。
② 雷穆森：《天津——插图本史纲》，《天津历史资料》1964 年第 2 期，第 59 页。
③ 李洛之、聂汤谷：《天津的经济地位》，南开大学出版社 1994 年版，第 7 页。
④ 樊如森：《天津与北方经济现代化》，东方出版中心 2007 年版，第 48—49 页。
⑤ 罗澍伟：《近代天津城市史》，中国社会科学出版社 1993 年版，第 406、409 页。

生了更大的吸引力和辐射力。大运河山东段断航以后，南运河成为一条区域性水上通道，北达天津，南至河南道口镇。沿岸村镇及城市所生产粮食、土特产及手工业品，已经无法通过大运河航运直达江浙地区，而江南地区的物资也无法输送到该地区，这条沟通华东与华北地区大通道的中断，导致南运河地区物资供需调剂只能转向天津。沿岸各地商人将收购的粮食、棉花、干果、鸡蛋等农产品通过南运河航运先销往天津，返航时带回本地市场所需的百货用品或工业制成品等。沿岸各地绝大部分的商品贸易均围绕天津市场展开，南运河直通天津，水路通畅，价格低廉，自然成为最主要的交通方式。至此，天津成为南运河流域地区商品贸易的最大中转市场，取代了临清、德州等运河城市，

（二）济南——新型中心市场的崛起

济南位于古济水之南，济南之名由此而来，汉代始用其名。宋徽宗政和六年（1116 年），升齐州为济南府，作为府治，辖禹城、历城、章丘、长清、临邑 5 县。济南作为省会城市则始于明代洪武初期，改济南路为济南府，在济南设立山东布政司治所，此后，济南开始作为山东的政治中心。因为济南是各级行政机构中心，还居住有广大士绅阶层，形成了比山东其他城市更为广大的消费阶层，为商品经济的发展提供了消费市场。明代时期，济南成为全国 33 个手工业和商业较发达的城市之一。济南作为一个传统的内陆省会城市，囿于交通条件的限制，与国内外市场联系较为不便，导致济南的商业发展缓慢，"济南从未出现过资本雄厚的店铺和巨富商人。各种商品的交易，除中药材以外，大都限于局部地区，从未达到全省经济中心的地位。"①

清朝末年，济南凭借着山东政治中心的地位，经过清末袁世凯、周馥等人多年的改革发展，经济地位逐渐加强。济南经济中心市场的真正形成则是烟台、青岛港口经济兴起后。烟台市镇的萌芽是道光初年漕粮海运后开始的，此后，也有一部分商船直航烟台，使其成为北方沿海的一个贸易中心。据民国《福山县志》记载：烟台"其始不过一渔寮耳，渐而帆船有停泊者，其入口不过粮石，出口不过盐鱼而已，时商号仅三

---

① 王守中、郭大松：《近代山东城市变迁史》，山东教育出版社 2001 年版，第 70 页。

十二家。继而帆船渐多，逮道光之末，则商号已千余家矣"①。1858 年，烟台开放为通商口岸后，成为山东唯一的对外贸易中心，一些丝缎、草帽辫、花生、大豆等土特产品自此流入国际市场流通领域，促进了山东商品经济的发展。济南由小清河经羊角沟通过水路直达烟台，或者经鲁中山地北麓的东西大道至烟台，内河水运和陆运把烟台与济南连接了起来。

　　青岛的崛起对山东腹地的商业贸易影响进一步加大。光绪二十四年（1898 年）3 月 6 日，德国与清政府签订了《胶澳租界条约》，胶州半岛正式成为德国的殖民地。德国为了扩大青岛港对腹地经济的影响力，决定修建一条青岛至济南的胶济铁路，光绪二十五年（1899 年）开工修建，历时 5 年，光绪三十年（1904 年）6 月 1 日，青岛至济南段全线通车，全线总长 394.6 公里。胶济铁路与济南经济中心的形成关系密切，"本路终止于斯，凡东临、泰岳以及黄河小清河流域之土产，莫不假道于此，运青出口。在此销用之原料，及分散各县之货物，亦多半由本路运进。故其各种企业之盛衰消长，皆与本路有直接之关系"②。胶济铁路把山东及附近地区所产的矿产资源和农副产品，通过铁路运至青岛出口销售，同时，也把各种洋货通过铁路运往内地销售，青岛与济南的货物转运量迅速增长。随着胶济铁路的开通，小清河的疏浚和通航，济南的辐射市场外层进一步延伸。"凡山东西部及山西、河南等省之土货，欲输往外洋者，先集中于济南，再运集于青岛。故济南为鲁晋豫三省出口土货最集中市场，青岛为其出口之商埠。洋货欲运入我国中部者，先集于青岛而后集于济南，故济南为中部洋货散布之商埠。"③ 青岛港凭借着优越的港口设施和胶济铁路的修通，迅速超过烟台成为山东省最大的进出口贸易中心。

　　济南交通地位形成后，国外商人纷纷要求到此经商，面对他们想在山东腹地渗透扩张的野心，光绪三十年（1904 年）2 月 12 日，山东巡抚周馥发密函至外务部，称"胶济铁路两个月即可修到济南，青岛德

---

　　①　王陵基修：《福山县志稿》卷 5《商埠志》，福裕书局 1931 年版，第 2 页。

　　②　胶济铁路管理局车务处：《胶济铁路经济调查报告分编》（六），文华印刷社 1934 年版，第 22、48 页。

　　③　实业部国际贸易局：《中国实业志·山东省》，1934 年版，第 38 页。

商觊觎内地商务者日渐其多",提出"由我自开商埠较为有益"。① 1904
年 5 月 1 日,时任山东巡抚周馥与北洋大臣袁世凯联名上奏朝廷将济
南、潍县、周村开为商埠,得到清廷的谕允。政府在济南设立华洋贸易
商埠,允许中外商人居住贸易,这成为济南发展的一个里程碑。胶济铁
路的通车与济南开埠推动了济南乃至整个山东经济的发展,胶济铁路通
车的次年 (1905 年),运送旅客达 803527 人,货运量达 310482 吨,
1924 年,运送旅客人数增至 3992994 人,货运量高达 2234935 吨②,济
南一跃成为山东第一大商贸中心。

济南开埠后,欧美洋行纷纷在此经商与开设商号,因山东是德国的
租借地,所以德国商号 10 家,数量最多,法、英两国各 3 家,俄国 2
家,美国 1 家。③ 除欧美之外,日本也在济南开设大量的洋行,据 1913
年调查,共有三井、汤浅、大仓、大文、日华及日中等洋行和山玉分
行、东亚公司 8 家。④ 外国商业资本进入济南后,改变了济南的商业结
构,加快了济南商业贸易的国际化步伐。

济南商业的繁荣也表现在店铺数量上。据日本 1915 年 3 月调查,
中国商人在济南开设的店铺有中药铺 72 家,西药铺 7 家,皮货店 26
家,生皮店 10 家,估衣铺 22 家,古董铺 22 家,书店 10 家,蜡烛铺 9
家,棉花店 7 家,铁器店 6 家,纸张店 9 家,漆店 6 家,烟草店 2 家,
瓷器店 2 家,锡器店 1 家。⑤ 这个统计明显是不完整的,粮食店、棉布
店、绸缎店、茶叶店均未包括在内。1927 年济南商埠区商号数量由
1915 年的五六百家增至 1534 家。⑥

手工业也有了较大的发展,行业种类齐全,主要有织布业、漂染
业、翻砂业、铜锡业、砖瓦业、首饰加工业等,仅手工染坊就有 20 多
家。同时,清末一批近代工厂的建立,为济南的经济注入了新的活力,

---

① 中国社会科学院近代史研究所、中国第一历史档案馆:《筹笔偶存》,中国社会科学
出版社 1983 年版,第 675 页。
② 中共青岛铁路地区工作委员会等:《胶济铁路史》,山东人民出版社 1961 年版,第
30、114 页。
③ 王守中、郭大松:《近代山东城市变迁史》,山东教育出版社 2001 年版,第 265 页。
④ 同上书,第 287 页。
⑤ 同上书,第 290 页。
⑥ 孙宝生:《历城县乡土调查录》,历城县实业局 1928 年版,第 163—167 页。

有大公石印馆、济南电灯公司、志诚砖瓦公司、洣源造纸厂、济和机器公司、金启泰铁工厂、济南电话公司、兴顺福榨油厂、津浦铁路机车工厂等。① 据统计，至 1927 年，仅商埠区就有较大的新式工厂 27 家，大小各类工厂共计 853 家。② 随着济南进出口贸易的不断发展，商业布局也发生了变化，济南的商业中心已经增至商埠区、老城区、西关三处，"如煤炭、棉花、土产杂粮、转运公司、银行钱庄、屠宰、皮件、五金电料、铁厂、旅栈、娱乐场以及洋行、药房等，均在商埠一二三经路，及纬二三四五六各路。商情大小，商埠居首，城里次之，西关次之。"③

　　济南经济中心的形成是多种因素综合作用的结果，清末政府鼓励工商业发展的举措，胶济铁路的修建，商埠总局的有效经营等，使"济南遂不独为山东政治之中枢，更为山东工商业之要埠"④。

二　区域经济中心的转移

　　晚清之前，南运河沿岸的临清、德州等地是华北地区重要的商业重镇和商品中转市场，天津、济南经济地位至多与之相仿。"济南的经济价值不仅从未能与它的政治文化地位相匹配，而且也赶不上济宁、临清等运河沿岸的州级城市。"⑤ 随着内河漕运的停止，临清等沿岸城镇失去了便利的交通条件。此外，因战争的破坏，导致运河沿岸城镇走向衰败，南运河流域经济中心最终转移至天津与济南两地。

　　南运河沿岸城镇的衰败是多方面因素导致的，漕政的腐败、城镇内部经济发展动力不足等均有影响，但最主要的因素是战争的破坏和内河漕运的停止。我们以运河名城临清为例具体分析。军事斗争对临清的影响是巨大的，乾隆三十九年（1774 年），王伦领导清水教教徒数千人在山东起义，寿张、阳谷、堂邑、临清等地被攻占。清政府派官兵与起义

---

　　① 王守中、郭大松：《近代山东城市变迁史》，山东教育出版社 2001 年版，第 295—296 页。

　　② 孙宝生：《历城县乡土调查录》，历城县实业局 1928 年版，第 147、152 页。

　　③ 胶济铁路管理局车务处：《胶济铁路经济调查报告分编》（六），文华印刷社 1934 年版，第 22、24 页。

　　④ 实业部国际贸易局：《中国实业志·山东省》，1934 年版，第 1 页。

　　⑤ 王守中、郭大松：《近代山东城市变迁史》，山东教育出版社 2001 年版，第 64 页。

军在临清发生激烈战斗，持续近 20 天，战争使繁荣的临清城成为一片
火海，"土城遂毁"。

运河沿岸的临清、德州等城镇还没有从上一次的战争中恢复过来，
第二次战争又在此打响。咸丰元年（1851 年），洪秀全在广西发动太平
天国起义。咸丰三年（1853 年），起义军占领南京后，继续派军北伐。
山东积弊已久，在太平天国起义军和捻军的影响下，山东运河沿岸城镇
附近也爆发长枪会起义、白莲教起义、宋景诗起义及幅军起义等，这些
起义队伍与清军激战在运河沿岸州县，导致城镇损失惨重，尤其是鲁西
北商业枢纽临清。咸丰四年（1854 年）四月，太平天国北伐援军与清
军在临清进行了一个多月僵持战，临清"城内庙宇、廨署、市庐、民
舍，悉付焚如，榛莽瓦砾，百年间元气不复，洵建城以来未有之浩劫
也"①。即使德州等地没有遭到战争的直接摧残，但由于受战争的影响，
商业长期停顿，士绅富商被迫捐输大量财富修建城墙等防御措施，使工
商业资本无法有效积累用于经济发展。

此时，清朝政府外忧内患，国库空虚，已无力修复日渐淤塞的大运
河，黄河至临清段运河闸坝不修，河水枯竭，大运河失去了沟通全国南
北的经济功能。光绪二十六年（1900 年），清廷下令湘赣等六省漕粮一
律改折银两，河漕运输随即停止，使原本处于交通要冲的临清、德州等
运河沿岸商业重镇成为偏僻城镇。

南运河沿岸城镇随着交通地位的丧失，其社会经济一落千丈，致使
政府税收大量减少。如光绪二十二年（1896 年），临清户工二关收入共
92000 两，低于光绪十八年（1892 年）其他 21 处直省户关的收入，与
江海关相比，只占其岁收入的七十分之一。城市街市也日益萎缩破败，
至清末民初时，昔日繁华的土城工商业区，已缩小到"北至天桥至南
关，东至鳌头矶至卫河"一带，西部除入城孔道附近的街市尚可维持
外，其他街市已"倒闭无余"。砖城的街市也已虚有其表，"其广积仓
街再北无居民"，"北营左近皆荒场，居民艺禾黍"，"西门三二人家已
不成其为街市"，"北门之内，则白骨如莽，瓦砾苍凉"。整个临清市井

---

① 张自清修，王贵笙、张树梅纂：民国《临清志》，《中国地方志集成·山东府县志辑》
95，凤凰出版社 2004 年影印本，第 59 页。

萧条，破败不堪，较之昔日全盛时期已面目全非。德州商业也是如此，本来工商业就不甚发达，运河废弃后，更是"民生凋敝，日见衰落"。①

德州、临清日渐走向衰落，而天津、济南逐渐走向繁荣。天津已经成为华北地区最大的贸易进出口城市，济南市场成为青岛、烟台口岸洋货和土特产品进出口的集散市场。济南商业集中于花行、粮行、牛栈、蛋行等农副产品输出行业和红白糖、棉纱、颜料、五金、煤油、杂货等洋货进口行业。以花行为例，1913年济南花行就有8家，1932年发展至23家。② 民国初期，济南作为中外贸易集散市场的地位已经显现。每年自青岛、烟台输入的主要洋货量为棉纱300万两、糖137万两、火柴120万两、布匹85万两、煤油12万箱，其中棉纱的进货量占青岛港进口量的三分之一。济南亦是通商口岸主要的货源地，年出口农副产品有花生70万担（占山东花生出口量的35%）、棉花3万担（占出口量的43%）、草帽辫6万担（占出口量的60%）、牛皮200万斤（占出口量的50%）、牛油5000担、红枣300万斤、黑枣8万包。③

天津、青岛、烟台等口岸经济未形成之前，传统商品经济流通主要是区域集散和产地消费，市场范围有限，流通的商品种类和数量也比较小，主要是当地农产品和手工业品供应本地市场的消费，多余部分流入区域集散市场，对于土特产品或南方的丝绸、漆器等奢侈品，商品流通是极其有限的，所以，传统商品经济基本属于自然经济的范畴。清朝末年，进出口贸易的增加和水陆交通条件的改进，国外商品大量进入国内市场，为商品流通提供了充足的货源保证，也为国内商品开拓了新的海外销售市场，洋货和土货相互流通，增加了商品的双向流通量，运河沿岸城镇的商品产业结构和消费结构随之都有不同程度的变化。

天津与济南的开埠打破了南运河流域传统的经济格局，它们取代临清、德州等沿岸城市商业中心的地位。在大运河山东段中断后与近代济南中心市场未形成前这段时期，天津成为南运河流域唯一的商品集散

① 王守中、郭大松：《近代山东城市变迁史》，山东教育出版社2001年版，第102页。

② 叶春墀：《济南指南》，大东日报社1914年版，第74页；实业部国际贸易局：《中国实业志·山东省》（丁），1934年版，第39页。

③ ［日］吉田丰次郎：《山东视察报告文集》，1913年版，第240页；［日］田原天南：《胶州湾》附录，1914年版，第101页。

地，济南的崛起又打破了这种格局。虽然济南不靠近南运河，但南运河南端的临清、德州等鲁西北地区距离济南较近，给沿岸区域的商人提供了一种新的市场选择，他们通过比较两个市场利润率的高低，从而作出抉择。如果货物运往济南获利高于天津，可以通过将货物陆运至济南出售。胶济铁路的开通加速了济南的发展进程，美国学者包德威曾引用一位日本人的报告说："在胶济铁路修筑以前，济南的贸易为天津人所控制。各类商业组织和商店，都与天津贸易圈有着紧密的联系。在德国人占领山东并修建了一个附带铁路的港口之后，情况发生了巨大变化。上海以及芝罘的中国商人来到青岛。青岛的发展对济南产生了直接的有利影响。随着大运河的停运，天津商人对山东的控制放松了，新的上海势力把越来越多的贸易引入济南。外国势力也起了同样作用。德国把济南作为扩展贸易的前沿阵地。"

天津与济南的迅速崛起亦间接地影响到南运河沿岸鲁西北临清、德州等地的贸易流通。在政治地缘关系上，鲁西北临清、德州等地应该属于省会城市济南的商业范围，但由于济南的商业地位弱于天津，且这些城镇与天津均紧靠南运河，水路运输方便，它们与天津的商业往来更加紧密。随着"胶济通车、济南开埠，鲁西各县之营业逐渐移集济南"①。这种变化改变了临清、德州、武城等南运河沿岸城镇的货物流通方向，减弱了它们对天津市场的依赖程度，鲁西北城镇属于济南为中心的山东贸易圈，也是天津经济腹地的主要构成。例如临清可以通过南运河水运直通天津，主要属于天津商业圈的辐射范围。不过，济南新兴市场的崛起改变了临清与天津的商业关系。"以往，济南市场之类与临清几乎没有联系，但近来却发生了贸易关系，商业的进步与交通手段的发达，正显示出左右临清之未来的两大势力倾向。"②

第二节　新式交通格局的形成

论述南运河航运，津浦铁路的修建和发展不能不提。大运河的断航

---

① 《胶济铁路经济调查报告分编·长山县》，文华印刷社 1934 年版，第 8 页。
② 《大运河调查报告书》，冯天瑜、刘柏林、李少军选编《东亚同文书院中国调查资料选译》（下册），李少军等译，社会科学文献出版社 2012 年版，第 1491 页。

导致连接全国南北的水上交通大动脉停滞，阻碍了南北商品经济的流通，与此同时，也推动了修建津浦铁路方案的提出与实施。津浦铁路与南运河几乎并行铺设，铁路修建方案的提出和路线的选址都离不开大运河的影响，津浦铁路的开通彻底改变了南运河流域的交通格局和商品流通方向。

一 津浦铁路的修建

清道光五年（1825 年），铁路这一全新交通工具的使用，改变了传统陆上运输方式，顺应了近代工业技术与产业革命的发展。近代运输工具有火车、汽车、轮船、飞机等多种方式，"而铁路终为其主力"。一种交通工具作为主要货物运输方式，需要具备以下四个条件："稳妥可靠，负重致远，迅速准确，与费用低廉是也"。但是汽车、轮船、飞机各有利弊，唯铁路运输能够同时满足以上条件。"夫飞机运输虽然致远而不克负重；能迅速而未必准确，故仅适于急要而远程运输，至于汽车运输，虽然迅速准确，而不能负重致远，故仅适于轻便，而短程之运输，惟有汽船，于兹四者，兼而有之；然多限于洋海，若大陆运输，则除天然之河道，能供其应用外，如欲专凿运河以供航行，则以需费浩大，远不及修筑铁道行驶火车之较为经济，是则铁路之为大陆运输主干，实属利所宜然。"① 铁路最早在欧美国家普及推广。进入铁路时代后，人类的生产、生活方式发生了翻天覆地的变化，人们的活动范围得到扩展，物资的流通率得到提高，从而促进了工农业生产的发展。随着中国的大门被资本主义国家慢慢撬开，这些国家"向他们（指中国，笔者注）提出建造铁路这个课题，得到的总是干脆的拒绝；向他们劝喻从欧洲输入铁路好处的答复，总是说铁路适合于欧洲各国情况，而不宜于中国"②。

铁路在中国的发展颇具周折。晚清时期，洋务派官员提出"师夷长技以制夷"的对策，虽然采取多种措施引起西方的先进技术，但与

---

① 章勃：《国有各铁路之概况与今后整理之计划》，《交通杂志》1933 年第 1 卷第 6—7 期。

② 宓汝成：《中国近代铁路史资料（1863—1911）》第 1 册，中华书局 1963 年版，第 35 页。

积极引进军事技术设备相比，铁路的进入引起了无数的争议。最早提出修建铁路的是英国人，道光二十七年（1847 年），英国军官戈登提议在台湾基隆港与矿区修建铁路以便于运输煤炭。此后，不断有外国人提出在中国修建铁路，他们修建铁路目的并不是帮助中国发展经济，而是通过铁路深入中国市场，或者说是更好地掠夺中国的物资和倾销他们的商品。英国人为了让中国政府及民间接受铁路这一新的交通工具，可谓是费尽心思，同治四年（1865 年）七月，英国人杜兰德在北京永宁门外平地上铺设一条长里许的小铁路，人们看到后"骇为妖物，举国若狂，几致大变。旋经步兵统领衙门饬令拆卸，群疑始息"①。不久，其又在天津试行火车。以英国为首的欧美国家屡次建议和要求修建铁路的计划，均被拒绝，此后，外国人瞒着中国官员，于清光绪二年（1876 年）在苏南地区修建了中国第一条营运铁路——吴淞铁路，两江总督沈葆桢和苏淞道道台冯俊光对英人此种做法强烈反对。次年，清政府以白银28.5 万两购回这条铁路，将铁路全部拆除运往台湾，最终成为一堆废铁，中国失去了一次发展铁路事业的机会。

　　通过铁路试行与吴淞铁路的修建，部分政府官员和民间人士逐渐认识到铁路的价值。其中觉悟最早的应是李鸿章，同治十一年（1872 年）九月，他在写给丁日昌的信中写道："俄人坚拒伊犁，我军万难远役，非开铁路，则新疆、甘陇无转运之法，即无战守之方。俄窥西陲，英未必不垂涎滇、蜀，但自开煤铁矿与火车路，则万国足蹜伏，三军必皆踊跃，否则日蹙之势也。"② 同治十三年（1874 年），日本侵略台湾，台湾调兵缓慢，李鸿章已经意识到铁路对于军事的重要性，"屯兵于旁，闻警驰援"③。可见，李鸿章对修建铁路的急切心情，他的态度转变对中国铁路修建和发展起到至关重要的作用。可以看出，中国最早修建铁路侧重于军事功能，而非经济价值。光绪四年（1878 年），福建巡抚丁日昌奏请在台湾修建铁路得到清政府的准许，要求他"审度地势，妥

---

① 宓汝成：《中国近代铁路史资料（1863—1911）》第 1 册，中华书局 1963 年版，第29 页。

② 顾延龙、戴逸编：《李鸿章全集》第 30 册，安徽教育出版社 2008 年版，第 474 页。

③ 宓汝成：《中国近代铁路史资料（1863—1911）》第 1 册，中华书局 1963 年版，第78 页。

速筹策"①。这是清政府首次批准修建铁路，但由于丁日昌生病开缺而中断。光绪五年（1879 年），清政府又批准修建唐胥铁路，这是中国人自己修筑的第一条铁路，此后，铁路在中国大地上不断发展壮大。

光绪六年（1880 年）年底，清政府内部掀起关于是否修建铁路的大讨论，最终确定了发展铁路的政策。在这次讨论中，首次提出修建从清江浦至京师铁路的计划。

明清时期，交通方式主要有水运和陆运，京师作为全国政治中心位于北方，而全国的经济中心却在江南地区，拥有一条连接全国南北的交通通道成为维系国家政权稳定的有力保证，历届政府对此都非常重视。大运河淤塞后，漕粮运输转而利用海运，政府对运河的维护减少，内河水运和陆上运输通道都不足以运输南北货物。铁路的产生，为改善南北交通状况提供了新的选择，所以，运河漕运的衰败是促成津浦铁路修建计划提出的主要原因，而非军事因素。

因为津浦铁路的重要性，李鸿章、刘铭传、曾纪泽和容闳都曾提议修建该铁路。同治十三年（1874 年），李鸿章已经认识到修建铁路的益处，趁着赴京参加同治皇帝葬礼的机会，向奕䜣"极陈铁路利益，请先试造清江至京，以便南北转输"，奕䜣也表示同意，但称"谓两宫亦不能定此大计"。② 光绪六年（1880 年）12 月 3 日，刘铭传在《筹造铁路以图自强折》中根据中国的道路情况，提出中国应亟须修建的几条铁路，"南路宜开两条一条由清江经山东，一条由汉口经河南，俱达京师。北路宜由京师东通盛京，西通甘肃"，鉴于工费浩繁，国家贫弱，需分不同时段先后修建，建议首先修建津浦路，"拟请修清江至京一路，与本年议修之电线相表里"。③ 李鸿章再次呼吁，积极响应刘铭传的主张，强调修建铁路的重要国防和商业意义。光绪十年（1884 年），主张兴办津浦铁路的还有詹事府代递左中允崔国、候选知府徐承祖和御史刘恩溥等，刘恩溥称："清江浦到京一千七八百里，若用外洋新式窄铁路运兵载粮，费省工速。"修建这条漕运铁路估计仅用银 300 万两，

① 中国史学会：《洋务运动》（二），上海人民出版社 1961 年版，第 358—359 页。
② 顾廷龙、戴逸编：《李鸿章全集》第 32 册，安徽教育出版社 2008 年版，第 75 页。
③ 宓汝成：《中国近代铁路史资料（1863—1911）》第 1 册，中华书局 1963 年版，第 86—87 页。

慈禧令军机大臣议奏，由此可见，朝廷对修建津浦铁路的态度也已经发生转变，最初此铁路列入规划，主要功能视为漕运铁路，用以代替日益衰落的大运河航运。

左宗棠则从海运的角度建议修建津浦铁路。光绪十一年（1885年）7月29日，左宗棠上奏《复陈海防应办事宜请专设海防全政大臣折》，其中第六条即请速修清江浦至通州铁路："臣查清江浦至通州，宜先设立铁路，以通南、北之枢，一便于转漕，而商务必有起色；一便于征调，而额兵即可多裁。且为费仅数百万两，由官招商股试办，即可举行。且与地方民生并无妨碍。怠至办有成效，再行添设分支。至推广于西北一路，尤为日后必然之势。"① 曾纪泽也从国防的角度奏请修建北京至镇江的铁路，指出"外侮环生，倘不急修铁路，则后悔莫及"。而反对者则认为修通津浦铁路，列强可能会沿着铁路攻打北京，并且洋货伴随而来，夺取人民生计。此后，津浦铁路修建计划被搁置。直到1896年，江苏候补道容闳提议商办（天）津镇（江）铁路。② 次年，容闳再度提议旧案。此时，晚清政府已经将修建铁路作为自强、不变基本国策，认为"是自修津镇铁路，实为抵制之方"③。光绪二十四年正月二十一日（1898年2月11日），清政府批准修建津镇铁路。

此时，修建津镇铁路已经不仅仅是清政府内部事务，西方列强中英、德两国一直对修建津镇铁路蠢蠢欲动。咸丰十年（1860年），英国人史蒂文森制订的中国铁路规划中就拟定了"从镇江经过天津、北京作为扬子江流域的一条大干线"④，但当时被清政府所拒绝，英国人并未就此罢休。光绪二十四年（1898年）8月，虽然容闳已经取地修筑津镇铁路的特许权，但英国人以武力相逼，清政府也有意联络英国，均衡列强在华势力，派盛宣怀和怡和洋行商议借款条件，最终，英人从晚清政府手里

---

① （清）左宗棠：《左宗棠全集》第8册，岳麓书社1996年版，第595页。

② 1908年，清政府与英、德两国签订借款合同时，将津镇铁路改为津浦铁路，天津至南京浦口。

③ 宓汝成：《中国近代铁路史资料（1863—1911）》第1册，中华书局1963年版，第26页。

④ ［英］肯德：《中国铁路发展史》，李抱宏等译，生活·读书·新知三联书店1958年版，第7—8页。

夺走津镇铁路的修筑权。德国认为英国修筑津浦铁路与德国占领山东取得特殊利益相冲突，提出抗议。英国为保住在山东威海卫的租借地，同意与德国共同修筑津镇铁路。光绪二十四年（1898 年），英、德两国取得了借款权，签订了《津镇铁路借款草合同》。

列强的干预反而加速了津浦铁路的修建进程。晚清政府认为既然难以完全自主，遂力图自强，坚定了修建津镇铁路的决心，但又遭到国内外新的反对，国内方面是主张修建卢汉铁路的张之洞和盛宣怀，国外是法俄比集团。他们反对的理由均与卢汉铁路有关，担心几乎与卢汉铁路平行的津镇铁路会影响卢汉铁路的利益，扩大英德在华利益。光绪二十九年（1903 年），在全国收回路权运动的影响下，晚清政府决定收回津浦铁路修筑权，经过再三考虑最终任命袁世凯与张之洞办理。经过两人的努力和坚持，清光绪三十四年（1908 年）1 月 13 日，外务部右侍郎梁敦彦与伦敦华中铁路有限公司及上海德华银行代表在北京签订《天津浦口铁路借款合同》。1908 年 3 月 5 日，督办津浦铁路大臣吕海寰在北京设立津浦铁路总公所，以杨文骏为铁路参赞，标志着津浦铁路的建设正式开始。1911 年 12 月 4 日，基本工程已经完竣，路局决定先行通车，"每星期三、星期六、日 12 点 30 分钟由天津开出特别快车，次日下午 2 点 55 分钟到浦口。每星期一、星期五、日上午 8 点 20 分钟由浦口开出特别快车，次日上午 10 点 33 分钟到天津。"[1] 津浦铁路共计1232.03 公里，干线长 1013.83 公里，支线长 218.2 公里。[2] 津浦铁路跨越河北、山东、安徽和江苏四省，自天津经沧州、德州、济南、泰安、徐州、蚌埠，到达南京浦口，建立起一条新的南北陆上交通通道。1912 年 12 月南北两段合并统一，次年在天津设立总局。1933 年，南京浦口与下关之间建成了火车轮渡，开通了北平直达上海的快车，免去了客货中转的麻烦。

津浦铁路的开通彻底改变了南运河航运市场格局，主要表现在以下三个方面：

第一，津浦铁路的开通导致南运河航运业的衰退和货物种类的改

---

① 夏侯叙五：《淮河老铁路大桥建造史话》，《治淮》2000 年第 5 期。
② 孙科：《二十五年来之铁道》，铁道部 1930 年版，第 5 页。

变。随着政府对运河关注地下降与维护力度地减弱，运河的交通地位不断下降，仅能作为区域间的交通线，津浦铁路运输逐渐抢占南运河水运市场份额。水运货物种类也发生了一定变化，以往南运河沿岸城镇与天津等地客货均通过水运运输，随着津浦铁路的发展，天津与沧州、德州等地之间的水运货物改以粮食、盐、煤等大宗低值货物为主，洋货、纸、糖、布匹等价值较高商品改用铁路运输。

第二，津浦铁路弥补了大运河南北断航的不足，北方与江南地区的商品流通渠道重新被打通，江南与鲁南、皖北、苏北地区重新建立了联系，扩大了沿线地区商品贸易的范围。由于铁路运输具有运量大、速度快及受自然环境影响小等特点，弥补了南运河水路运输中的不足，大批量、长距离物资运输及商业贸易成为可能，摆脱了货物运输途中多次水陆转运的种种不便，运输效率极大提高。以往从天津至浦口，走运河水路或者官道需要 25 天左右，津浦铁路通车后仅需两天多，全国南北商品流通重新恢复了生机。

第三，为南运河流域地区的货物运输提供了一种新的选择，改变了商品的流通方向。南运河沿岸地区的货物不仅仅局限于以天津为中心的市场范围内，通过津浦铁路与济南、南京等中东部市场建立陆上联系。在运河沿岸城镇中转的货物也无须中转，实现了天津、济南、南京等地与沿岸城镇商号的直接沟通交流，使其商业范围超出河北地区，尤其是加强了与济南的贸易往来。使工业、手工业、农业等所需的原料和产品以更快的速度与更大的数量进行稳定有效的流动，加快了南运河沿岸城镇的近代化步伐。同时具有水运和铁路运输的交通复合型城镇，可以进行较大规模的物资交流及商业贸易。如铁路开通之前，因为陆上运输效率低，费用高，济南与德州的商业来往较少，德州与天津最为密切，"大约对天津之贸易，约占十分之七，对济南青岛等处之贸易，不过十之三而已"[1]。津浦铁路途经德州后，由于距离济南路程较近，原在天津集散的商品大部分改移济南，由此再转运至青岛、烟台等地，德州不再完全是天津商业的尾闾。两种运输方式的关系以德州为例（见表3-1）。

---

① 《德县之经济概况》，《中外经济周刊》1927 年第 221 号。

表 3-1 　　　　　　　　**德州主要货物运输途径分类表**

进出天津（铁路）		
从德州起运	棉花	约 1 万包
从德州起运	牛羊皮、羊毛类	约 100 万包
从德州起运	油脂类	月 50 万斤
运抵德州	煤炭	约 25000 吨
运抵德州	煤油	约 10 万箱
运抵德州	纸少量	
进出天津（水路）		
从德州起运	棉花	3 万包
从德州起运	杂谷	30 万包
从德州起运	牛骨	30 万斤
运抵德州	砂糖	1 万包
运抵德州	纸	1 万件
运抵德州	茶叶	100 万斤
进出济南（铁路）		
从德州起运	棉花	1 万包
运抵德州	煤炭（博山）	500 吨
运抵德州	盐（栾口）	1 万包
运抵德州	棉纱布	2 万件
运抵德州	纸少量	
进出浦口（铁路）		
从德州起运	豆油	未详
从德州起运	生牛	不固定
运抵德州	煤炭（峄县）	100 万吨

资料来源：《大运河调查报告书》，冯天瑜、刘柏林、李少军选编《东亚同文书院中国调查资料选译》（下册），社会科学文献出版社 2012 年版，第 1480—1481 页。

从表 3-1 可知，津浦铁路开通后，德州对外商品流通的运输方式以运河航运为主变为航运与铁路并重，运输方向由以天津为主，转变为天津与济南并重，以后随着青岛、济南商业地位不断提升，德州与济南的关系日趋密切。虽然铁路对德州发展的重要性越来越明显，"但铁路尚未完全压倒水运的势力。天津、德州两地之间，铁路、水运在运送货物方面，相互之间几乎是势均力敌，将水运完全取代，终非铁路所能企及。"①

二 沿岸城镇的新式交通格局

津浦铁路开通以后，全国南北商品贸易的陆上交通线得以重新沟通，铁路作为一种新型交通方式地出现，打破了传统的商品流通格局，铁路具有快捷、安全、不受季节限制等特点，正在建立起一个以它为中心的新型交通网络。根据1932年《交通杂志》所载的《津浦铁路行车时刻表》，津浦铁路自北向南的站点分别是天津站、杨柳青、良王庄、静海县、唐官屯、马厂、青县、沧州、泊头镇、东光县、连镇、安陵镇、桑园、德州。② 津浦铁路与南运河天津至德州段几乎是并行分布，这些车站和南运河沿岸重要的码头则是完全重合。由于两者特殊的地缘关系，两种交通方式之间关系是复杂的。

虽然铁路具有多种优势，也不可能完全替代内河航运，铁路运输需要水运的补充。大运河失去了沟通全国南北经济的作用，但南运河依然可以通航，并且通过不断的整修航道、改进运输工具等方法，在区域性商品运输中依然发挥着重要的作用。而铁路运价过高，商人不一定有利用火车之便的欲望，而内河航运具有运价低廉、成本低等优势，且南运河沿岸地区为传统农业种植区，鉴于农产品利润较低，货物运输的时效性不强和商人追求利润最大化的本性，在多种运输方式中，商人总会选择一种最经济的运输方式。

在铁路与水运并行的时代，"至于航道及铁道，国民经济发展之后，不惟两不相妨，且互相助益焉。"③ 由于种种原因，津浦铁路运输没有完全抢占航运市场，南运河凭借着通畅的航行条件，成为沿岸地区

① 《大运河调查报告书》，冯天瑜、刘柏林、李少军选编《东亚同文书院中国调查资料选译》（下册），李少军等译，社会科学文献出版社2012年版，第1429页。
② 《津浦铁路行车时刻表》，《交通杂志》1932年第1期。
③ 李仪祉：《华北水道之交通》，黄河水利委员会选辑《李仪祉水利论著选集》，水利电力出版社1988年版，第602页。

棉花、粮食、煤炭等货物运输的主要选择，但铁路运输超越内河航运是时代发展的必然趋势，"由于这条铁路几乎与大运河平行，因而与大运河的水运大有关系，大运河水运的衰落，在这条铁路开通以后进一步加剧了。"① 1920 年，日本东亚同文书院在调查大运河时就已认识到这点，"在文明风潮普及于中国内地、内地居民经济状况及生产和生活方式发生一种大的变动之前，水运状况也不会有大的变化。不过，从根本上说，水运还是会被铁路所取代，现在通过水道的货物，在不久的将来会被铁路所吸收。总之，可以相信，水运将只能保持其作为水运的本来性质、即其固有的能力。"②

除铁路与水运外，公路运输所占运输市场份额非常小。即使南运河所流经区域全为平原，地势平坦，便于人力车、畜力车的轻松往来，但由于运量小、费用高等特点，不适合长途商品运输，这些运输工具主要用于近距离运输，不具有什么重要意义。且公路均为土质路面，崎岖不平，虽有汽车等现代交通工具，但由于汽车数量少、运费高昂，主要是旅客运输，货物运输量很小。故关于公路运输，在此我们不专门讨论。

南运河航运在商品运输中地位的下降不是一蹴而就的，而是一个日渐衰败的过程（如表 3-3 所示）。民国期间，南运河航运与铁路展开激烈的竞争，两者通过不断改进设备、服务、价格及管理模式等措施争取在运输市场中获取更大的市场份额和利润，货物联运是最重要的措施之一。随着北宁铁路、平汉铁路、平绥铁路、津浦铁路、正太铁路等先后建成，华北铁路网络不断完善，为铁路联运提供了基础条件。并且随着经济的发展，工商业对货物运输的时效性要求越来越高，各条铁路之间通过联运，免去了旅客与货物中转的麻烦，也扩大运输范围。联运分为旅客联运和货物联运两种，津浦旅客联运始于 1912 年，从旅客行李包裹联运发展到旅客跨线联运。1921 年，津浦铁路与京奉铁路联运，旅客不用中转换车，可以由浦口直达东北。③ 货物联运于 1921 年 11 月

① 《大运河调查报告书》，冯天瑜、刘柏林、李少军选编《东亚同文书院中国调查资料选译》（下册），李少军等译，社会科学文献出版社 2012 年版，第 1429 页。

② 同上书，第 1430 页。

③ 陈舜畊：《津浦铁路联络运输之过去现在与将来》，《交通杂志》1935 年第 3 卷第 7—8 期。

1 日实行，此次铁路货物联运"实开国有各路正式货物联运之纪元"①，有津浦、京汉、道清、京绥、京奉、沪宁及沪杭甬等铁路同时参与，嗣后正太、陇海路两路也相继加入，后因军阀混战而暂停。面对铁路联运的压力，水陆联运显得更加必要，1933 年，天津航政局出台一系列措施办法，促成水陆联运地实现。② 此外，铁路通过降低运费价格，实行负责运输等一系列办法与南运河航运展开竞争。铁路不断抢占市场，也促进了南运河航运业的改进，法商仪兴新记轮船公司以四艘蒸汽轮船拖带木船，开通了天津与沧州之间的客货运输，虽然该公司最终因河道淤塞航行不畅，竞争不过铁路以失败告终，但采用蒸汽动力轮船促进了南运河航运事业的近代化。

表 3-2　　　　　1905—1906 年天津与内地贸易的比例表　　　　单位:%

交通线路	1905 年	1906 年
铁路	43.8	48.2
南运河	19.5	15.3
西河	20.0	19.2
北河	3.8	4.1
海河	1.5	1.6
东河	6.4	4.4
陆路	5.0	7.2

资料来源:［日］中国驻屯军司令部编《二十世纪初的天津概况》，侯振彤译，天津市地方史志编修委员会总编辑室 1986 年版，第 85、282 页。

表 3-3　　　　1912—1921 年进出天津货物运输途径比例表　　　　单位:%

年份	铁路	南运河	西河	北河	东河	水运合计
1912	53	13	21	3	7	44
1913	55	11	20	4	7	42

---

① 陈舜畊:《津浦铁路联络运输之过去现在与将来》，《交通杂志》1935 年第 3 卷第 7—8 期。

② 天津市档案馆、天津社会科学院历史研究所、天津市工商业联合会编:《天津商会档案汇编（1928—1937）》，天津人民出版社 1996 年版，第 2219 页。

续表

年份	铁路	南运河	西河	北河	东河	水运合计
1914	55	9	21	4	7	41
1915	56	11	19	4	5	39
1916	60	7	20	3	6	36
1917	68	7	13	3	5	28
1918	65	7	17	4	5	33
1919	64	8	15	4	6	33
1920	71	5	12	3	5	25
1921	70.5	5	11	2.5	7	25.5

资料来源:《天津海关十年报告书(1912—1921)》,吴弘明译,《天津历史资料》1981年第13期。

从表3-2、表3-3可知,随着铁路运输的发展,经铁路进出天津的货物运输量不断扩大,内河民船运输所占比例有所下降,公路等其他陆运工具运输所占比例较小,一直在3%—4%。铁路运输比例从1912年的53%提高到1921年的70.5%,而航运比例则从1912年的44%降低至1921年的25.5%,其中降幅最大的为西河和南运河,因为这两条河流紧邻铁路,南运河与津浦铁路几乎平行,西河与京汉铁路相距不远,在货物量有限的情况下,随着铁路运价的降低,内河航运由于河道淤塞,航运受季节影响,到货日期不定等条件的限制,经南运河运输物资比例逐年降低,铁路运输则逐渐走向繁荣。

通过比较两表,还可以发现津浦铁路对南运河运输的影响。在津浦铁路尚未开通之前,南运河是沿岸地区与天津贸易往来的主要交通方式。1905年、1906年两年南运河内河航运分别占到天津与内地商品运输的19.5%、15.3%,而1912年津浦铁路正式运行的第一年,南运河航运所占比例下降到13%,1916—1921年一直在7%左右,可见津浦铁路对南运河航运的巨大冲击。而北河与东河因为远离铁路,进出天津货物运输量几乎没有什么变化。上表可以直接反映铁路与南运河航运两者的变化,铁路运输不断扩大,而内河水运不断缩小运输规模,在以天津为中心的华北市场,形成了铁路为主、水运为辅的运输格局。

但这种格局并非稳定不变的，根据自然与社会环境的变化，会产生上下波动。"所以比较近距离的输送，水运占优势，远距离则多半利用铁路，是可以断言的。"① 在战争等特殊时期，水运货物量可能超过铁路。津浦铁路作为南北交通要道，沿线矿产、农产品丰富，在政治、经济、军事上有十分重要作用，战争时期，成为各军侵占的重点对象。军阀任意扣车运兵，截留铁路进款，有时为了阻挡对方进攻而任意毁坏线路桥梁，因此，该路的基础设备与运输营业受到很大损害，导致收支失衡，运输营业每况愈下。1925—1927 年间，津浦铁路局常常连续数月陷于不能支付员工工资的困境，甚至 1930 年曾一度引起员工索薪运动。抗日战争与解放战争期间，两岸军民不断对铁路进行破坏，严重阻碍了津浦铁路客货运输的正常运行，许多货物转为水运。

新中国成立后，在铁路、公路迅速发展的情况下，内河航运依然是重要的交通运输方式之一。随着南运河沿岸区域工农业生产的迅速发展，货物运输需求量的急剧膨胀，运费高低不是货物运输的主要选择，人们更加追求运输时间及效率，虽然水路运输费用低于铁路运费，但到货日期不定，铁路运输交货迅速、及时的优点使其不断扩大运输市场份额。从 1958 年起，津浦线修建了复线工程，运输更加便捷。内河水运已经不能适应新时代的需求，并且由于环境因素，河道水量来源不足，导致通航时断时续，1980 年，全线基本断航，铁路、公路成为南运河流域主要的交通方式。

交通是社会经济发展的命脉，是经济发展的先决条件与基本需要。津浦铁路的修筑打破了南运河沿岸地区传统的商品流通格局，对南运河沿岸城镇商品经济造成巨大影响，因铁路在德州以南与南运河分道而驰，沿岸城镇与铁路的距离远近不同，形成了两种截然不同的结果。根据南运河沿岸城镇与津浦铁路、南运河的交通关系，可将其分为单一型和复合型交通城镇。

单一型交通城镇指的是紧邻铁路或水路其中一种的城镇，境内的大宗商品运输主要依赖津浦铁路或南运河一种主要的交通方式，如故城、郑家口、武城、油坊、临清、馆陶、小滩、龙王庙、楚旺、五陵等城镇

---

① 李洛之、聂汤谷：《天津的经济地位》，南开大学出版社 1994 年版，第 40 页。

仅仅依靠南运河水运。这种城镇因运河日益堵塞不畅，缺乏现代化的运输方式导致商业腹地范围有限，商品贸易仅局限于南运河沿岸区域性贸易。随着铁路运输业的发展，交通单一型城镇因商品运输方式单一，货物流向固定，其交通区位优势逐渐向区位劣势转变。

以临清为例。津浦铁路没有经过临清，虽然临清与济南的距离近于天津，但因两地之间交通不发达，仅依靠人力或畜力车运输，导致两地的贸易量较小，临清的商品贸易多与天津开展。特别是在棉花、小麦等大宗农产品方面，棉花"每年出品在四万包以上（每包含六十斤），由卫河运销天津者十之七，由陆路运济南及青岛者十之三"[①]。小麦除民食外，其余均由卫河运销至天津，此外，瓜果、废骨羊毛、酱菜、香油、皮货等多经运河销往天津。输入物资如洋布洋纱"由天津来者多船运，由济南来者皆车运，每年统计可销七八十万元"，杂货"大部由津运至，在济南贩运者十不及一"[②]。茶叶、绸缎、煤油、纸烟、洋货、铁货也多由天津经南运河运至临清，竹木则由卫河上游"河南清华束筏运至，杉木巨材北由大沽沿河输入"[③]。此外，南运河流域内一些远离运河码头与火车站的城镇，在销售大量农产品时候别无选择，依然只能依靠运河航运。山东陵县运往天津的土特产品多通过邻县码头装船运出，通过水陆联运的方式运至天津。每年从陵县运往天津的花生约十五六万斤，羊皮、羊毛、猪鬃等畜产品约三四万斤[④]。它们选择水路运输，一方面是降低运输成本，另一方面是距离铁路太远。

复合型交通城镇指的是同时紧邻铁路和水路的城镇，境内的大宗商品运输可以自由选择津浦铁路或南运河两种交通方式，例如天津、静海、沧县、泊头、桑园、德州等地均属于此类。这类城镇通过津浦铁路，商品流向由天津单一市场转向天津、济南、南京等多个中心市场。例如德州同时具有铁路与水运的便利，县城西距离运河约三里有余，城东约二里为津浦车站，德州恰好位于两条交通干线之间。鼎裕盐厂、德

---

① 张自清修、王贵笙、张树梅纂：民国《临清志》，《中国地方志集成·山东府县志辑95》，凤凰出版社 2004 年影印本，第 140 页。

② 同上。

③ 同上书，第 140—141 页。

④ 光绪《陵县乡土志》，成文出版社 1968 年影印本，第 68 页。

州兵工厂等企业利用德州有利的交通位置，在此设厂。如鼎裕盐厂"厂内安有岔道、直通津浦车站。德州兵工厂在桥口南二里许，亦濒临运河，东距车站亦约二里许"①。

津浦铁路的开通，使南运河流域形成铁路与水路相互补充的交通格局，拉大了沿岸城镇发展步伐之间的差距。复合型交通城镇逐渐摆脱了自然条件对运输的制约，运输效率极大提高，货物由天津运至浦口仅需两天多，它们凭借两种交通方式获得更快的发展速度，吸引更多的资源在此集散。这种交通格局促使经济中心由传统运河商业城镇向交通复合型城镇转移，也一定程度上刺激了产业结构与农业种植结构，提高了农产品的商品化率。而单一型交通城镇仅能依靠水运这种传统的单一的运输方式，随着时间的积累，两者之间的差距将越来越大。例如临清发达的商业建立在交通优势的基础上，发达的中转贸易并没有改变临清及周边地区的经济结构和产业机构，商业过分依赖于交通运输，交通格局的转变导致南运河沿岸城镇商业地位的变迁，随着南运河航道的日益淤浅，"结果足使昔日繁盛之区，渐形清淡，而昔在商业上不占重要之地，反日趋向荣，如津浦铁路与运河沿线之今昔，即可证明。"②

第三节　陆运与水运交通的冲突

随着铁路、公路等现代交通方式进入中国，南运河航运的运营变得更加艰难，虽然现代交通方式的优越性非常明显，但是它们一定能顺利得完全取代水路运输吗？事实上未必是这样。因为，每一种交通方式都有各自的利弊，没有绝对的优劣之别，如果要评价一种交通方式对某区域经济的影响程度如何，需要根据某历史时段内该地的社会背景和自然地理环境展开具体分析，地域与社会的特殊性将限制现代交通的发展。诚然，现代交通方式打破了传统的交通体系，在新旧交通变革中，南运河航运与津浦铁路、周边公路运输之间展开了激烈的竞争，形成一种相互竞争和弥补的新交通体系。本节将具体分析铁路、公路对南运河航运

---

① 《德县之经济概况》，《中外经济周刊》1927 年第 221 号。
② 郎德沛：《交通事业与国民经济》，《交通杂志》1933 年第 1 卷第 5 期。

的影响以及它们之间的优势和不足，并且以棉花运输为例，具体剖析三者之间的相互关系。

一　津浦铁路的冲击

交通方式与一定的社会生产力是紧密联系的，从需求的角度讲，先进的交通方式必须建立在发达的区域经济水平上。津浦铁路天津至德州段与南运河基本并排而建，因地缘上的关系，故其对南运河航运的发展影响最大。南运河流域的农业、商业、工业、矿业等经济基础薄弱，运输货源不足，且运输货物种类同类化，导致两者竞争势必更加激烈。要认清这两者之间的关系，需要从货运和客运两方面展开具体分析。

（一）货运方面：相互补充

货运是南运河与津浦铁路的主要运输任务，也是两者竞争最为激烈的部分，两者发挥各自的运输优势，相互补充，共同促进了沿岸地区社会经济的发展。

1. 铁路与航运竞争激烈

南运河流域经济落后于大运河沿岸其他地区，原本运输货源就不够充足。近代以后，国家的经济重心转移到沿海地区，尤其是国外商品的输入延缓了该流域工商业的发展。南运河区域属于平原地区，矿产及水产资源较少。农业方面，因为该区域土壤盐渍化严重，平原中各河流对土壤盐渍化有一定的影响。大部分河流进入平原后，特别是汛期，其水位比两旁土壤的地下水位高，导致河流补给地下水，或阻碍地下水的排除，引起地下水抬高导致或加强土壤盐渍化，如卫运河两侧的大名、馆陶、临清、清河、吴桥等县均有此种情况发生。此外，南运河流域的天津、静海、沧州各县受海潮侵袭，形成滨海盐渍土壤，这种土壤条件限制了小麦、玉米、谷子等农作物的生长。① 因此，沿岸地区经济基础薄弱，南运河航运也常常因为无货而停运。据民国时期汪胡桢调查，"民船在河上行驶时间约占全年四分之一，其余则休息，休息之原因，冰冻

---

① 中国科学院土壤及水土保持研究所等编：《华北平原土壤》，科学出版社1961年版，第101页；河北省水利厅水利志编辑办公室编：《河北省水利志》，河北人民出版社1996年版，第79页。

水浅占十分之五，而缺货亦占有十分之五焉。即一年中只有三个月民船在河上行驶，四个半月因冰冻水浅而休息，四个半月因缺货而休息。"[①] 货源的缺乏影响南运河航运业的发展，也造成津浦铁路与南运河间不断进行货源之争。

津浦铁路与南运河航运两者均适合长距离运输大宗货物，运输货物种类也基本相同（如表3-1）。铁路主要输出沿线地区棉花、杂粮、花生、牛羊皮、水果等农副产品，输入煤、糖、面粉、棉纱、煤油、杂货等工业品或洋杂货（见表3-4）。往来于南运河的大宗货物多样，"南去者为杂粮、及煤并煤油、糖、碱、杂货肥料等。北来者为杂粮、棉花、棉子、花生及豆油、麻油、花生油、秋梨等。南去货销于沿站附近内地，北来货均系运津转销各处。"[②]

表3-4　　　津浦铁路南运河段部分车站输入与输出货物种类表

车站	输出品	输入品
德州	棉花、西瓜、豆油、牛羊皮、羊毛、挂面、鲜枣、鸡蛋、桃、梨、杂粮；以棉、西瓜、羊毛为大宗	煤、纸烟、茶叶、糖、米、什货
桑园	杂粮、棉花、兽皮（牛、马、骡、驴）、鸡蛋、西瓜；以杂粮、棉花为大宗	煤、面粉、洋油、纸张、棉纱、土碱、糖、杂货
安陵	棉花、牛羊皮、鸡蛋、铁锅	煤、木料、石料
连镇	豆饼、豆油、棉花、棉花籽、芝麻油、杂粮、粉皮、粉条、烟叶、棉线、带、生牛羊皮、鸡蛋	煤、煤油、面粉、棉纱、木料、白灰、豆、空篓、石料、磨石、纸烟、麻袋、鲜鱼
东光	棉花、豆油、梨、鸡、鸡蛋、杂粮	煤、木料、面粉、黑豆、黄豆
泊头	梨、土布、白菜、萝葡、鸡蛋、鸡、牛皮、火柴、生油、药材；以梨为大宗	煤、棉纱、面粉、鲜姜、白麻、山楂、花生、柿、纸烟、烟叶、颜料、煤油、杂货
沧州	小麦、杂粮、草帽辫、羊毛线、红枣、生牛羊皮、牛肉、咸鱼、土布、鸡蛋	煤、煤油、白灰、面粉、麻、糖、纸烟、洋货、棉纱、杂货

① 汪胡桢：《民船之运输成本》，《交通杂志》1934年第3卷第3期。
② 《津浦路沿线水运情形（续）》，《益世报》（天津）1923年11月29日。

续表

车站	输出品	输入品
唐官屯	高粱、白菜、葡萄、牛皮、棉花、棉纱、土布	花生油、豆油、芝麻、面粉、棉纱、水果。线、煤
陈官屯	家畜、粉条、白菜、桃、杂粮等	煤及洋布、杂货等
良王庄	蒲包、纸画	蒲草
杨柳青	豆、高粱、柳扦、榆柳木、纸画、鸡、鸭	煤、面粉、花生油
天津西站	棉纱、茶叶、布匹、铁锅、纸张、糖、废铁、肥料、杂货	米、杂粮、鲜果、枣、牛皮、花生油、豆油、芝麻油、花生、白薯、棉花、猪、牛、竹、木料、鸡蛋、鸡、鸭

　　资料来源：津浦铁路管理局总务处调查课编印《津浦铁路旅行指南》，1936 年版，第187—202 页。

　　运输货物的同类化与运输货源的不足注定该地区水陆运输竞争更加激烈，两者之间的竞争也必将改变当地的运输市场。

　　2. 津浦铁路的改革

　　与内河航运相比，铁路运输最大的优势是更加安全快捷。南运河蜿蜒曲折，使得两地之间的距离增大，据东亚同文书院调查，天津与临清的水路距离为 487 公里，陆路的距离为 311.5 公里。[①] 与尽可能取直的铁路相比，水路距离当然要更远，但铁路运费也比较高。除了有些货物必须依靠火车运输，如泊头鸭梨、德州西瓜等生鲜商品，水运速度慢，长距离运输易腐坏，铁路快速的运输解决了这一难题，扩大了其销售范围，其他农副产品还是主要依靠南运河航运。在津浦铁路开通初期，因为民船运输比铁路等其他陆上工具运价低廉，且铁路管理不够完善，制度不够健全等问题的存在，沿线商人选择铁路运输货物的比例较小，津浦铁路北段货物运输一直比较冷清。为了改善运输环境，与水路及其他运输方式展开竞争，津浦铁路局对铁路运输进行积极的改革。

---

　　① 《大运河调查报告书》，冯天瑜、刘柏林、李少军选编《东亚同文书院中国调查资料选译》（下册），李少军等译，社会科学文献出版社 2012 年版，第 1346 页。

第一，实行运输负责制。以往，铁路货物运输途中须有货主自理或雇工负责押运事务，铁路方面对货物丢失或损害概不赔偿，车站只负责收取运费。1932 年 5 月，铁道部成立了货物负责运输委员会①，1932 年 11 月 1 日，津浦铁路徐州至天津段开始实行。运输负责期限自货主将货物搬入车站货栈或货场，经火车站工作人员检查后，发给货物存场收据时起，至将货物交到收货人为止，负责运费为普通运费加收一成费用。② 把铁路货运由不负责制度转变为负责制度，该项措施的出台，极大地提高了铁路货物运输量。

第二，采取货到付费制度及降低运价的办法。1932 年 11 月，实行货到付运费的办法。津浦铁路为了与南运河航运争夺货源，也尝试通过降价来吸收货物。1934—1937 年间，规定天津至德州段对一等至五等的货物运费降低二成，以此与南运河航运抢夺货源。③ "关于吸收货运问题，津浦铁路管理委员会前经呈奉本部规定办法如次：来往天津、德州间，自一等至五等各项货物，一律按照现行运价减收二成。兹悉该路决自九月一日起实行，至十月二十一日截止，期间为两月，并俟减价期满后，将其减价期内与上年同时期之运量相比较，以作明年航运竞争期内，施行特价之参考云。"④ 降价促运对沿路工商业发展有一定的刺激作用，无论如何，水运在运价方面还是有着绝对的优势。

第三，零担货物运输的实行。津浦铁路开办零担货物运输，但不办理各局间直通零担货物运输，各站运输的零担货物大多由转运公司或货栈承揽，再集结成整车向铁路托运，少数零担货物装于客货混合列车中的一节火车中，由货主自理，零担货物的办理手续麻烦，货物安全性缺失。1932 年，津浦、北宁两铁路管理局执行《零担车处理办法》，开行沿途零担车、合装零担车和整车零担车。1937 年七七事变后，津浦铁路局又实行零担货物中转制度。⑤ 铁路零担货物运输降低了非整车货物

---

① 谭耀宗：《突飞猛进之铁路联运》，《交通杂志》1934 年第 2 卷第 12 期。
② 王亮侯：《津浦铁路实行负责运输之后》，《交通杂志》1932 年第 1 卷第 2 期。
③ 《沧州市志》编纂委员会：《沧州市志》(一)，方志出版社 2006 年版，第 551 页。
④ 《津浦路天津德州间货运照价减收二成》，《铁道公报》第 950 期。
⑤ 天津市地方志编修委员会办公室等编著：《天津通志·铁路志》，天津社会科学院出版社 2006 年版，第 210 页。

运输的价格，同时，减少了货物中转的麻烦，吸引了一部分零散货物利用火车运输。

第四，货物联运业务的实施。除了各条铁路货物联运外，30年代初，津浦铁路局与公路部门之间也有货物联运业务，但均未能发展起来。1938年华北地区沦陷后，日本帝国主义为了掠夺丰富的煤炭资源，于1941年修建德石线，把津浦铁路与平汉铁路相连。新中国成立后，铁道部对全国铁路实行集中统一管理，全国铁路开办直通货物运输。1954年1月，津浦铁路沧州、泊头、德州、杨柳青等车站参加国家铁路货物联运。此外，还开展了铁路、水运、公路、搬运公司参加的联运服务，一些地方成立了"一条龙运输联合办公室"，基本实现一票到底，全程负责。①

第五，专用岔道的修建。南运河沿岸一些城镇工商户为了铁路运输更加方便，与津浦铁路局协商，在一些大的车站设有专门的私用岔道（见表3-5）和转运公司，提高了货物装卸效率。

表3-5   1931年津浦铁路南运河段部分出租专用线详表

地名	用户	长度（米）	附记
德州	颂记公司	68.00	
德州	鼎裕公司	260.00	
德州	秦秀章	36.60	
德州	镇兴公司	67.67	合同在办理中
德州	恒庆诚福记	45.00	
泊头	颂记公司	42.00	
泊头	德华栈	37.50	车务处拟收回，在办理中
泊头	秦秀章	51.80	车务处拟收回，在办理中
泊头	大通公司	22.00	利兴过户
泊头	同泰和	34.00	利兴过户
泊头	悦来公司	34.00	利兴过户

① 天津市地方志编修委员会办公室等编著：《天津通志·铁路志》，天津社会科学院出版社2006年版，第210页。

续表

地名	用户	长度（米）	附记
泊头	履益恒	50.00	本路原有岔道
泊头	协记	40.00	
沧州	颂记公司	42.00	
沧州	益昌厚	45.00	

　　资料来源：《本路各站专用岔道表》，津浦铁路年鉴编撰委员会编《津浦铁路年鉴》第2编第3章，1933年（备注：本表略去大站商岔及煤炭专用线）。

　　津浦铁路不断提高服务水平，降低运价，同时联运制度、负责运输的广泛铺开和南京轮渡、陇海东段的最后建成，津浦铁路的运输竞争力大大提高，这些措施也给沿线商业带来发展契机，反过来进一步加速了货物的运输需求。天津与南运河沿岸的货物运输主要依靠铁路和水运，铁路运输业的逐渐完善及壮大损害了航运业。内河水运速度慢、到货日期不定制约了它的发展，虽然铁路运输运费较高，但交货迅速等优势使它超越了水运，1912—1921年津浦铁路货运量不断提高恰好说明这一问题。①

　　南运河水运货物方面将在本章下一节和第四章有专门的论述，在此不再详述。总之，南运河水运凭借着运价低廉、灵活性强等优势依然在货运方面占据重要的地位，运输货物种类主要是粮食、棉花、煤炭等大宗笨重商品，南运河航运在丰水季节和战争年代，货运量甚至会超越铁路运量。

　　新中国成立后，社会经济迅速发展，铁路运输需求量不断增加，津浦铁路局针对沿线地区一些货运量较大的厂矿修建铁路专用线，扩建车站货场。例如，1956年，沧州铁路区段内修建姚官屯车站至姚官屯飞机场的专用线。截至1975年前，沧州市燃料公司、石油公司、物资公司、水利局及石油化工公司各自修建了自己的铁路专用线。② 沧州火车站货物装卸能力也在增强，民国时期，仅有一座货运设施站台，长

---

① 《天津海关十年报告书（1912—1921年）》，吴弘明译，载《天津历史资料》1981年第13期。

② 《沧州市志》编纂委员会：《沧州市志》（一），方志出版社2006年版，第542页。

340.8 米，货物线 1 条，长 422.8 米，另有临时军用货物线 4 条，作为备用线。新中国成立后，1958 年扩建南货场，占地 3060 平方米，建成货物站台 1 座，线长 768 米，同年，又建成 5 条铁路专用线。1970 年开始修建北货场，占地 504000 平方米，一次货物堆放量 43082 吨。[1] 1965年，由于上游地区连续干旱，加之岳城水库截留水源，河道干涸，南运河停航，而津浦铁路运输能力却不断增强，南运河水运的大宗货物转移至铁路运输。

（二）客运方面：铁路占优

客运方面，津浦铁路对沿岸地区的影响则比较大，基本抢占了原先属于内河航运的客运市场份额。起初，由于高昂的运价也制约了铁路客运的发展。津浦铁路开通以后，客运列车非常少，且票价高。从 1911年《津浦铁路时刻里数价目表》看到，天津总站至德州的列车每天一趟，8∶34 从天津开出，13∶12 到沧州站，17∶04 到达德州，平均时速仅为 26 公里。当时从天津至德州的票价实行分级制，天津至沧州二等座 3 元，三等座 1.55 元，火车票价格是南运河航运价格的 10 倍。而当时一名普通工人的月薪约 3 元左右。[2] 高昂的票价决定了人们乘坐火车出行不能成为常态化行为，乘坐火车也就成为普通百姓的一种奢侈行为。

1912 年，法商仪兴新记轮船公司开通天津至沧州间小轮客运，由于票价较低，吸引大量人员乘坐。鉴于此，津浦铁路将过去中途在济南、徐州两站过夜，三日才能到达浦口的客车改为直达客车，全程仅需约 31 小时，大大缩短了旅行时间。并开行天津至沧州的四等客车，与小轮客运展开竞争[3]，小轮客运因竞争不过铁路而停运。此后，"去天津的旅客现在似是全部为铁路所吸引过去"[4]。1918 年，南运河轮

① 《沧州市志》编纂委员会：《沧州市志》（一），方志出版社 2006 年版，第 547 页。
② 王德胜：《铁路开启德州新运输时代》，德州新闻网（http://www.dezhoudaily.com/xiuxian/liuhu/dzsz/2013/08/2013 – 08 – 09479685.htm）。
③ 交通部路政司编查科编：《交通部直辖各铁路民国二年兴革事项表》，1915 年版，第57—59 页。
④ 《大运河调查报告书》，冯天瑜、刘柏林、李少军选编《东亚同文书院中国调查资料选译》（下册），社会科学文献出版社 2012 年版，第 1429 页。

船公司又开行德州至天津间的小火轮客运，旅客票价定为 1.5 元，后因种种故障，仅开行了两三次，以失败告终。"究其原因，并非只是由于水路与铁路竞争，而主要是大运河的水路不适于轮船航行所致。"①

直隶全省内河行轮局（简称行轮局）成立后，一直计划开通南运河客运，但因担心竞争不过铁路也迟迟未开。1930 年，津磁、津保航线因航道淤积，航程缩短，营业收入减少，行轮局为扩大财源，重新计划开通南运河航线，但又因水势骤减，津浦路局有意抵制，"特将车价折减，致旅客复趋陆路，因之停航多年未能续办"②。1933 年，津浦铁路因车辆不敷分配，车次太少，乘客拥挤，行轮局拟利用此时恢复津德航线，既可以扩充航业，也便利商民。惟因九宣闸以下航道淤塞，水量甚浅，该局旧式轮船无法行驶。③ 直到 1935 年 10 月，才正式恢复津德线客运，航程 290 公里。④ 随着客运业务的不断扩大，船只不够使用，遂联手天丰轮船公司实行官商联运，天津至泊头航段客运最兴盛时期可达 5 艘拖轮和 5 艘木客船，客流量较大。据《北支河川水运调查报告》记载："此区间都与铁路平行，处于竞争的地位……由于运费比铁路便宜，呈现出满员的盛况。"按 1935、1936 年及 1937 年 6 月以前整个航线客票收入推算，每年的客运量在 6 万—7 万人次之间。⑤ 迫于轮船客运的压力，1936 年，津浦铁路方面开通四等客车，票价仅为三等票价的半价，将运行时间安排在白天往返，与轮船、汽车展开竞争。⑥ 同时增加了客车列数，从 1934 年 7 月津浦铁路客车时刻表看，津浦铁路经德州至天津的上行客车有 5 列，下行客车有 4 列。⑦ 火车客运的安全快捷和低廉的价格为沿线地区人们短途

① 《大运河调查报告书》，冯天瑜、刘柏林、李少军选编《东亚同文书院中国调查资料选译》（下册），社会科学文献出版社 2012 年版，第 1429 页。
② 《河北省内河航运局营业计划》，《中国建设》1933 年第 7 卷第 6 期。
③ 同上。
④ 林成秀：《河北交通建设》第 1 卷上册，1932 年 10 月。
⑤ 王树才：《河北省航运史》，人民交通出版社 1988 年版，第 158—159 页。
⑥ 《本路将增开四等客车》、《津沧间四等车次时刻》、《津沧区间车旅客称便》，《津浦铁路日刊》1508、1522、1524 号，1936 年 4 月 1、17、20 日。
⑦ 《津浦铁路客车简明时刻表》，《铁路杂志》1935 年第 1 卷第 6 期。

贩运及出行提供了便利。

虽然在货运方面，南运河凭借着运价优势具有一定的竞争力。在客运方面，津浦铁路却具有绝对的优势地位，不仅仅在南运河河段如此，整条津浦铁路收入也是以客运为主（见表 3 - 6）。

表 3 - 6　　　　1924—1929 年津浦铁路营业状况表　　　　单位：元

年份	旅客收入	旅客相关	货物收入	货物相关	其他	合计
1924	8611316	570195	8785968	402622	856592	19226756
1925	7780672	774524	6311772	234750	645569	15747676
1926	4213302	274124	1483815	54760	93255	6119256
1927	4316813	535170	1297616	49107	128977	6327685
1928	5970460	182140	2673241	107537	440826	10876821
1929	9716647	708899	4674716	267442	590685	15958413

资料来源：章勃：《国有各铁路之概况与今后整理之计划》，《交通杂志》1933 年第 1 卷第 6—7 期。

通过比较津浦铁路客货营业收入情况得知，该路客运收入高于货运收入，虽然这是整条铁路的营业情况，但也一定程度上反映了南运河的营业情况。津浦铁路开通后，南运河地区的人员往来均被吸引至此。

新中国成立后，为缓解铁路与公路客运压力，南运河部分河段又开通客运专线（见表 3 - 7）。如 1955 年，新乡至浚县 111 公里间开通客运班轮，经常有两艘拖轮分别拖带两艘客驳，每天从两港对开。① 不久，由于新乡市区河段淤塞停航，航线改在汲县（今卫辉市）至浚县段行驶，客运给沿岸城镇居民的出行带来了方便，乘客人数不断增加，1960 年以后，卫河和南运河河道水量减少，水路客运停止。

――――――――――

① 河南省交通厅交通史志编审委员会：《河南省航运史》，人民交通出版社 1989 年版，第 259 页。

表 3 - 7　　　　　1955—1959 年卫河航运管理处客运情况表

年份	运输人次			公里		
	计划	完成	占计划的百分比	计划	完成	占计划的百分比
1955	14000	10762	76.9	700000	710693	101.5
1956	54000	45855	84.9	3780000	3192576	84.5
1957	72000	64025	88.9	5034449	4435740	88.1
1958	100059	68672	68.6	7004170	5267963	75.2
1959		62000			3900000	

资料来源：新乡市地方史志编纂委员会编《新乡市志》上册，生活·读书·新知三联书店 1994 年版，第 678 页。

客运方面，虽然南运河票价低廉，但由于轮船船只缺乏，且受到航道淤塞等限制，不能在南运河全段上航行，导致轮船客运无法得到大规模推广。而民船水运速度慢，受到雨雪等自然环境影响较大，种种条件限制了南运河客运的发展，广大乘客最终只能选择铁路出行。

二　水路与铁路运输的优劣

津浦铁路的开通使沿线各地农副产品和工业产品以更快速度、更大数量、更稳定有效地流动，从而刺激社会经济的持续发展，使较大规模的物资交流及商业贸易成为可能。津浦铁路与南运河在天津至德州段几乎平行，为了抢夺更多的运输市场份额，新旧两种交通方式在客货运输市场展开了激烈的竞争，在铁路的冲击下，传统水运并未完全退出运输市场，甚至有人认为，中国铁路事业发展迟缓的原因是"水运之发达，实为铁道发展迟缓之一种原因"[1]，其实，两者是相互补充，共同构筑南运河区域运输市场。在该区域内传统水运与铁路运输到底孰强孰弱？需要具体分析，因为它们各自有一定优势和弊端。

（一）南运河航运的优势

民国北平政府时期，津浦铁路局曾经专门派员调查沿线水运情况，

---

① 盛叙功编译：《交通地理》，商务印书馆 1931 年版，第 106 页。

在南运河段水运货物量远远高于铁路，调查人员将其原因归结为以下几条：

> 水运货物约占货运总数四分之三，而路运只得四分之一，路运与水运，实难竞争，其重要原因有五，兹条列于左。（一）行户囤线太多，依傍水道，装卸便利，不费重马转运之劳。（二）路运章程限制甚严，而水运手续简便宽容。如货物每件定重若干斤、即或每件逾重数斤或货物稍微参杂，价值稍高者，水运均可通融，而路运即丝毫不能越等，或过重。（三）路运有统捐。（四）路运费用若将统捐转运装卸等费，加诸其上与水运费用比较，相差悬殊。（五）路运时有候车之缺点，而水运则船只顺便，再除运河以外，虽有一二支流涨涸无定，并无航运之可言，且与路运绝无关碍，合并附陈。①

其实，京杭大运河与铁路平行铺设不仅仅存在南运河段，在江南平原上沪宁及沪杭甬铁路与京杭大运河江南段也是平行分布，它们的关系与南运河流域基本相同，水运凭借着运费低廉、运量大、灵活等优势，在货物运输中占据着重要地位。对于江南段水运持续发展，日本东亚同文书院调查原因是：

> 一、人口、货物多；
>
> 二、中国人具有的守旧性；
>
> 三、中国人一般缺乏时间观念；
>
> 四、水运在运费上便宜，只相当于铁路的三分之一；
>
> 五、对于铁路之类的新运输方式还不习惯；
>
> 六、可以省去逐件装卸、进仓等麻烦；
>
> 七、中国民船运载量颇大；
>
> 八、航行于内河、无风涛之险，且中国人巧于驾船。
>
> 九、运输的货物中，以谷物、竹器之类居多，它们不会因耗费

---

① 《津浦路沿线水运情形》（续），《益世报》（天津）1923 年 11 月 29 日。

时间而发生大的变化，也不需要快速到达目的地。①

以上几条是江南运河水运仍然发展的原因，也基本可以解释南运河与津浦铁路的关系，仅人口、货物量方面略有不同。自古以来，江南地区社会经济发达，从而提供了充足的货源。与其相比，南运河区域土地贫瘠，工商业落后，货源有限，水运与铁路的竞争更加激烈。

上述关于南运河与江南运河水运业的调查分析，从文化、运价、运量、货物种类、税收及运输的灵活性方面均进行了比较，指出铁路与水运具有不同优势和弊端，在运价、服务及灵活性方面，铁路难以取得优势。在双方竞争中，南运河水运在运价、灵活性及受社会环境影响等方面优势明显。

第一，运价低廉是南运河水运最大的优势，铁路的最大优势在于速度更快。在民国时期，社会经济水平较低，货物种类多集中于矿产、农副产品及杂货等，除了一些贵重物品以外，几乎全是通过水路运输，"导致上述情况的原因之一，在于铁路运输的费用较之于水运更高。这也说明中国经济尚未进步到需要利用铁路的程度，中国商人还缺少在经济上珍视时间的观念。"② 运价与距离的关系密切，"运价的制定是以运输成本为主要依据的，运输成本是随着距离的变化而递远递减的，因此单位产品的运价也会随着运输距离的延长而降低。当然，这种降低不是无限制的，当超过一定距离后降低程度就很小了，因此一般都规定有运价递减的终止里程。"③ 运价高低不同的原则有利于合理分配不同的运输工具，提高运输工具的使用效率，所以，铁路运价起运价格较高，运价随着运输里程的增加而不断减少。水运运价一般根据船舶大小、运输里程、顺航逆航及货物种类等多种因素决定，具体由货运双方业主面议，没有统一的计算标准，价格低廉是水运事业发达的重要因素。据民国时期调查，南运河航线民船运输吨公里运费为 0.029 元，而津浦铁路吨公里运费为 0.60 元，相当于民船运费的 20 倍。正因为如此，津浦铁

① 《大运河调查报告书》，冯天瑜、刘柏林、李少军选编《东亚同文书院中国调查资料选译》（下册），社会科学文献出版社 2012 年版，第 1564 页。

② 同上书，第 1322 页。

③ 许庆斌等：《运输经济学导论》，中国铁道出版社 1995 年版，第 201 页。

路天津至德州间货物发送量由 1926 年的 10 万吨，降至 1936 年的 1 万吨，"此间货物主要靠水运"。[①] 此外，津浦铁路背负有大量的债务，加剧了其财务负担。其外债 157713859 元，内债 9676276 元，料债 24412497 元，共计该路欠债 191803632 元，"为国有各路中负债最巨者"。[②] 巨大的债务及利息，也势必推高了铁路运价。

第二，内河运输方式更加灵活。铁路运输必须基于轨道铺设的路径，且停靠站点有明确规定，不能随意停靠装卸货物，另外，铁路货运手续烦琐，车辆有限，货物经常需要候车，运输时间上也比较固定。铁路运输站点多位于巨镇大邑，未能深入乡间，不便于货物运输，而内河运输的船只种类多样，有载重上百吨的大船，也有几吨的小船，这些船只可伸展到各河系的沟沟汊汊，可以在沿岸村镇随时停靠装卸货物，联系着沿河的广大城镇和农村，辐射面很广。南运河流域一切货物运至天津无须中转，它直接把天津与沿岸城镇联系起来。例如南运河上游的豫北地区是华北小麦的主产区，天津作为小麦的主要消费地和加工场，但津浦铁路未途经于豫北地区，京汉铁路也不能直达天津，需要中转，故该区域粮食运输很少利用铁路，而是通过陆运将粮食先运至道口等沿岸城镇，再通过南运河运抵天津，因为"若由火车转运，不能直达天津，该粮商等拟于出产之地装船由水路运津，仍请照免出产销场之税，并沿途经过关卡税捐，俾轻成本"[③]。

第三，从投入产出比讲，船舶运输投资小、收益大，铁路建筑成本高，日常维护费用大。据《北支河川水运调查报告》记载，造一艘载重 100 吨，能使用 20—30 年的对槽船，花费 2500 元左右，相当于一般小马力拖轮造价的十分之一，小吨位木船，投资更小，适应性更强。新中国成立后，航运业得到极大发展，首要原因是水运投资小，如 1959 年造一艘载重 10 吨的小船，造价仅需 700 元，下水后 42 天就能将投资全部收回。其次，见效快、运量大。制造载重 10 吨的一只小船，只需

---

① ［日］支那驻屯军司令部编：《北支河川水运调查报告》，1937 年版，第 180—181 页。

② 章勃：《国有各铁路之概况与今后整理之计划》，《交通杂志》1933 年第 1 卷第 6—7 期。

③ 天津市档案馆等：《天津商会档案汇编（1903—1911）》，天津人民出版社 1989 年版，第 1641 页。

180个人工即可造成，下水后载重量相当于4部汽车，14辆马车的载重量。再次，运费低。船运货物每吨公里仅需运费三分四厘，仅为马车运输费用的二十分之一。最后，节省大批的劳力、畜力和燃料。如一只10吨的小船两人即可拉动，正如当时一位公社社员所说："小小木船真正好，不烧油来不吃草，一船能顶十车用，省人省畜来回跑。"① 不难看出，利用自然河流从事运输的民船，联结着广大城乡，具有活动范围广、适应性强、运费低廉、投资小、收益快等多方面的优势，这是铁路、公路难以比拟的。

第四，南运河航运方法的改革与创新。虽然水路运费价格低，但速度较慢，不利于鸡蛋、水果等生鲜物品的长距离运输。船民为了争夺货源，发明了一些运输途中的保鲜方法，我们以鸡蛋的运输为例进行说明。鸡蛋是大名县的主要出口货物之一，"多销天津，均由卫河运往"，每年的产量无法统计，但据每船能装至四五十万个上下推测，每年输出量不可小觑。夏天船户为了将鸡蛋保鲜，发明一种方法令其不坏，将鸡蛋置于船舱后，"以竹筒将各节穿通，纵横接连，置于舱内，其行筒即成一井字形之架后，将竹筒之一处旁穿一孔，以一竹筒接连通于舱外，再以一风箱匣与竹筒接连，常用一人以手拉风箱，使风入于舱内，换流新鲜空气，则鸡卵即不腐坏"②。

第五，社会政治环境影响。主要指的是战争对交通方式的干扰，铁路的开通对于战争影响巨大，有人认为："今日物资文明、行军用兵之道，迥非百年前可比，尤以铁路战争为最著。约言其要，厥有三端：一曰军饷之接济，二曰军队之策应，三曰军械之运输。"③ 战争对铁路运输的影响及破坏性大于内河水运。津浦铁路通车之初就发生了辛亥革命，南北双方曾在铁路沿线展开军事行动，对铁路造成一定破坏。1917年，张勋复辟时军队又一次通过津浦路北上，德州至马厂间有十余里铁路被毁。④ 这几次军事行动持续时间不长，程度也不算激烈，双方主要

---

① 郭振勤：《多开航道多造船》，《人民日报》1959年12月5日。

② 《直隶省商品陈列所第一次实业调查记》，张研、孙燕京编《民国史料丛刊574》，大象出版社2009年版，第23页。

③ 宣颖：《铁路与战争》，《东方杂志》1916年第2期。

④ 青雷：《我国铁路受战乱损失之估计》，《太平导报》1926年第8期。

是争夺权利，军事行动只不过是一种武装示威，总的来看，与此后战争对铁路设施的破坏相比，这几次不算严重。

1922 年以后，直奉战争、直皖战争相继爆发，这几次战争基本都在铁路沿线展开，导致津浦、平汉两条铁路中断，"进口货物，囤积栈内，无法运销内地，酿成过剩之势。"① 1922 年以后的 10 年，"华北铁路不独毫无发展，仰且益趋衰落。推原其故，战祸实为厉阶。缘当战争未发之先，车辆已被征调。战事结束之后，交通恢复最缓。期间则以费运停滞，营业损失固不待言。而尤甚者，厥为各线路轨及车辆，时被拆毁破坏，一经整理，费财需时，自所难免。兼之久不敷出，运费加重，以资挹注。"② 因为战争中对军事物资和兵员运输等时效性要求极高，在当时的历史环境下，相对其他运输工具，铁路具有运量大、速度快等优势，各军阀为了占据有利的交通地位，纷纷争夺控制各铁路干线。第二次直奉战争中，"各路车辆，悉被征调，交通阻隔，商务停滞"③。"近因军事旁午，车辆缺乏，商民运货，颇感困难，试视沿路各站，积货如山，米粮杂货重要之品，往往停滞半载，不能起运，致商家有折阅之累"④，直到战争结束后，铁路交通才得以恢复。此外，铁路赋税和营业收入是各军阀的主要财政来源，"因军阀割据关系，多将铁路借款，移充私人军费，管理又不统一，而营业收入，亦成为个人之军费来源，致铁路行政与铁路会计，均陷于极端紊乱状态，而建设与修理反置之不问。"⑤ 1922—1931 年期间，"而月由铁路收入项下拨充军需之款，尚达二百万元之谱。因此运费迭增，以资弥补。是项办法，在路局方面，明知其为自杀政策，然亦无法避免。"⑥ 至 1928 年，此紊乱状态逐步改善。

鉴于铁路对战争的重要性，津浦铁路成为各军阀争相控制的目标。战争一旦爆发，交通立即中断，第一次直奉战争时津浦铁路中断，经津

---

① 《天津海关十年报告》（1922—1931），《天津历史资料》1980 年第 5 期。
② 同上。
③ 同上。
④ 《南运河行轮之提议》，《益世报》（天津）1927 年 5 月 8 日。
⑤ 沈翔编：《日人经营之华北交通事业》，外交部亚洲司研究室 1940 年版，第 3 页。
⑥ 《天津海关十年报告》（1922—1931），《天津历史资料》1980 年第 5 期。

浦铁路的邮政运输必须绕道京汉、陇海铁路或者海路南运。① 战争后期，被迫撤退的一方为了避免铁路设施落入对方军中，往往将客货车和机车带走，甚至将路线和桥梁破坏。"津浦路车辆毁于战祸者，为数不少，即如该路民十二所购之兰钢车，现已分散，不能成列矣。"② 1928年5月，直鲁军在北撤时又将津浦路上沙河、黄河大桥炸毁，1929年1月才修复这两座大桥。③ 新旧军阀混战造成津浦铁路车辆大幅减少，铁路设施遭到严重破坏。

抗日战争期间，水运和铁路的运输情况则不同，因治安关系铁路差不多成了唯一的运输通道，水路则只在特殊情形之下有少数运输而已。④ 这是因为南运河沿岸部分地区是解放区，阻碍日军船舶的航行，所以，日军配备强大的兵员保障津浦铁路的正常通行。但津浦铁路也受到战争的影响，中国共产党领导的武装力量经常对铁路进行袭击，阻止日军运输战略物资，1939年4月1日津浦铁路才恢复全线通车。三年解放战争时期，津浦铁路仍未全线贯通。起初，天津至德州间可以全线通车，渐渐发展到断断续续通车，而后只能由天津通到沧州，最后仅剩天津通至陈官屯60公里可以通车。⑤ 新中国成立后，津浦铁路经不断修缮，铁路运输才逐渐恢复。

同时，南运河航运业也遭到战争的破坏，但相对于战争对铁路运输的影响要小得多。因为该河道上航行的多是木制民船，航行速度慢，安全性也较低，这些船只没有成为各军阀抢夺的对象。行轮局的动力船舶却大量被军队征用，内河行轮航运很难维持正常航行，使整个运输生产受到影响。⑥ 1924年9月，第二次直奉战争爆发，奉系军阀取得胜利。不久，天津行轮局的全部船舶充作军运，统一归"直隶运输司令部"管辖，成为服务军阀战争的工具。1928年，蒋介石、阎锡山、冯玉祥、

① 《火车停滞与邮政影响》，《益世报》（天津）1922年4月24日。
② 《天津海关十年报告》（1922—1931），《天津历史资料》1980年第5期。
③ 天津市地方志编修委员会办公室等：《天津通志·铁路志》，天津社会科学院出版社2006年版，第52页。
④ 李洛之、聂汤谷：《天津的经济地位》，南开大学出版社1994年版，第192页。
⑤ 天津市地方志编修委员会办公室等：《天津通志·铁路志》，天津社会科学院出版社2006年版，第52页。
⑥ 王树才：《河北省航运史》，人民交通出版社1988年版，第139页。

李宗仁四大军阀联合讨伐以张作霖为首的奉系军阀，行轮局的轮船险些被奉系军阀劫持到东北地区。阎锡山占据天津后，轮船仍然被用于军事运输。战争给行轮局造成巨大损失，船只多被军事征用，货物运费被压低，甚至毫无运费。从 1922 年至 1928 年 7 月，行轮局 8 年盈利仅两万余元，1924 年、1927 年为战争最严重的两年，共亏损 4.4 万多元。[①]

战争期间，社会秩序混乱，致使内河航运还是受到不同程度的影响，水路运粮方面表现得尤为突出。天津所需的粮食大部分依赖外地，"自军兴以来，火车不通，陆运完全停滞，所有杂粮输入概恃由河路船运来津"[②]，1926 年 7 月，粮商经南运河把 20 余万石杂粮由道口运至京津地区。此次运输中，即使士绅雇佣团勇组成送船会，保护送粮船只，但由于土匪数量的增加，在道口镇附近还是遭受到土匪的抢劫，导致船只不能前行。[③] 此外，因军事行动需要，南运河沿岸设立浮桥多处，阻碍了船舶的正常通行，以致泊头至天津河段停滞粮船数百只。经过天津商会与军队的协商，虽然命令各部队在每天早上 8 点至 9 点开启浮桥一次，但仍然影响南运河正常航运。[④]

比较而言，战争对铁路运营的影响较大，铁路运量不断下降，而"民船载运货物，则系与岁俱增"[⑤]。铁路运输从 1922 年占进出天津运输总量的 74% 降到 1928 年的 49%，而民船运输却从 23% 上升到 46%，1926 年民船运输曾达到 54%，而铁路运输却下降为 43%。[⑥] 这一年，进出天津的民船总数有 98076 艘次，总运输量达到 193.94 万吨，其中，南运河进出民船有 10917 艘，运量达到 339746 吨。[⑦]

（二）南运河航运的劣势

尽管南运河航运具有种种优势，但面对铁路等现代交通方式，也有一些不足之处。第一，气候影响，南运河航运具有季节性。南运河城镇

---

① 王树才：《河北省航运史》，人民交通出版社 1988 年版，第 142—143 页。
② 天津市档案馆等：《天津商会档案汇编（1912—1928）》，天津人民出版社 1992 年版，第 4320 页。
③ 同上。
④ 同上。
⑤ 《天津海关十年报告（1922—1931）》，《天津历史资料》1980 年第 5 期。
⑥ 同上。
⑦ ［日］支那驻屯军司令部：《北支河川水运调查报告》，1937 年版，第 863 页。

之间的航运贸易，在结冰前与解冻后的两个月最为繁忙。而雨季到来之前，由于河水缺乏，航运不畅，在冬季结冰时只能停航，旅客货物往来只能依赖于火车运输。1910 年 12 月 19 日，庆昌源、天泰和、庆元号、源生详、益茂号、合聚隆、瑞源号、同茂号等商号在南运河上游一带购买大量的棉花、粮油、杂货、花生等货，装载船只经南运河返回天津时，遭遇到严寒天气，"将商等各货冻至临清、武城、郑家口、德州、桑园、连镇、泊镇、沧州、青县、静海等处，河内所冻货船不下数百只，各样货物可值银数百万两。"鉴于天津市场货物短缺，商号银钱短绌，商人恳请天津商会转告津浦铁路局，求其协助，将所冻各货经铁路运至天津，"借资周转，俾舒民困而维商务，则感鸿慈于无既矣。"① 而每逢夏秋季节，洪水暴涨，往往造成南运河决口泛滥，航运船只亦无法通行。

第二，航道淤塞日益严重。大运河漕运功能的丧失，海运、铁路等现代交通方式的出现，使大运河的交通地位迅速下降，国家及地方政府对运河的重视程度降低，河道疏浚治理的力度与次数降低，导致航道淤塞严重，影响到船只的正常通行。清末民初，南运河上船只的拥挤情况已经十分严重，尤其是邻近天津一段，"一艘普通大小的船只在这段只有二英里左右的航程里，起码也得三四天。一艘从河南来的运药材的船只据说需要三十多天。"② 1913 年，"南运河淤浅异常，中泓水深不过二尺，实为向来所未有，一切货船粮船均不能到埠（天津）。"③ 邻近天津段河道淤塞，水量减少的原因是多方面的，一是上游来水经马厂减河调取灌溉农田；二是天津市内"沿岸居民任意向河心倾倒垃圾，实为最大影响"④。沿河居民把生活垃圾与碎砖破瓦随意倒入河道，不仅填埋河道，而且阻缓水流，泥沙随即沉淀，下游河道自然浅窄。因河道淤

---

① 天津市档案馆等编：《天津商会档案汇编（1903—1911）》，天津人民出版社 1989 年版，第 2201 页。

② 《天津海关十年报告书（1902—1911）》，许逸凡译，《天津历史资料》1981 年第 13 期。

③ 天津市档案馆等编：《天津商会档案汇编（1903—1911）》，天津人民出版社 1989 年版，第 2202 页。

④ 河北省南运河下游疏浚委员会文牍股：《河北省南运河下游疏浚委员会报告书》，益世报馆出版社 1937 年版，第 101 页。

塞，导致航道狭窄和航运事故时有发生，1936 年，津泊航线上的河清轮船撞沉一艘满载黑豆的木船。①

第三，南运河航段还有一些险要河道，水深流急，不利于船舶的航行。如连镇南的大龙湾与小龙湾、德州北的白草洼等都是有名的险要河段，船民每到此处，须给龙王上供磕头，祈求神灵保佑平安渡过。②

第四，因南运河基于自然河流而成，河道弯曲，增加了两地之间的距离。如临津运河，此段运河南起山东省的临清，北达天津，长 520 公里，"自天津至临清空间距离只 290 公里，因河身环屈，致长度增加十分之八。"③ 南运河航运速度不定，分为上航和下航，如下航遇及顺风，每日航行仅 50—60 公里，若上航且逆风航行，每日仅能航行 30 公里，以临清至德州航段 157 公里计，下航需 2—3 天，上航则需 6—7 天。此外，运输过程中船主或船夫对运输货物的偷窃等行为影响了货物的承揽。④

至于铁路与水路沿途的捐税问题，两者都十分严重。津浦铁路成为各军阀和政府财政收入的主要来源，火车货运代征的附捐各费"复杂繁苛，商人万难担负，捐税不除，商运难复，故裁撤捐税，实为恢复商运之先决问题。"⑤ 南运河水路税费也十分严重。清朝末年，在南运河的天津、大名龙王庙两处设置厘金局⑥，后又在楚旺镇、故城等地设立厘金局，民船若不交厘金关卡就不开，由河南卫辉经卫河输送货物于天津，经河南、山东、直隶三省沿途纳税亦需十余次，南运河沿线的厘金局阻碍航运贸易。民国时期，政府征收南运河船只的税收也非常高，据

---

① 直隶全省内河行轮董事局：《津泊航线事务》，1936 年，天津市档案馆藏，卷宗号：106—1—913。

② 冯宝庆：《卫运河汉族船民风俗概述》，中国人民政治协商会议山东省德州市委员会文史资料委员会编《德州文史》第 8 辑，1990 年版，第 138 页。

③ 汪胡桢：《整理运河问题》，李书田《中国水利问题》，商务印书馆 1937 年版，第 417 页。

④ 《大运河调查报告书》，冯天瑜、刘柏林、李少军选编《东亚同文书院中国调查资料选译》（下册），社会科学文献出版社 2012 年版，第 1564 页。

⑤ 章勃：《国有各铁路之概况与今后整理之计划》，《交通杂志》1933 年第 1 卷第 6—7 期。

⑥ 河北省地方志办公室：民国《河北通志稿》第 2 册，燕山出版社 1993 年版，第 1148 页。

"整理运河讨论会"调查,大运河各段民船的运输成本中,河北省征收数额最高,仅捐税一项,包括特捐、旗照费、水上公安费(约占特捐及旗照费的二成)、码头费等名目,大都均按季征收。[①]

三 公路运输的兴起

公路与水路相比,虽然公路运输具有速度快,效率高,灵活性强,受季节影响小,可以实现点对点的直接运输等优点,但公路对水运的冲击及影响要小得多,这是因为公路运价高、建设迟缓及陆运工具落后等多种因素造成的。

公路运输偏重于客运,南运河航运偏重于货运,铁路运输则是客货运输全面发展。这种状况主要是以下几个原因造成:一是因为公路处于初创阶段,道路数量少,里程短,尤其是车辆极度匮乏,无法满足客货同时发展的需求。公路交通工具主要是大车、木制四轮车、独轮推车、地排车等,汽车数量极少。尤其遭受战争的破坏,传统车辆被大量征用,如临清原本牛马车数量众多,但"军兴征调浩繁,后先出兵车三千余辆,只轮不返,影响交通非细故也"[②]。此后,临清又引进了胶皮车,民国初年仅有数十辆,后期增至370余辆,往来城乡之间,但道路坎坷制约了车辆的通行。[③]汽车数量更少,德临汽车公司办理德州至临清间运输,虽然速度快,四小时可到,但仅有汽车两辆,每日开行时间不定。[④]

二是高昂的运费制约了公路的迅速发展。一般水路因为河道弯曲,两地之间的距离较长,而公路距离相对较短。但公路的交通工具落后,主要交通工具是大车,两头以上牲口的大车每日行程约50公里,民船的每日航程为40—50公里,等同或略低于大车行驶速度,但大车运价高于船运。虽然汽车速度更快,但运价更高,由于公路运输价格较高,导致商品成本上升,所以,商人在选择运输大宗商品运输工具时,内河

---

① 汪胡桢:《民船之运输成本》,《交通杂志》1934 年第 3 卷第 3 期。
② 张自清修,王贵笙、张树梅纂:民国《临清志》,《中国地方志集成·山东府县志辑 95》,凤凰出版社 2004 年版,第 114 页。
③ 同上。
④ 《德县之经济概况》,《中外经济周刊》1927 年第 221 号。

水运依然成为首选。公路运价不仅高于水运，也高于铁路。济临（济南至临清）公路与津浦铁路并行，票价远远高于水运，甚至高出铁路一倍，铁路营业不受任何影响。① 从运价上，公路不具有任何的竞争力。

公路运输对水运的影响有多大也要看具体的环境。在长途货运方面，水运因为低廉的运价，除了河流结冰时期内，靠近运河的沿岸城镇多利用水运，公路运输无法与其竞争。尤其是南运河德州至天津段，虽然该区域道路总体上平坦，大车、汽车等陆运工具轻松往来。"不过，由于此地有水运及铁道之便，因而陆运是从事附近各地的运输，不具有什么重大意义。"②

而在铁路没有途经的南运河沿岸城镇，货运以水运为主，但公路运输货物的比重在不断上升，有些地方成立专门的汽车运输公司。此外，因为南运河流域地形适宜修建公路，且筑路耗资要低于铁路，所以，各级政府部门积极修筑公路，发展陆上交通。例如，民国初期，临清仅有南运河水运可资利用，人们出行交通方式单一。不久，政府部门修建了一条由德州至邯郸全长280公里的优良碎石公路经临清与馆陶，把津浦路与平汉路连接起来③，该路加强了两地之间的物资交流。1920年，修建德临路，"初不过为运兵输饷之需"④。至1927年春，商人在临清设立德临汽车公司，开展客运业务，方便人们的出行。

公路运输路线更加多元化，更加灵活。南运河水路仅仅局限于沿岸地区之间客货运输，呈线性运输路径，运输范围主要集中沿岸城镇之间。而公路运输则以一个城镇为原点，向四面八方展开。如民国时期，临清汽车客运站经营路线有济南、德州、禹城、聊城、邢台等，客流量以德临县、济临线居多，日发班车四五班次。⑤ 公路运输还具有一定的

———————————————

① 津浦铁路管理局总务处调查课编印：《津浦铁路旅行指南》，1936年版，第188页。

② 《大运河调查报告书》，冯天瑜、刘柏林、李少军选编：《东亚同文书院中国调查资料选译》（下册），社会科学文献出版社2012年版，第1478页。

③ 《天津海关十年报告书（1912—1921）》，吴弘明译，《天津历史资料》1981年第13期。

④ 张自清修，王贵笙、张树梅纂：民国《临清志》，《中国地方志集成·山东府县志辑95》，凤凰出版社2004年影印本，第114页。

⑤ 山东省临清市地方史志编纂委员会编：《临清市志》，齐鲁书社1997年版，第253页。

时间优势，"每届河水结冰及火车梗阻之际，汽车营业益形繁盛，获利殊巨。"①

新中国成立后，沿岸各地政府积极恢复航运业，同时，大力发展公路运输。我们还以临清市为例，20 世纪 60 年代中期，因南运河日渐干涸，航运不济，临清失去了水运的地理优势，公路货运压力增大，临清市不断修建新路，翻修旧路，此后，城乡公路里程不断增长，路面也多改为沥青或水泥路面。至 1978 年，临清干线公路自平原县到馆陶乜村、泰临、临冠、临博均为沥青路面，仅临莘公路为土质。县乡公路事业也发展迅速，有松斗路、临高路、吕刘路、孙魏路、牛八路、康赵路等，大部分为沥青路面。② 临清机动车数量也逐渐增长，1963 年，临清市搬运公司购买 5 部南京"跃进"牌汽车，成立本市最早的汽车运输队。1970 年，县运输公司自制简易机动车 6 辆。1978 年，改革开放以后，随着农村经济体制改革，城市和农村机动车数量迅速增加。③

公路网络的不断完善及车辆的增加，为公路运输事业迅速发展奠定了坚实的基础。1957 年，临清的公路货运量为 32 万吨，周转量 183.1万吨公里。水路运输方面，货物吞吐量达 33.5 万吨④，水运和公路货运量基本持平。到 1977 年，仅各乡镇运输队货运量达到 31.57 万吨，占公路货运总量的 54.26%，周转量 1305.6 万吨公里，占公路运输周转量的 48.96%。⑤ 临清没有铁路运输优势，南运河航运优势已难以挽回，但在传统水运物资没有保障的情况下，公路运输的快速发展替代了水路运输市场，南运河断航后，公路运输成为临清对外贸易的重要交通方式。

综上所述，民国时期，公路里程短与路况差，公路上的交通工具以大车为主，运输效率低，运费高，汽车并非大众化的交通工具。当时汽车及石油极度缺乏，均依赖进口，汽车只能成为承担部分货运、客运的

① 《天津海关十年报告》（1922—1931），《天津历史资料》1980 年第 5 期。
② 山东省临清市地方史志编纂委员会：《临清市志》，齐鲁书社 1997 年版，第 249—250 页。
③ 同上书，第 252—253 页。
④ 同上书，第 260 页。
⑤ 同上书，第 254 页。

小众工具。在商品流通体系中，公路运输只是一种客货运输的辅助手段，竞争力低于南运河水运及津浦铁路。新中国成立后，公路基础建设和车辆设备得到了较大改善，尤其是民船运输停滞后，沿岸各地货物堆积如山，限制了社会经济的发展，各地政府积极发展公路运输，以弥补水运市场的缺额。最后，南运河区域运输市场由水运、铁路、公路三足鼎立的局面转变为铁路、公路为主的二元交通格局。

四　陆运与水运交通的竞争

随着南运河流域津浦铁路与公路等陆运交通运输方式的不断兴起，陆上交通运输与南运河航运展开了激烈的竞争。近代以来，棉花都是南运河流域的主要货物品种之一，也是铁路、公路等陆上交通运输与南运河航运争夺的主要货物之一，所以我们以棉花运输为例具体分析，棉花运输工具的变迁基本反映了该流域陆运与水运交通关系的变化。

棉花是华北地区主要的经济作物，南运河流域的棉花亦称为御河棉，主要集中在河北吴桥、东光、南皮、沧县、南宫等县及山东临清、德州等地，因为天津开埠通商较早，商业繁荣，故华北地区的棉花多在此集散，形成一枝独大的局面。济南棉花市场形成较晚，清末民初，济南仅有五六家花行，随着烟台、青岛等城市的开埠和济南鲁丰、革新纱厂等先后成立，济南、青岛棉花市场正式形成，把鲁西北、冀南及豫北地区棉花不断吸收到济南。① 济南平均每年输入棉花约120万担，除了销售本地各纱厂外，大部运往青岛及上海，经胶济铁路运至青岛约80万担，由津浦路运至上海约20万担。② 自此，南运河地区形成了天津、济南为中心的两大棉花市场，沿岸地区原本销往天津的棉花部分转向济南市场，对南运河水运的货源造成一定的影响，致使南运河输津棉花相对减少，最低年运量仅万担左右。南运河上游临清、德州等地主要输往济南，下游的沧县、泊头、吴桥等地主要输往天津。

（一）水路与铁路在运棉市场的争夺

运输棉花的众多交通方式中，民船运输仍是一支不可忽视的运输力

① 金城银行总经理处天津调查分部：《山东棉业调查报告》，1935年版，第112页。
② 同上书，第117页。

量。津浦铁路开通之前，天津是南运河地区的市场中心。人力、畜力车等传统交通工具运量小、费用高，多为棉花自产地运至民船码头或城镇棉花收购点时使用，而棉花销往天津一般通过水运。津浦铁路开通以后，打破了该地区棉花以往的运输格局，提供一种新的运输方式可以选择。如吴桥县所产棉花，可以用车运到连镇或者桑园，再顺南运河北流至天津。采用铁路运输，则先运到连镇，再由此经火车运往天津或者济南。[①] 虽然南运河天津至德州段河流水量不断减少，也有津浦铁路可资利用，但船户通过改进船只，使用吃水浅的驳船和对槽船航行，也能维持运输，甚至传统的南运河民船货运仍占明显优势，"民船运输，取费低廉，故除非河水浅涸或结冰河冻而外，装运棉花，多用民船。"[②]

首先在棉花运输市场，运价低廉、运输量大是南运河民船在与其他运输方式竞争中处于优势的重要原因。第一，在运价方面，民船具有绝对优势，包括税金在内的总计运费，一包棉花费用5角，而铁路的费用为一包8角。[③] 在运量方面，"每只船的积载量，普遍在三万斤至九万斤，就是二百捆包至六百捆包左右。"[④] 因此，沿岸城镇棉花运输仍然采用水路运输，据东亚同文书院1920年调查，德州年棉花交易量约6万包（1包装入100斤到130斤），销往天津约4万包，其中水路约3万包，铁路约1万包。因铁路运价较高，即使津浦沿线地区输入济南的棉花也很少利用铁路，"盖短距离至运输，利用火车，非但费用不省，且手续烦琐，装卸不便，故农民多不欲利用之。"[⑤] 第二，民船运价定价方式灵活，没有统一的计算标准，船主与货商随时商定。船主根据当前货源情况报价，在民船货源紧张，经营不利的情况下，船主有时不图盈利，以极低的价格运输，仅仅为了解决吃饭问题。

棉花运输采取何种运输方式，运价并不是唯一的选择标准，具体需

---

① 《大运河调查报告书》，冯天瑜、刘柏林、李少军选编《东亚同文书院中国调查资料选译》（下册），社会科学文献出版社2012年版，第1302页。
② 方显廷：《天津棉花运销概况》，南开大学经济研究所1934年版，第10页。
③ 《大运河调查报告书》，冯天瑜、刘柏林、李少军选编《东亚同文书院中国调查资料选译》（下册），社会科学文献出版社2012年版，第1431页。
④ 杨大荒、蔡永忠：《御河棉区的棉作》，《工商半月刊》1935年第7卷第16期。
⑤ 金城银行总经理处天津调查分部：《山东棉业调查报告》，1935年版，第153—154页。

要根据市场等多种因素综合决定。根据民国时期经济学家曲直生调查，自较大原始市场至各终点市场中间所需要的费用，包括运输费、包装费、佣金、税捐、利息与汇水、存放保险、耗失、杂项、贩运商的利益九项。运价高低只是商贩选择棉花运输工具的一个标准，商人为了获取更大的收益，一定在综合考虑各种因素的情况下，决定采用何种运输方式。其实，津浦铁路局对于棉花运价过高问题，也给予优惠运价，与民船运价几乎持平，有时甚至低于水运价格，以此扩大棉花运输市场份额。水运与铁路运输费的差别，在贩运总费上，虽然不无影响，但在一省之内，或者两地距离不太远时，运销费用差别极其有限，不至于产生重大影响。由于资料所限，我们从石家庄棉花运至天津的贩运情况，来了解当时河运与铁路在棉花运价方面的区别。石家庄棉花运津有滹沱河和铁路两种途径（见表3-8、表3-9），与南运河运至天津有津浦铁路和南运河的运输方式十分相近。石家庄棉花经铁路运至天津需要由京汉路转至京奉路，一般在一星期左右，水路由滹沱河运津，至少需要半个月，运量也少，"平时不能与铁路竞争"。这里"平时"主要指的在没有战争等特殊社会环境。

表3-8　　　　　**1927 年春季石家庄火车运棉至天津贩运费估计表**　　　单位：元

费用项目	具体项目	金额	%
购买地棉花价格		35	80.5
贩运费	运费：1. 火车至天津 387 公里，运费 2 元；2. 火车运动保险费 1 元。	3	6.9
	包装费	0.8	1.8
	佣金：1.1% 本地栈房佣金 0.35 元；2.3% 天津栈房及洋行佣金 1.3 元。	1.65	3.8
	税捐：1. 直隶统捐（石家庄）0.62 元；2. 保大捐 0.267 元；3. 天津常关统捐、军事善后捐 1.53 元。	2.417	5.6
	利息与汇水	0.7	1.6
	存放保险	0.4	0.9

续表

费用项目	具体项目	金额	%
贩运费	耗失按 1 斤计算	0.4	0.9
	杂费	0.25	0.6
贩运费共计		9.617	22.1
天津市棉价 $30（按 69 合洋）		43.478	100
损失		1.139	2.6

资料来源：曲直生：《河北棉花之出产及贩运》，商务印书馆 1931 年版，第 178 页。原文没有表明重量单位，根据上下文推测为"担"。

表 3-9　　**1927 年春季石家庄滹沱河运棉至天津贩运费估计表**　　单位：元

费用项目	具体项目	金额	%
购买地棉花价格		35	80.2
贩运费	运费：1. 陆路 11.5 公里，运费 0.133 元；2. 水路 403.2 公里，运费 0.933 元。	1.066	2.5
	包装费	0.8	1.8
	佣金：1.1% 本地栈房佣金 0.35 元；2.3% 天津栈房及洋行佣金 1.3 元。	1.65	8.8
	税捐：1、直隶统捐（石家庄）0.62 元；2、天津常关通捐、军事善后捐 1.53 元。	2.15 元	4.9
	利息与汇水	0.7	1.6
	存放保险	0.4	0.9
	耗失按 1 斤半计算	0.6	1.4
	杂费	0.25	0.6
贩运费共计		7.616	17.5
天津市棉价 $30（按 69 合洋）		43.478	100
利益		0.862	2

资料来源：曲直生：《河北棉花之出产及贩运》，商务印书馆 1931 年版，第 179 页。原文没有表明重量单位，根据上下文推测为"担"。

比较石家庄水路与铁路运输棉花至津的区别，在收购价与出售价相同情况下，铁路运输毫无利润而言，反而赔钱。一是铁路运价过高，尤其是 1927 年，因车皮缺乏，火车运费漫无限制地增长。二是火车运输多纳保大货捐，船运则不必缴纳。[1] 据此推测，南运河与津浦铁路运输棉花中也会出现此种状况。所以，水运不仅在运价方面具有优势，在贩运税收方面也低于铁路运输。

其次，战争促进了民船棉花运输市场的扩大。战争时期，本来就为数不多的火车经常被军队强制扣留或征用。据铁道部统计，1930 年前，天津被军队征用的机车有 79 辆，客货车有 1453 辆，所以，货物运输"假手于民船以资输送也"[2]。战争不断，社会治安情况恶劣，铁路及列车等设施受到人为的破坏，造成运力下降，货物积压车站，反而刺激了民船棉花货运量的增长。笔者尚未找到历年南运河民船输入天津的棉花运量的统计数据，但毫无疑问，南运河一定是内地棉花输入天津的重要通道之一。《1921—1930 年内地棉花输入天津所用运输工具分配表》，就基本反映南运河棉花运输的情况（见表 3 - 10）。

表 3 - 10 1921—1930 年内地棉花输入天津所用运输工具分配表 单位：担

年份	铁路	百分比	内河船只	百分比	大车	百分比
1921	496，544	78.1	125，761	19.8	13，076	2.1
1922	724，514	76.7	215，185	22.8	4，467	0.5
1923	715，959	74.6	230，166	24.0	13，671	1.4
1924	381，617	68.8	159，255	28.7	13，814	2.5
1925	464，338	43.9	574，845	54.4	18，137	1.7
1926	73，055	7.7	841，809	89.1	30，283	3.2
1927	227，065	18.4	956，670	77.6	48，693	4.0
1928	304，238	25.1	846，465	69.8	61，732	5.1
1929	64，779	12.5	421，868	81.7	29，909	5.8
1930	167，039	18.8	682，812	77.0	37，566	4.2

资料来源：方显廷：《天津棉花运销概况》，南开大学经济研究所 1934 年版，第 10 页。

---

[1] 曲直生：《河北棉花之出产及贩运》，商务印书馆 1931 年版，第 180 页。
[2] 《天津海关十年报告》（1922—1931），《天津历史资料》1980 年第 5 期。

由表 3 - 10 可知，1921—1930 年内河船只运输棉花数量不断增加，由 1921 年的 19.8% 增至 1930 年的 77%，增加 3 倍多，1926 年竟达到 89.1%，占绝对的优势地位。铁路运输却由 1921 年的 78.1% 降低到 1930 年的 18.8%。大车运量没有大的变化。铁路与水运棉花运量的消长现象，一是船自身的优势，运费低廉，大车或者骡车运费较高；二是战争。1925—1930 年期间表现得更加明显，如 1926 年第二次直奉战争期间，铁路尽作军运，交通阻塞，棉花根本不能由铁路装运，所以该年铁路输入棉花只占 7.7%，虽然民船运输也受到战争影响，但影响程度较小，棉花运量则增至 89.1%。[①] 1931 年以后，军阀混战的状态已经趋于平息，铁路梗塞情况有所好转，津浦沿线所产棉花通过铁路运输者逐渐增多。即便如此，紧邻南运河码头的地区仍主要依靠民船运输。

水运也存在一些不足之处，受自然环境影响较大。首先，风向影响船只速度。顺风时船只航行速度加倍，一遇逆风，则行动极慢。其次，河道水量需要充足，万一水量不足，则船只极易搁浅，耽误时间。再次，河道狭窄。不能同时停靠两只以上船只时，装卸货物需要按照次序进行，有时因码头空隙不足，船只需要等待十天半月装卸货物。最后，影响最大的自然因素是季节变化（见表 3 - 11），9 月至 11 月为水运棉花的黄金季节，而冬季几个月，因为河道封冻，船只根本无法航行。

表 3 - 11　　　　河北棉花输入天津运输工具分配按月比较表　　　单位：担

月份	1925 年				1926 年			
	铁路	船	大车	共计	铁路	船	大车	共计
一月	42333	——	2736	45069	24346	——	9125	33471
二月	41791	103	4824	46718	22942	——	889	23831
三月	69336	69136	1310	139782	1353	49433	147	50933
四月	64936	54356	355	119647	131	72705	165	73004
五月	55967	20816	270	77053	162	91821	187	92170

---

① 方显廷：《天津棉花运销概况》，南开大学经济研究所 1934 年版，第 11 页。

续表

月份	1925 年				1926 年			
六月	33690	9504	——	43194	209	37022	35	37266
七月	35181	43503	5	78689	3131	57310	48	60489
八月	12332	50123	——	62455	1387	75876	——	77263
九月	25507	32260		57767	607	73081	18	73706
十月	32238	126646	658	159542	298	144225	387	144910
十一月	882	115656	299	116837	3175	187310	1229	191714
十二月	——	22447	2244	24691	15314	39779	17656	72749
合计	414193	544550	12701	971444	73055	825565	29886	931506

资料来源：曲直生：《河北棉花之出产及贩运》，商务印书馆 1931 年版，第 153 页。

如表 3-11，一、二月内因河流结冰，船运最少。民船运输期间，一旦遭遇河流结冰，船只往往在半途冻停。冻停以后，即需改用大车装运，因此，棉商需要支出额外的运输费，导致棉花收益减少，甚至亏本。而津浦铁路运棉受天气的影响较小，"御河棉则由南运河直送天津，如处冰冻期间，则赖津浦线输津。"[1]

船运人为损失较大，如船工脚夫偷窃棉花。在船运时，一般船户不愿意承揽未轧榨的棉包，因为运费按包计算，这种货物重量小、体积大，往往在无其他货源时才承运，放在货物的最上层。船户为弥补收入的不足，往往偷窃这些棉花，"中国的脚夫船户，十九以偷窃为以外的收入。"[2] 依普通情形，由河道运输的棉花，每百斤有一斤至二斤的损失，比大车及火车损失大些。

此外，船运速度慢，水路弯曲，路程长，例如连镇与天津路程，水路为 120 公里，火车为 98 公里。[3] 运程长导致运输效率降低，而棉商所用资金很大一部分来自于金融机构，水运时间长，所用资金利息明显高于铁路运输。此外，水运风吹日晒对棉花的损失也较大。

铁路具有速度快、安全性高等特点，铁路运输棉花逐渐代替船运是

---

① 郑振声：《河北棉花产销之概况》，《河北省银行经济半月刊》1947 年第 3 卷第 12 期。
② 曲直生：《河北棉花之出产及贩运》，商务印书馆 1931 年版，第 172 页。
③ 同上书，第 145 页。

必然趋势，虽然运费可能增加不少，但棉商认为，由于"棉花交易行情发生激烈的变化，用铁路运输虽然运费增加负担，牺牲利益不少，但能使输送时间缩短，能获得有利的贩卖机会很多"[①]，所以，在无战争年间，南运河地区棉商为了赶上快速变化的棉花价格变动，使货物有更大的收益，一般选择铁路运输。

（二）公路运棉市场的迅速发展

南运河上游的鲁西北地区是御河棉的主要产地，也是山东省三大棉产中心之一。在济南棉花市场形成之前，该区域棉花先在运河码头城镇集中，通过南运河水运销往天津。如临清为鲁西棉花市场的枢纽，1935年，山东省棉花产量约为140万担，其中以临清为最多，约占22万余担，占总额的15%。[②]"运河舟楫往来如织，（临清）北经德县而达天津，交通便利，故邻县棉花亦多集中该县。"[③] 随着济南棉花市场的逐渐兴起，吸引南运河上游鲁西北地区的棉花纷纷到此集中，鲁西北地区距离济南近于天津，棉花销售地由天津逐步转向济南。据1920年调查，汇集到临清的棉花约三分之二销往天津地方，约三分之一销往济南。[④] 随着济南棉花市场的迅速发展，对鲁西地区的辐射不断增强，据1935年6月统计，临清共有花店44家，"前数年棉花多销天津，近年则七成去济，三成运津。"[⑤] 运至天津主要依靠南运河水运，运至济南多用大车、汽车等陆运工具，"鲁西一带棉花之由铁路运输者极少，盖上下手续繁杂，而运费又较昂贵也。"[⑥] 鲁西地区各县运输御河棉情况也是如此（见表3-12），多改用大车运至济南，而沿河地区经水运销往天津的棉花运量也在不断减少，通过公路输出量则迅速增加。

---

① 李洛之、聂汤谷：《天津的经济地位》，南开大学出版社1994年版，第198页。

② 金城银行总经理处天津调查分部：《山东棉业调查报告》，1936年版，第82页。

③ ［日］渡部诚：《山东棉花概况》，中国纺织建设公司青岛分公司1947年版，第79页。

④ 《大运河调查报告书》，冯天瑜、刘柏林、李少军选编《东亚同文书院中国调查资料选译》（下册），社会科学文献出版社2012年版，第1422页。

⑤ 金城银行总经理处天津调查分部：《山东棉业调查报告》，1935年版，第86页。

⑥ 同上书，第89页。

表 3 – 12   鲁西各县棉花运输概况表

县名	运销地点	运输方法及运费
夏津	天津、济南、临清	大车运济南每百斤七八角。
恩县	济南、天津	运天津由津浦路装载，运济南由大车装载，每百斤约一元。（亦可由汽车装载）
武城	济南、天津	运天津由卫河装载，运济南由大车装载，每百斤去天津二千三百文，去济南一千一百文。
堂邑	济南、天津、临清	运济南用大车，每车二十元，运天津用民船每百斤百里二角，运临清用大车。
馆陶	济南、天津、临清	运天津及临清均用民船装载，每百斤百里二角，运济南用大车每百斤八角左右。
冠县	济南、天津、临清	运天津用民船每百斤百里二角，运济南用大车每百斤二元左右。
高唐	济南	用大车装载，每一包大洋一元五角
清平	济南、临清	用大车装载，每车装千斤，运济南十五元。
临清	济南、天津	运天津用民船每包三四角，运济南用大车或汽车，每包二元余。

资料来源：金城银行总经理处天津调查分部编：《山东棉业调查报告》，1935 年版，第 89 页。

　　综合比较，公路运棉的优势在不断凸显。例如鲁西地区棉花运价方面，水运具有很大优势，虽然临清、威县等鲁西地区距离天津远于济南，但南运河民船运价优势依然突出，运往天津的运费更加便宜，临清至济南马车运价一元一角，自临清至天津驳船运价为四角。[①] 威县运往天津的每袋重 130 斤，运往济南的每袋重 100 斤，而运费均为 1.87 元/每袋。[②] 即使水路运至天津的棉花运价较低，但该地区棉花却大量销往济南，而非天津，主要有以下几个原因。第一，水运受自然环境影响极大，临清至天津河段无汽船航行，运输效率极低。第二，鲁西地区距离济南较近，属于济南市场的腹地范围，大车运输棉花的时效性更强。虽然民船运至天津的运价低于陆运，但棉花到达天津市场的时间较长，不

---

　　① 杨大荒、蔡永忠：《御河棉区的棉作》，《工商半月刊》1935 年第 7 卷第 16 期。

　　② 《大运河调查报告书》，冯天瑜、刘柏林、李少军选编《东亚同文书院中国调查资料选译》（下册），社会科学文献出版社 2012 年版，第 1295 页。

利于抓住瞬息万变的市场机遇。如威县棉花一部分运往油坊镇，在此装船运至天津，需要 7 天，另一部分通过马车运至济南，所需时间只要 3 天。所以，紧邻南运河的各县依然选择水运至天津，但也有一部分改运至济南。第三，鲁西地区至济南之间是广阔的平原，适宜大车、汽车等陆运工具的行驶。民国时期，各县公路建成，汽车通行无阻，鲁西北地区陆路有济馆路（济南至馆陶）及济临路（济南至临清路）等，"每届秋收之后，车辆络绎不绝，数以继夜。"① 1935 年前后，临清至济南间有汽车运输公司专营棉花运输，每车可装 25 包，约合 37 担，费用与大车相同，运输效率极大提高，大车需要 3 日，汽车则 1 日即可到达。第四，公路可以实现点对点运输，免去棉花码头中转的麻烦。"大车、汽车可直接载至花行或货栈内卸货，中途无需更换车辆，省去上下手续，较诸水路运输，又便利多多矣。"②

以前，大车等陆运工具仅仅作为棉花原始市场至火车站和码头的转运工具，或自火车站和码头运至货栈时使用。南运河上游地区的棉花改用大车、汽车等公路运输，除了交通因素外，还有其他原因，如天津棉花市场存在运输时间长、关税多和手续麻烦等，其中最主要的原因是济南棉花市场的崛起，鲁西地区成为天津与济南市场抢夺的对象，济南棉商采取多种优惠措施吸引棉花到此售卖。

综上所述，棉花运输工具的选择是多种因素促成的，水运、铁路运输、公路运输三种交通工具各有利弊。运价方面，南运河民船运价最低，大车等陆运工具运价昂贵，火车介于二者之间。速度方面，火车最快，大车和民船相差不大。"假定河道水量充足，距目的地的路程，和火车相差无几，则船运和火车运可以说利害参半。究竟要利用那一种运输工具，要看环境情形如何。"③ 如果希望抓住时机，把棉花卖出高价，当然用铁路、公路运输最为适宜，否则用水运。在自然环境影响方面，水运受自然环境影响较大，受地域、水量不足及河流结冰等因素限制。灵活性方面，虽然铁路和水路两种运输方式运量大，运价低，但火车轨

---

① 金城银行总经理处天津调查分部：《山东棉业调查报告》，1935 年版，第 114 页。
② 同上书，第 154 页。
③ 曲直生：《河北棉花之出产及贩运》，商务印书馆 1931 年版，第 150 页。

道与航道路线固定，棉花需要在码头或火车站集散，经两次中转，而大车、汽车等公路运输工具则可以实现从产地到货栈间点对点的运输，减少了一切中转环节。

第四章 南运河航运对沿岸区域 经济的影响

交通条件是一个地区经济发展的先决条件，"交通作为联系地理空间中社会经济活动的纽带，是社会化分工成立的根本保证。交通技术与手段决定着空间相互作用的深度与广度，因而是影响经济活动区位选择的重要因素之一。"[①] 南运河作为沿岸地区传统的主要的交通方式之一，加快了地区间物资的交流，使沿岸区域逐渐融入国内外市场。津浦铁路的建成，使一些商品开始转向选择铁路运输，但单条铁路所发挥的效能极为有限，而且水运具有运价低廉等优势，铁路不可能完全取代水运。南运河航运在沿岸区域农业、工矿业、手工业及商业发展中仍然起着重要的作用，外商经此大量倾销各种"舶来品"和低价收购农产品，南运河区域的小农经济逐渐解体，但在客观上刺激了商品经济的发展，使农矿产品的商品化程度逐渐提高，南运河航运推动了区域经济的繁荣。本章主要从南运河航运对农业、矿业和手工业三方面的影响展开论述，因为商业与城镇贸易的关系密切，笔者将其融入第六章中进行论述。

第一节 南运河航运与沿岸农业的商品化进程

近代华北地区农产品商品化程度的提高并不是由于农业生产力的发展引起的，而是因为西方资本及工业势力的入侵，使华北的近代工业和内外贸易获得发展，从而加速了南运河流域地区自给自足经济的解体，在一定程度上推动了农业生产的近代化步伐。更多南运河流域的农产品

---

① 李小建：《经济地理学》，高等教育出版社 2006 年版，第 48 页。

经水路输入天津，由此进入全国或世界商品市场，这刺激了粮食类农作物的日渐商品化和原有经济性农作物的不断发展。

一　粮食类农作物的商品化

大运河在资源调配上一个主要功能是南粮北运，运输粮食是大运河最重要的经济功能。自古以来，南运河沿岸的临清、德州、沧州、天津均是商品粮的集散地。漕运废弃后，南运河运输货物主要为杂粮、煤、棉花三种，杂粮中尤以小麦为最多，大部分经水路运往天津[①]，故我们以粮食类主要农作物小麦为例说明。天津等城市经济与人口的发展，对小麦的需求不断增加，农户粜精籴粗的饮食方式，也促进了小麦的流通，使其成为商品化程度最高的粮食类作物，并且南运河航运为沿岸地区小麦的输出提供了便捷的交通条件，同时，也促进了小麦种植面积的扩大。

虽然我国是一个以农立国的农业大国，但是恶劣的自然条件和落后的农业生产技术，以及棉花、花生等经济作物的大量种植，华北地区粮食的自给自足始终未能实现，需要各地之间的粮食调剂来解决。据国民政府会计处的调查，20 世纪 20 年代末到 30 年代，华北五省的小麦、谷子、高粱、大豆、玉米等粮食的自给量是 79.4%。据 30 年代前半期日本兴亚院的调查，华北五省粮食自给量平均也约占需要量的 77%。[②]

天津开埠以后，农作物的商品化等倾向也更为显著。L. Madyyar 说：中国农村经济的 60%—70% 已经流通经济化，J. Lossing Buck 也认为：华北农作物运销（商品化）的比率可达 40%。[③] 由于城市的发展，人口增多，居民用粮和工业用粮大幅度增长，据统计，到 20 世纪 30 年代，天津市的城市人口增至 120 万人，仅城市居民生活用粮每年就需要 384237 吨。[④] 华北地区喜欢面食，以进口小麦面粉为主，小麦进口数量

---

① 郑会欣：《战前及沦陷时期华北经济调查》，天津古籍出版社 2010 年影印本，第 471 页。

② ［日］滨口允子：《华北城市的粮食供给结构——以天津斗店为中心》，汪寿松译，《城市史研究》第 21 辑，第 135—136 页。

③ 李洛之、聂汤谷：《天津的经济地位》，南开大学出版社 1994 年版，第 26 页。

④ 同上书，第 146 页。

极少。1912 年至 1921 年天津平均每年进口面粉 5.29 万关担，1922 年至 1930 年间，平均每年天津进口面粉 157 万关担①，几乎增长了 30 倍，可见，华北地区对面粉的需求十分巨大，而粮食短缺状况十分严重。1930 年，天津市共输入粮食 63 万吨。其中，从外国进口的面粉为 15 万吨，由河北等地运入的小麦 20 万吨。②

　　天津发达的面粉加工业也是吸引南运河沿岸小麦汇集于此的原因。1916 年之前，天津仍然以石磨加工为主，石磨约 2000 余台。至 1927 年，石磨减少，机器面粉业异军突起，共有机器面粉厂 6 家，钢磨 107 台，动力 2380 匹马力。③ 天津巨大的机械面粉生产能力需要华北腹地小麦的供给。1935 年 8 月，因河北小麦不足供应天津面粉厂生产需求，南运河上游的豫北地区是小麦的主产地，于是，天津福星面粉有限公司"在汲县、新乡、道口一带派员直接采办。"④ 销往天津的小麦并非全部供天津城市人口消费和出口，还有相当一部分加工成面粉后，又销往内地。从而出现"输入的粮食，一部分行销于天津，另一部分则或照原样或加工后转销于华北各省"的局面。⑤ 1935 年，天津共输入粮食 41.01 万吨，其中 20.95 万吨加工成面粉后又返销到内地，占输入总量的 51%⑥，成为天津输入内地的主要货物之一，这是由于华北部分地区花生等经济作物片面经营，导致粮食需从外省输入。

　　南运河沿岸农村地区人们籴精粜粗的生活方式也是小麦种植面积增加的主要原因之一。在粮食作物中，华北地区的农民"谷类最重视小麦，源人口过密，粮食不敷食用，以小麦易粗粮为食"⑦。籴精粜粗成为农民维持生活主要手段，"小麦在农家已成为半商品作物"⑧，可以换

---

　　① 天津市地方志编修委员会编：《天津通志·商业志》粮食卷，天津社会科学院出版社 1994 年版，第 55 页。

　　② 方显廷：《天津之粮食业及磨坊业》，《经济统计季刊》1933 年第 2 卷第 4 期。

　　③ 麦叔度：《河北省小麦之贩运》，《社会科学杂志》1930 年第 1 卷第 1 期。

　　④ 《天津福星面粉有限公司书谏》，1935 年，天津市档案馆藏，卷宗号：401206800—JD128—3—007282—01。

　　⑤ 王子建：《华北经济的地位》，《经济汇刊》1936 年第 1 卷第 2 期。

　　⑥ 金城银行总经理处调查分部编：《天津粮食业概况》，1937 年版，第 4 页。

　　⑦ 从翰香主编：《近代冀鲁豫乡村》，中国社会科学出版社 1995 年版，第 271 页。

　　⑧ 叶笃庄：《华北棉产及其增产问题》，资源委员会经济研究所 1948 年版，第 8 页。

取现金纳税，换取更多的杂粮或购买生活生产用品。民国时期，华北农户"主要食料不是小麦，反是其他杂粮"[①]，小麦排在粮食种类中的最后一位，"河北前四种的民众食料，为小米、高粱、玉米、小麦"[②]。小麦的主要消费群体不在种植粮食的农村地区，而是在城市中，普通农户只有待客、祭祀、过节、庆贺时候才食用，所以农民必须杂粮与小麦同时种植。

表 4 - 1　　　　民国时期河北省各种作物的贩卖与自家消费率表

	小麦	高粱	小米	玉蜀黍	大豆	棉花	平均
贩卖率	43%	21.9%	26.6%	24.1%	25.4%	30.8%	28.6%
自家消费率	57%	78.1%	73.4%	75.9%	74.6%	69.2%	71.4%

　　资料来源：刘炳若《河北省主要农产物之产销概况》，《河北省银行经济半月刊》1947年第 4 卷第 8 期。

　　华北地区人多地少，人们以种植粮食作物为主，并且以耐旱、抗涝、耐瘠的杂粮为主体。小麦较其他杂粮，营养丰富、口感好、方便售卖，巨大的市场需求和便利的运输条件促进小麦种植面积急剧增加，其他高粱、大麦等杂粮面积却在不断缩小。小麦的产量逐渐占有绝对的优势，根据 1917 年《第六次农商统计表》的统计，河北、山东、河南三省的小麦产量分别为 814030 千市斤、156500 千市斤、13279000 千市斤，分别占各自省份粮食总产量的 18.7%、21.4%、71%。[③]虽然这一统计不一定完全准确，至少反映了一个大致的状况，小麦逐渐成为粮食作物的主要品种之一。民国年间南运河河北段沿边各县的状况也说明小麦成为最主要的粮食品种（见表 4 - 2），小麦种植面积的迅速扩大与南运河航运强大的运力支持是分不开的。

---

　　① 曲直生：《华北民众食料的一个初步研究》，参谋本部国防设计委员会 1934 年版，第7 页。

　　② 同上书，第 19 页。

　　③ 王志军：《民国时期小麦生产在华北农村经济中的地位与影响》，《古今农业》2009年第 3 期。

表 4 - 2　　　　　　河北省南运河沿岸县份主要农产物生产表

面积：千亩　产量：千斤

县名	小麦		小米		高粱		玉米		大豆		棉花	
	面积	产量	面积	产量	面积	产量	面积	产量	面积	产量	面积	产量
大名	2083	172906	974	64310	672	51744	336	25536	269	14246	67	1949
清河	126	21420	79	21384	90	8550	29	2851	54	8100	14	360
故城	319	26514	226	36429	133	12778	186	15280	20	1078	13	306
景县	336	33936	480	65760	168	17640	348	44892	144	14832	24	600
东光	303	25108	315	55684	85	7369	157	20292	145	14375	133	623
吴桥	265	20903	151	23436	121	17902	197	37150	38	3931	204	6124
南皮	314	36771	195	39073	314	45257	96	10397	93	12334	76	2446
天津	144	12851	56	6720	241	25750	200	15394			52	1244
静海	615	36258	297	37409	445	42753	382	25194	191	19277	85	2121
青县	172	16490	245	21594	221	17668	184	16748	61	6335		
沧县	428	28220	303	32772	423	41902	152	15020			41	703
合计	5105	431377	3321	404571	2913	289313	2267	228754	1015	94508	709	16476

　　资料来源：刘炳若《河北省主要农产物之产销概况》，《河北省银行经济半月刊》1947 年第 4 卷第 8 期（说明：原文该表未标明时间，据原文内容推算，应该为 1936 年或者 1947 年左右）。

　　从表 4 - 2 得知，小麦、玉米、高粱、大豆等粮食作物仍然是南运河沿岸地区的主要作物，小麦的种植面积居于首位，高达 5105 千亩，产量 431377 千斤。小麦种植面积的急速增长，除了民国政府大力鼓励种植，推广新品种和新技术外，南运河航运也起到了关键的作用，因为小麦作为一种经济作物，农民自身的消费率非常低，只有出售给粮贩或粮栈，才能换取现金，以购买杂粮或者其他物品。如临清的小麦"西北籽粒，地产麦颇多，除本境民食外，其余均由卫河运销于天津"①。如果没有便捷的交通方式，小麦在出产地与天津等地的粮食市场之间无法进行商品流通，即使小麦产量高、品质好，但无法参与市场的流通，

---

　　① 张自清修，王贵笙、张树梅纂：民国《临清志》，《中国地方志集成·山东府县志辑95》，凤凰出版社 2004 年影印本，第 140 页。

农民也不会扩大小麦的种植面积。

此外，华北地区自然灾害频繁，各地之间粮食调剂非常重要。春季干旱，影响农作物的播种和生长，夏季多雨，容易发生洪涝灾害，还有旱灾、虫灾、战争等多种灾难，导致每年各地的粮食生产状况无法确定，今年甲地荒歉而乙地丰盈，明年可能乙地荒歉而甲地丰盈。这就需要有一个交通便利的地方作为粮食调剂中心市场，天津便充当了这个角色。"粮食在天津商业中，占一极重要之地位，国内外之粮食皆以此为集散地，华北数省之丰歉盈绌，亦均赖此行运调剂。"[1]

无论是小麦作为一种商品，供应天津等城市生产生活的需要，或者作为一种救灾的食粮，都需要一种便利的交通方式运输到目的地。在铁路、公路兴起之前，河北东南部、山东西北部及河南北部的粮食均由南运河输入天津，粮食品种有小麦、高粱、玉米、小米、大米、豆类等。民国初期，粮食中玉米、小麦、杂粮运量相差无几。随着小麦种植面积和需求的增大，货物运输品种发生了变化，各类粮食之间运量的变化也很大。到1936年，河南、山东北部及河北南部经南运河民船输津的货物总量为23万吨，其中小麦运输量增至8.9万吨，占到总运量的38%，小麦输津量远远超过棉花的运输量，位居输津大宗货物的第一位[2]，而返航中面粉为大宗。1937年，经南运河输津的粮食达到12.92万吨，小麦7.99万吨，占到总量的62%。由天津输入南运河沿线地区的面粉和大米也大量增加，达2.79万吨，占总运量的12%。[3] 可见，在粮食的水上运输中，民船占据着重要地位。

在区域粮食调剂中，南运河也发挥着重要的作用。沿岸的青县虽然种植小麦、高粱、玉米、大豆等作物，但粮食作物丰歉不定，丰收时候亦有输出，减产时候需要输入，具体每年的交易状况，"依岁收之丰歉，而无一定，近因连年歉收，道路不靖，外县粮贩裹足不前，天津方面之杂粮乃转运至此，以供本地及附近各处之用。"[4] 青县有集船三只，大船

---

①　金城银行总经理处天津调查分部：《天津粮食业概况》，1937年版，第4页。

②　[日]《华北的内河航运》之"南运河及卫河之航运"，转引自王树才《河北航运史》，人民交通出版社1988年版，第174—175页。

③　同上。

④　《直隶青县之经济状况》，《中外经济周刊》1927年第220期。

载重二万斤，可载粮食五百余石，每逢二七例期开行，专门往来于天津与青县之间，由青县开船约二十小时可到达天津的芥园，青县"本地对天津方面之交通，仍藉运河民船"①。此外，南运河沿岸产棉区粮食供应不足，亦需通过南运河航运调剂。譬如，七七事变之前，临清的粮食输出有三个方向，其中一路经"东北运河下至天津附近，多系粗粮、红粮、玉米、黑黄豆、白高粮。如杨柳青、唐官屯、沧县、德州、桑园、东光、油镇（指的是油坊镇）、兴济，多由河运来，回运是小麦、土豆、白油、乌枣、瓜子、黄花菜等"②。这些粗粮主要是补充临清周边产棉区粮食的不足，经临清销往清河、茌平、堂邑、馆陶等县。

南运河作为冀鲁豫三省与天津重要的粮食运输通道，"直东豫三省贩运粮石来津，均用船只装载，投入西集各粮店售卖。"③ 粮商对南运河河道航行情况十分重视，因为通畅与否直接关系到他们的切身利益，在遇到河道情况不利于航行时，他们往往通过商会反映或解决问题。1906年6月，水量减少，淤塞异常，"粮船行驶到埠，已经费尽精力，乃至投店，因河唇淤宽，船不能靠岸起卸，固属为难，然亦不敢有占河身，致碍行船。"④ 此外，管理河道官员随意打押船民，引起冀鲁豫40家粮商联名向巡警总局状告其罪行。1912年，天津商会欲赴东北、山西、山东、河南四省购买粮食150万石，"惟河南一省购运麦粮，若由火车转运，不能直达天津，该粮商等拟于出产之地装船由水路运津"⑤，请求都督府减免沿途税收。上述几则事例，不仅说明了粮商运输中的一些困难，也反映了南运河在天津与腹地粮食运输中的重要地位。在1911年津浦铁路建成之前，冀鲁豫3省的粮食运输几乎全部依赖南运河水运，故南运河淤塞及管理不善，顿时引起40余家粮商的不满。至1912年，虽然津浦铁路建成，但南运河航运凭借直达天津及运费低廉的优势，仍然在粮食运输中保持着重要的地位。

① 《直隶青县之经济状况》，《中外经济周刊》1927年第220期。
② 《几个材料的调查》，1948年，临清市档案馆藏，档案号：27—1—9。
③ 天津市档案馆等编：《天津商会档案汇编（1903—1911年）》，天津人民出版社1989年版，第2199页。
④ 同上。
⑤ 同上书，第1640页。

　　天津的粮食集散市场主要有三个：斗店、河坝和丁字沽市场。斗店市场分为西集和北集；粮食来源海河、子牙河、大清河、南运河流域地区；西集位于天津县城西北约1.5公里，靠近南运河，南运河沿岸的粮食多在此售卖；河坝市场集散永定河、海河等流域地区的粮食，津浦、北宁铁路沿线，多是依靠铁路及海路方面的运输；丁字沽市场主要集散北部运河、永定河流域地区的粮食。粮食输入天津的途径主要有民船、火车、大车及轮船四种。七七事变之前，输入天津的粮食大部分利用各河系的民船，事变以后，铁路逐渐代替了船运（见表4-3）。

表4-3　　　　　　七七事变前后各地输津粮食交通方式的变迁表

交通工具	1936年所占百分比	1940年所占百分比
民船	73	43
铁路	20	42
马车	3.5	8
汽车	0.13	4
其他	1.37	8

　　资料来源：李洛之、聂汤谷《天津的经济地位》，南开大学出版社1994年版，第147页。

　　七七事变之前，粮食贩运多是水运，有两方面的原因："一，因历史上关系，水路交通发达较早；二，因水路运输，终较铁路运输便宜。"[1] 表4-3反映了七七事变后民船输津粮食比例减少，南运河沿线地区也是此种状况，抗日战争爆发后，南运河上游部分地区成为抗日根据地，"关于由运河食粮的运销上，感觉到种种困难，数量急趋减少"[2]，依靠内河水运的斗店市场随之衰落，而依靠铁路和海路的河坝市场却日渐繁荣，1942年，各市场所占交易额中河坝市场40%，斗店市场30%，丁字沽市场10%，其他20%。[3]

　　新中国成立前后，南运河仍然是天津与沿岸地区小麦等粮食类作物的

---

　　① 麦叔度：《河北省小麦之贩运》，《社会科学杂志》1930年第1卷第1期。
　　② 李洛之、聂汤谷编著：《天津的经济地位》，南开大学出版社1994年版，第147页。
　　③ 同上。

主要交通方式。天津解放前夕，城乡经济断绝，天津粮食市场有行无市，为保证天津解放后的粮食供应，冀中贸易公司从冀鲁豫、冀南、冀中解放区筹集小麦、玉米、小米 1.1 亿公斤，通过陆运和水运向天津运粮，南运河、子牙河及大清河数千船工把粮食集中到天津附近的泊镇、沧县、青县、河间、唐官屯、独流等交通便捷之地。[①] 至 1950 年，通过南运河进出天津的小麦运量仍高达 50862.95 吨，高居粮食类货物的首位。[②] 1953 年，临清粮行仍然利用南运河水路进行运输，先在当地购买小麦等细粮，再北运至德州、京津等地出售，返航时从天津运回东北粗粮。[③]

二 经济性农作物的增长

一直以来，我国传统农业经济多以自给自足的方式为主，自从天津、济南的开埠通商，近代工商业的发展和内外贸易的繁荣，进一步加强了中心市场与南运河流域农村的联系。棉花、干果等农副产品价格高，市场需求量大，一时成为大宗出口商品，从而改变了原有的农作物种植结构，经济作物种植面积呈扩大趋势，相关的农产品商业也随之兴盛，其中尤以棉花表现得最为显著。

(一) 棉花

近代以来，南运河沿岸地区棉花大规模种植，成为一种主要经济作物，这与南运河航运的关系密切。棉花作为一种经济性作物，种植面积的增大及贸易地位的提高，除了与当地的自然环境条件、市场供求关系密切相关外，运销工具和交通方式也起了非常重要的作用。在陆运交通工具不发达的时代，水运自然成为一种主要的运输方式，尤其对于棉花这种大宗笨重产品来说更加重要，南运河航运直接推动了沿岸区域棉花生产与贸易的进步。

1. 棉花的普遍种植

棉花很早就已经传入我国，称之为"木棉"、"吉贝"、"吉布"等，

---

① 天津市地方志编修委员会编著：《天津通志·商业志》（粮食卷），天津社会科学院出版社 1994 年版，第 174 页。

② 《1950 年南运河系天津市货物输出入统计表》，1950 年，天津市档案馆藏，卷宗号：77—3—2756。

③ 山东省临清市地方史志编纂委员会：《临清市志》，齐鲁书社 1997 年版，第 350 页。

宋代在闽广及陕西地区规模种植，元朝时候传入华北地区，到明朝初年政府通过颁布棉田免税制度，鼓励华北地区农户种植棉花，此后，植棉逐渐普及。明清以后，棉花已经成为华北地区主要的农作物品种之一。天津开埠之前，该地棉花仍然处于自给自足的状态，"曩时津埠附近所种棉花，仅供该地织造土布之用足矣。"① 随着天津工业的发展，尤其是纺纱工业突飞猛进的发展，棉价增长较快，华北各地棉花开始运入天津。

天津开埠以后，天津的经济结构和地位发生了重大的变化。19 世纪50 年代起，洋务派在天津建立了一批军工、航运、工矿、电信、铁路等现代企业，加快了天津传统经济向现代经济结构的转变。1890 年，北洋大臣李鸿章等人提倡"棉铁救国，挽回利权"，开始创办机器纺织厂，引进优良棉种，带动了周边广大腹地棉花种植面积的增加。天津港口贸易在华北地区的影响力和辐射力逐渐增大，广大腹地农业商品化倾向日益明显。20 世纪初，天津棉花年出口量 40 万—50 万担，位全国棉花出口数量的首位，每年天津棉花集散总量上百万担。1911 年，天津有棉花货栈 6 家，1919 年仅大中型棉花货栈就达 20 家，1928 年增至 46 家。② 1916 年天津设立六大纱厂。天津不仅是重要的出口市场，也是较大的棉花消费市场，吸引众多商人贩运棉花至津，"输入天津之内地棉花，系一小部分为本地纱厂用去外，大部分系赖出口市场为推销之尾闾。"③ 1919 年至 1932 年 14 年间，内地棉花输入天津共计 12841337 担，运输出口者达 8768344 担，占全国输入总量的 68.3%，出口的棉花多输往国外，其中尤以日本最多。④

多方面因素刺激着华北地区的棉花生产。华北地区地理条件适宜棉花生长，棉花对自然环境要求不高，只要雨量适中，气候温和，适宜普通作物种植的土壤均可种植棉花。棉花具有抗碱能力强，土壤含盐大于0.3%时（1 米土层平均含盐量），仍能正常生长。⑤ 故沿海地带或盐碱

---

① 《天津纺纱业之调查》（续），《申报》1924 年 4 月 27 日。

② 罗澍伟：《近代天津城市史》，中国社会科学出版社 1993 年版，第 369—370 页。

③ 方显廷：《天津棉花运销概况》，南开大学经济研究所 1934 年版，第 51 页。

④ 同上书，第 30 页。

⑤ 中国科学院土壤及水土保持研究所等：《华北平原土壤》，科学出版社 1961 年版，第374 页。

地亦可种植，沧州等运河沿岸的盐碱地区成为棉花的主要种植区。棉花作为一种经济作物，在 20 世纪初期农民种植棉花的获利是种植小麦或高粱的两倍（见表 4 - 4、表 4 - 5），售棉收入成为农户家庭开支的主要来源。较高的收益使适合种棉花的土地价格增长至每亩 60—80 元不等，而仅适合种其他作物的土地，每亩则仅为 40 元，较高的棉价提高了农民种植积极性。

表 4 - 4　　　　河北省每亩田地种植棉花或谷类所获纯利比较表　　　　单位：元

作物名	产品价格	生产费用	所获纯利
棉花	16.7	12.5	4.2
谷类	12.3	10.0	2.3

资料来源：《天津海关十年报告》（1922—1931），《天津历史资料》1980 年第 5 期。

表 4 - 5　　　　　　1940 年德县农产物的买卖价格表　　　　单位：元/斤

作物名	最高价格	最低价格	普通价格
小麦	0.34	0.26	0.28
高粱	0.14	0.08	0.12
小米	0.40	0.15	0.20
棉（籽棉）	0.80	0.40	0.60
粟	0.20	0.13	0.15
豆类	0.28	0.17	0.22
红小豆			0.40
玉米			0.35
豆饼			0.17
棉花			2.00
棉籽			1.50

资料来源：建设总署水利局《华北河渠建设事业关系各县农事调查报告书（第一卷）》，1942 年版，第 416—417 页。

南运河运粪贸易给棉花生产提供了生产条件。南运河一带，系沙质土壤，性耐旱，唯土壤养分不足，须施加肥料，以此提高棉花等农作物产量。"河东一带，芝麻酱（笔者注：原文如此）供给不足，则加用人粪或豆饼，每亩至少上豆饼四块约四十斤，普通上八块。人粪因本地供给不足，故由御河从天津运往。在连镇，人粪是一种很重要的贸易。河东区极看重植棉，故借款购买肥料很多。"[①] 新中国成立后，国家大力推广种植新技术，提高土地的用肥量，化肥成为南运河航运重要的货物。据 1950 年天津与内地经南运河输出入贸易统计，肥料运量为26816.8 吨，仅次于小麦，位居货物总量的第二位。南运河沿岸地区大量的肥料供给保证了棉花等农业产量的增加，提高了农民的收入水平。

（二）南运河航运与棉花销售

巨大的市场需求与适宜的自然环境奠定了棉花种植业发展的基础，便利的水运交通促进了棉花贸易的增长。1911 年津浦铁路建成之前，南运河是连接天津与腹地唯一交通纽带，南运河沿岸地区的棉花运至天津几乎全赖水运。市场、环境及交通三者共同推动了南运河流域棉花种植业的发展。棉花日益成为资本主义国家重要的掠夺对象，也是国内逐步发展起来的纺织工业争相购买的重要原料，因此南运河沿岸地区棉田种植面积迅速扩大，经内河外运外销的棉花数量也随之急剧增加，从而改变了农民自给自足的农业生产结构。

1. 民国时期运棉：南运河水运为主

天津市场上的棉花主要来自于河北省，也有一部分棉花产自山东、河南、山西和陕西等地，但数量较少。海河流域棉花主要品种有西河棉、御河棉、东北河棉三类。西河包括上西河、下西河二区，上西河即大清河，下西河即子牙河、滹沱河和滏阳河。西河流域面积最大，流经完县（今河北顺平县）、满城、清苑、正定、藁城等地；西河棉棉纤维短且粗硬，长约半英寸，富有弹性，可以制作火药或者混入毛纺织物，这也是西河棉大量输往日本及美国的原因。御河即南运河，包含河北南部、山东西北部地区等产棉区域。"在山东境内，有临清、馆陶、冠县、夏津、高唐、武城、邱、清平、堂邑、恩、博平诸县，以临清为集散中心；在直隶境内，分吴桥、南宫二区。吴桥区有吴桥、宁津、东光、南皮、阜城、景诸县，以吴桥之连镇为集散中心。南宫区有南宫、

---

① 曲直生：《河北棉花之出产及贩运》，商务印书馆 1931 年版，第 54 页。

清河、威诸县，以南宫县城为主要集散地。"御河棉纤维较西河棉长且柔软，故在天津市场上价格较高，主要用于纺粗纱或与羊毛混纺。因御河棉与西河棉产地相距较近，距离愈近，棉花质量愈相仿，有时两地棉花并称为西河御河棉。东北河棉产区较小，即东河与北河流域棉花的合称，东河即滦河、北塘河，北河即北运河，产棉区域集中于丰润县小集镇、武清县杨村、玉田县窝洛沽三个中心，棉花纤维较长，约一英寸，用于纺织三十二及四十二支纱最为适宜。[①]

这三类棉花中西河棉种植面积和产量为最，御河棉次之。据 1932 年统计，西河区产棉 818554 担，占 63.79%，东北河区产棉共计 228805 担，占棉花产额总量的 17.83%，御河区仅仅包括河北省的南宫、吴桥、东光、南皮、威县、宁津 6 县，产额计 235870 担，占总额的 18.38%，山东省临清、德州等地未统计在内。[②]

1921—1930 年，华北腹地输入天津的棉花以内河民船运输为主，平均占棉花总运量的 56%，最高年份民船运量占 89%[③]，主要运输河流为南运河、北运河、大清河、子牙河、蓟运河及其支流，其余则依赖铁路及大车。"御河棉则由南运河直送天津，如处冰冻期间，则赖津浦线输津。"[④] 民国时期，河南也是产棉大省，总计百余县中植棉县达九十县，其中南运河沿岸的安阳地区产量最高，"安阳、武安之棉花俱由运河至天津放洋。"[⑤]

御河棉通过内河水运至天津具有几大优势。第一，季节适宜。一般北方棉花自 8、9 月份开始采摘，9—11 月为新棉运至天津的黄金季节，此时也是各河水量充足阶段，便于棉花的运输。第二，南运河水系辐射腹地面积广大，民船可以直达天津。南运河是连接河北、山东、河南的唯一水上通道，沿岸分布着道口、五陵、楚旺、元村集、龙王庙、南馆

---

① 方显廷：《天津棉花运销概况》，南开大学经济研究所 1934 年版，第 4 页；曲直生：《河北棉花之出产及贩运》，商务印书馆 1931 年版，第 5 页。

② 曲直生：《河北棉花之出产及贩运》，商务印书馆 1931 年版，第 5 页。

③ 天津港史编辑委员会：《天津港史》（古、近代部分），人民交通出版社 1986 年版，第 156 页。

④ 郑振声：《河北棉花产销之概况》，《河北省银行经济半月刊》1947 年第 3 卷第 12 期。

⑤ 河南省地方史志编纂委员会、河南省档案馆编：《河南新志》上册，中州古籍出版社 1990 年版，第 189 页。

陶、临清、油坊、武城、郑家口、故城、德州、桑园、连镇、泊头、砖河、兴济、马厂、唐官屯等众多码头及城镇，便于棉花就近装卸和运输。第三，南运河上游的卫河和漳河提供了充足的水量，保证河道水量常年稳定，泥沙含量较小，通航条件略好于其他河道。第四，经济性方面，虽然津浦铁路天津至德州段与南运河几乎并行，有两种运输方式可以选择，但水运运价低于大车和铁路等运输方式，选择水运可以节省成本，获取更大的利润。

南运河便捷的交通与天津棉花贸易的快速增长，使御河棉种植面积和产量有极大的提高，根据 1916 年直隶实业厅的报告，直隶省御河棉种植面积 1138994 亩，产额达到 34307745 斤，平均每亩约 30 斤（见表4－6）。

表4－6　　　　1916 年直隶各县御河棉种植面积及产额比较表

面积单位：亩；产量单位：斤

县份	御河棉种植面积	御河棉产量
天津	8500	510000
青县	160000	320000
沧县	5200	312000
盐山	120	6000
庆云	390	5395
南皮	6400	93000
静海	3500	77000
河间	20650	945200
献县	——	——
肃宁	1265	127500
任丘	350	21000
阜城	12800	879000
交河	——	——
宁津	35000	950000
景县	2550	132600

续表

县份	御河棉种植面积	御河棉产量
吴桥	128800	128800
故城	3282	131280
东光	83220	1661000
文安	253	5060
大城	140	3500
新镇	74	4810
威县	250000	25000000
清河	65000	8250000
南宫	340000	17000000
枣强	11500	250000
合计	1138994	34307745

资料来源：曲直生：《河北棉花之出产及贩运》，商务印书馆1931年版，第32—35页。

济南、青岛的相继开埠通商和区域经济中心的形成，棉纺织业迅速发展，对棉花的需求急剧增加，改变了御河棉的运输格局。棉花经子牙河、大清河等水路输津量不断增长，棉花经南运河输津的运量相对减少，因为御河棉位于天津、济南两个市场的中间地带，济南也成为御河棉的主要销售市场，山东西北部与河北南部地区的棉花改运济南、青岛等地，"御河地区所产棉花，亦大部由济南流往青岛，一部再运至上海"①。1915年，运往天津市场的棉花总量有493900担，其中御河棉仅占三成。济南集散地棉花主要是御河棉、曹州棉、武定棉及河南棉，每年运量没有准确的统计，据称有20万担左右，其中八成是御河棉，"支配着济南的棉花市场的是御河棉，从济南运到青岛的大部分棉花都属于这一类。"② 临清作为棉花中转市场，来自于直隶的南宫、威县和山东省的临清、夏津、高唐、清平、冠县、聊城、馆陶等县的棉花在此集散。

临清是南运河沿岸最重要的棉花集散地，河北、山东、河南三省交

---

① 李洛之、聂汤谷：《天津的经济地位》，南开大学出版社1994年版，第33页。
② 《大运河调查报告书》，冯天瑜、刘柏林、李少军选编《东亚同文书院中国调查资料选译》（下册），李少军等译，社会科学文献出版社2012年版，第1284页。

界地区的棉花均聚集于此，棉花的产量及销量影响着各地棉花市场，20世纪三四十年代，"山东全省棉花常年产量约为一百四十万担，其中以临清为最多，占二十二万余担，约合总额百分之十五强，其中美棉约占十五万担。"① 汇集于临清的棉花，主要销往天津和济南。由于社会政治环境、市场环境及交通环境的变化，棉花与两个市场的关系是变化的。前期由于铁路交通网络与管理不够完善，临清的棉花主要通过南运河运至天津。据 1920 年 4 月日本东亚同文书院的调查，"汇集到当地的棉花约三分之二销往天津地方，约三分之一销往济南地方。销往天津的全部通过水道，但销往济南的却是通过陆运。"② 一小部分棉花甚至通过卫河至道口后再转销到汉口地区。而到 1947 年，"临清每年运销济南者占七成，去天津者只占三成左右"③。

临清繁忙的棉花贸易带动了相关商业的发展，1935 年 6 月统计，临清共有花店 44 家，各家名称如下：

　　天吉花店　魁聚成花店　源泰花店　同升成花店　振益花店
华丰花店　乾益花店　德兴成花店　益泰花店　万育花店　东立祥
乾聚祥　奎德祥花店　德生祥　信昌花店　天和公花店　复兴花
店　广丰恒花店　永康花店　泰和栈花店　德聚花店　奎德栈花店
裕记花店　贞吉花店　中国棉业贸易公司　崇茂花店　聚兴恒花店
益昌花店　鲁华花店　义丰花店　同元泰花店　复祥花店　复兴德
花店　宝昌花店　裕昌花店　天聚成花店　德昌花店　同福兴花店
恒兴增花店　恒聚成花店　裕达花店　大同轧花栈　隆昌花店　元
记花店④

<hr>

① ［日］渡部诚著，青纺编委会编：《山东棉花概况》，中国纺织建设公司青岛分公司1947 年版，第 82 页。

② 《大运河调查报告书》，冯天瑜、刘柏林、李少军选编《东亚同文书院中国调查资料选译》（下册），社会科学文献出版社 2012 年版，第 1422 页。

③ ［日］渡部诚著，青纺编委会编：《山东棉花概况》，中国纺织建设公司青岛分公司1947 年版，第 88 页。

④ 同上书，第 86—87 页。

以上仅仅为固定花店，还有临时花店 40 多家。

紧邻临清的鲁西北的另一个商业城市德州，同时拥有津浦铁路与南运河的水陆交通优势，棉花运销路径与临清相同，"德州销往天津的全部通过水运，大船可载 500 包，中船可载 300 包到 400 包，小船可载 200 包。"运往济南的棉花也是全部通过陆运，"4 头牲口拉的大车可载 16 包到 18 包。"① 至 1920 年，德州所产的棉花、粮食、牛骨等土特产仍然多采用水路运输，该年有 6 万多包（一包装入 100—130 斤）棉花集于德州，销往天津约 4 万包，其中水路约 3 万包，铁路约 1 万包，销往济南约 2 万包。② 济南、青岛的崛起削弱了南运河输津的棉花运输市场，但南运河航运凭借着低廉的运价仍然成为主要的运输方式之一。

2. 日伪时期运棉：铁路为主，水运为辅

七七事变之后，日军加大对棉花等农产品的掠夺，对棉花的种植极为重视，实行棉花统制政策，从产、运、销各个环节进行干预，极力扩大棉花的生产规模。他们建立所谓的棉花实验所，推广棉花新品种和种植新技术，鼓励农民植棉。三井、三菱、东棉等多家日本洋行操纵棉花货栈，进行直接收购，销售价格完全控制在日商手中。

经过战争的破坏，华北的棉花市场格局发生了变化。在七七事变之前，天津纺织工业设备不过占全国的 6%，大部分聚集于天津的棉花用于出口国外。青岛纺织工业发展迅速，与天津展开激烈的竞争。事变之后，青岛的日系纺织厂设备遭到严重破坏，损失精纺机 614000 锭，捻丝机 53000 锭，11500 余架，纱厂停业，作为中转市场的济南每日棉花集中量只有四五百包，而天津则丝毫无恙，"故纺织工业相对提高，雄冠华北，遂成为棉花唯一之大聚散地，当时除本省棉产外，他省亦纷至沓来，咸集津市。民国二十六七年，数量愈形增涨，市场除消化运销者外，堆积之棉，达五十万担，造成空前未有之记录。"③ 战争使青岛、上海的棉纺织业遭到破坏，天津却免受干扰，同时天津又是日军侵略华北的根据地，因此，华北及河南、河北、山东等地"所产棉花不得不运销天津，当时

---

① 《大运河调查报告书》，冯天瑜、刘柏林、李少军选编《东亚同文书院中国调查资料选译》（下册），社会科学文献出版社 2012 年版，第 1484 页。

② 同上书，第 1431 页。

③ 杞人：《天津重要商业之荣枯》，《华北工商》1948 年第 1 期。

收集数量之增加，颇为明显"。1936 年，冀晋鲁三省产棉 4826000 担，天津收集量为 1038000 担，占三省产棉总量的 21.5％，到 1938 年，三省产棉量减少至 3173000 担，而天津收集量却增至 2990000 担，占到产量的 94％。[①] 天津棉花市场地位的增强，吸引了大量原本运往济南市场的御河棉转向运往天津市场，南运河水路运输棉花量随之增长，但由于抗日根据地及沿线人民与日伪军展开激烈的斗争，"因治安的关系铁路差不多成了唯一的主要运输路，水路则只在特殊情形之下有少数运输而已。"[②] 如东光县的"棉花输送津路，向来利用御河之水运。现在因有'土匪'，故专由铁路运送"[③]。战争暂时影响了南运河运输棉花，给南运河航运业及沿岸地区棉花贸易带来了极大的打击。

3. 新中国成立后运棉：水运与陆运并重。

新中国成立后，人民政府发出了"爱国家，种棉花"的号召，建立棉花收购机构，颁布了合理的粮棉比价，国家向农民发放棉花预购定金和必要的生产生活资料，推广良种，改进栽培技术，鼓励棉花种植。棉花贸易成为南运河沿岸地区的经济支柱。从表 2 - 12 可以看出，棉花依然是南运河航运的重要品种，年运输量达到 17280 吨，仅次于食粮类和肥料。

综上所述，近代以来，随着国内外棉纺织业的发展，需要大量的棉花供给，这刺激了农民生产的积极性。同时，在某种程度上，由于南运河航运的发展，为御河棉输入天津市场提供了交通便利，从而也进一步促进了御河棉种植面积的扩大，并由此带动了该地区粮食生产商品化程度的进一步提高。从晚清至 20 世纪七八十年代，南运河航运在棉花运输方面一直起着重要的作用。

（二）其他经济性作物

除了棉花、粮食等主要的大宗农作物以外，各类干果等地方特产也是南运河运输的主要品种。如天津鸭梨、花生、德州西瓜、沧州小枣等，这些农产品都是南运河沿岸著名的土特产品，品质优良，享誉海外。但它们不是人们每日生活的必需品，在本地市场销售有限，必须借

---

① 杞人：《天津重要商业之荣枯》，《华北工商》1948 年第 1 期。

② 李洛之、聂汤谷：《天津的经济地位》，南开大学出版社 1994 年版，第 192 页。

③ ［日］池田鹿之助、工藤助太郎、小林卓三君：《津浦沿线及山东省之棉花事情调查报告》，葛之干译，《河北棉产汇报》1939 年第 46 期。

助便捷的交通方式销往全国各地，尤其是华北最大的商埠天津。南运河
航运是连接天津与沿岸腹地的重要交通方式，虽有铁路等其他运输方式
可以选择，但水运凭借着运价低廉、灵活等优点，成为商贩们在运输方
式中的首选，南运河水运为其扩大销售市场方面作出了重要贡献。下面
我们以天津鸭梨、花生、德县西瓜为例进行简单的介绍。

天津鸭梨其实主要产于南运河沿岸的泊头，由于泊头的梨呈倒卵
形，且果梗与果肩形如鸭头，故称鸭梨，又因泊头产梨，而不销梨，一
般都先运往天津，再销往全国各地，因而定名为天津鸭梨。泊头的鸭梨
具有皮薄色黄、肉质脆嫩、甜酸适度、味香汁多等特点，深受市场
喜爱。

泊头种植梨树的历史悠久，虽然没有确切的历史记载始于何年，据
当地传说，可追溯到隋朝。至金朝，泊头的梨树种植已经有一定数量，
该朝诗人李俊民就有关于泊头鸭梨的诗句，"回首绵江春寂寞，一杯愁
里赋梨花"①，但这时梨的销售范围有限，主要是周边村镇。到了明清
时期，泊头梨在种植、储藏、加工等技术方面有了很大的提高。但梨作
为一种水果，当地消费能力有限，必须有充足廉价的运力作保障，才能
打开销售市场，扩大种植面积，提高农民的收入水平。明清繁盛的漕运
贸易给泊头梨开拓了广大的销售市场，南来漕船途经泊头码头时，捎带
鸭梨运至天津，空船返航时可满仓载梨运往江南地区，每年过境的漕船
六千艘，仅附带的鸭梨就是不小的一个数目，加上私人商船，每年鸭梨
的销售数量不可小觑，便捷的运输条件推动了泊头梨树种植的大发展，
成为当地农民一项主要收入来源。

天津开埠后，华北地区的自然经济受到严重的打击，商品经济获得
急速的发展，再次扩大了泊头梨的销售市场，北京、天津、济南、上
海、广州都有泊头鸭梨销售，尤其是天津成为泊头鸭梨的销售中心。因
为泊头距离天津较近，拥有南运河水运的交通优势，据统计，"1908 年
由南运河运往天津的干鲜果就值银 180 万两"②，广泛的运销也提升了

---

① 王凤翔：《泊头市鸭梨栽培简史及其现状》，中国人民政治协商会议河北省泊头市委
员会文史资料研究委员会《泊头市文史资料》第 1 辑，1987 年版，第 96 页。

② 孟庆斌：《泊头市梨业志》，河北教育出版社 1989 年版，第 100 页。

泊头梨的知名度，不仅在国内市场上名声大振，在国际市场上，也成为重要的出口商品，这种影响的提高又反过来促进了鸭梨的运输及销售的进一步扩大。天津商人在泊头收购大量的鸭梨，并以天津鸭梨的美名，由天津转销至香港、日本及东南亚各国，这种较大规模的出口贸易增强了泊头梨在国际市场的影响力，奠定了泊头梨此后出口海外市场经久不衰的基础。

由于梨果的销售日益广大，梨已经成为泊头周边地区的主要商品性农产品。据《交河县乡土事情调查》载，梨成为泊头农民为销售而种植的农产品，通过卖梨获得一定的现金，在当时农业萧条的情况下，农户几乎全靠种植鸭梨的收入维持农业生产的再进行。

铁路、公路运输方式的出现，使梨果运输范围空前扩大。《交河县志料》指出："交通便利后，梨枣已为出口之大宗，非为一方之食品矣。"[①] 每到梨上市季节，天津、济南等地的水果商都齐聚于泊头，在当地经纪人的帮助下设点收购，再由水果商雇用人员装车或装船外运。泊头位于水陆要冲，运河与津浦铁路都在此经过，像梨这种生鲜果品，运销本应选择铁路、公路等更为快捷的运输方式，由于水运和陆运各有不同的利弊，具体选择何种运输方式根据情况确定，"前因其他关系，多不由铁路运输，而经运河装运天津，再转轮南下，或其他地方。"[②] 尤其是运往天津的鸭梨，"运输一般由运河北运天津，然后就地销售或出口；南运者则一般由铁路运往济南、南京、无锡等大城市"[③]。所以，"每到采梨季节，运河上梨船往来，铁路运输也出现一片繁忙景象。"[④] 由于梨易腐烂，水运过慢，且随着铁路网络的扩大和运费的降低，铁路运输逐渐代替了水运。1934 年，津浦铁路车务处为扩大货源，对需要铁路运输的泊头鸭梨"由调度股于二日内，负责支配车辆，并于沿途尽先揖送"，结果，该年运量竟达 6891 吨之多，较去年增加 6034 吨，成绩可观。[⑤]

---

① 孟庆斌：《泊头市梨业志》，河北教育出版社 1989 年版，第 46 页。

② 《泊头镇鲜果概由本路运出》，《工训周刊》1935 年 9 月 23 日。

③ 孟庆斌：《泊头市梨业志》，河北教育出版社 1989 年版，第 100 页。

④ 同上。

⑤ 《泊头镇鲜果概由本路运出》，《工训周刊》1935 年 9 月 23 日。

近代以来，花生作为一种重要经济性农作物。自 19 世纪 70—80 年代从南方传入后，起初由于市场需求有限，农民所产的花生主要集中于附近集镇市场，仅供本地榨油及食用而已。20 世纪 20 年代，因国际油料市场对花生的巨大需求，推动花生价格上涨，在河北种植面积也不断扩大，一些县花生种植占耕地的三分一。天津成为华北花生的重要出口港之一，根据货源地的地理位置不同，分为东路货、北路货、西路货、御河货。其中，御河货即南运河沿岸种植的花生，具体指山东西部的德县、夏津、恩县、临清、馆陶、禹城、平原及河北大名县所产花生。该地区历史上是黄河泛滥的重灾区，水灾过后留下了大面积的沙质土地，符合花生性喜沙土的特征。此外，以上地区均靠近南运河，便于花生的运输，故花生种植在这一带发展迅速。如南运河上游的大名府东 30 余里的金滩镇盛产花生，每年能收获 30 余万石。此外，因金滩镇紧邻南运河，成为河北南部农产品的集散中心，邻近冠县的花生、高粱、小麦等也多集中于此，吸引天津宝昌栈和义生祥洋行、太古三井等各洋行来此采购花生，花生成为大名县最主要出口货物，"其运法系由航路经卫河赴天津"①。德县临着运河，交通方便，周边各县花生在此上船运往天津，每年销量大约 60 万担。② 临清附近的花生在此集中后，据说一年的集散量约为 500 万斤，主要通过水运销往天津。③ 故城农产品以棉花和花生为大宗，棉花年产 48 万斤，"因本县境内织布者稀少，故销售于外县者甚广"，花生年产 140 余万斤，"归本县境内榨油者无几，运销于天津者为最多"，这两种商品皆由南运河沿岸的郑家口行销各处。④

水路运输的便利劳动南运河沿岸周边一些地方的花生销售也改用水路。1920 年以前，濮阳农村所种植的花生主要由个人推车或携篮在"本村及附近各村三数里内"销售，1920 年以后，改为各家组成商行大批运

---

① 《直隶省商品陈列所第一次实业调查记》，张研、孙燕京编《民国史料丛刊 574》，大象出版社 2009 年版，第 20 页；[日] 佐佐木清治：《北支那的地理》，1937 年版，第 86 页。
② 青岛军政署：《山东之物产》，青岛新报社 1916 年版，第 5 页。
③ 《大运河调查报告书》，冯天瑜、刘柏林、李少军选编《东亚同文书院中国调查资料选译》（下册），社会科学文献出版社 2012 年版，第 1422 页。
④ 《直隶省商品陈列所第一次实业调查记》，张研、孙燕京编《民国史料丛刊 573》，大象出版社 2009 年版，第 454 页。

送，由大名、道口等地起运，经南运河输入天津，销往海外市场。[1]

德州西瓜的普遍种植也与南运河航运密切相关。德州土质为砂质土壤，适合西瓜的种植，且运河贯穿德州南北，西瓜的灌溉与运输极为便利，所以，在运河两岸地区西瓜栽培最为繁盛，西岸更盛于东岸。一般农家除种植普通农产品自足外，多种植德州当地一种特有的西瓜，通常称为德州西瓜，该瓜成熟期早于其他地方的西瓜，可经运河运销至各地，获利颇丰。如 1941 年，平均每个西瓜售洋九角，每株栽培费用约四角，每株可获得纯利五角，如每亩以种植 550 株计，则可收益 275元。[2] 新中国成立初期，全市西瓜种植面积约 1 万多亩，总产 4000—5000 万斤，主要品种有喇嘛瓜，大、小梨皮，手巾条，运粮籽，三白等，以喇嘛瓜为主。德州西瓜本地消费量有限，主要销售地北至北京、天津，南达济南、青岛等，长途销售由瓜贩子组织购买和运输，"由运河运输者为大驳船，自德州至天津约五天，铁路则较迅速，自德州至天津或南京特快者一天可达，故南京至京沪北达平津皆可迅速运输"[3]，虽然德州紧邻津浦铁路，但瓜商为了降低成本，获取更大的收益，"其运输方法多走水路以船载之"[4]。

此外，南运河对于农业的贡献不仅体现在农产品及肥料的运输上，还在农作物灌溉上。华北地区缺水多旱，在漕运废弃之前，农田需要引水灌溉时，也是漕运需水期，为了保证漕运的正常通行，政府严禁农户私自引运河水资源灌溉，出现了漕运与农业争水的局面。如嘉庆二十一年（1816 年）规定："卫河发源豫省，由直隶流入东境，经过州县闸水灌田，设有定制，乃私自筑坝拦截，本干例禁，著河南直隶山东地方，一律申明定例，严行查禁。"[5] 漕运与农业争水对于处于水资源缺乏的南运河地区雪上加霜。

---

① 纪彬：《农村破产声中冀南一个繁荣的村庄》，《农村周刊》第 76 期；《益世报》（天津）1935 年 8 月 17 日。

② 同上。

③ 吴耕民、管超：《德县（即德州）西瓜调查报告》，《青岛工商季刊》1934 年第 2 卷第 4 期。

④ 施琦：《德州西瓜之现行栽培实况》，《农学》1941 年第 6 卷第 3—4 期。

⑤ （清）托津：《钦定大清会典事例》卷 919，文海出版社 1992 年版；饶明奇：《明清时期关于运河水源管理的立法建设》，《历史教学》2008 年第 18 期。

　　清朝末年，因为国家对内河漕运的依赖程度逐渐降低，引运河水灌溉农田的状况得到改善，中央及各地政府对大运河水源利用的管理放松，准许有条件地方适当利用南运河水资源灌溉农田，从而提高了沿岸地区农作物的产量。

表4－7　　　　　　　七七事变前卫河与南运河灌溉地区概况表

省份	县份	灌溉地	灌溉地区位置	灌溉面积（公顷）	水源
河北省	静海	第一区 县城	由北五里庄 至东长屯沿河两岸。	90	南运河
		第三区 唐官屯	由东屯至一里屯出境。	114	
		第五区 独流	由良王庄至北五里庄止。	68	
		第六区 良王庄	由东桑园至良王庄止。	100	
		小计		372	
	青县	第一区 县城	由中蔡庄至林缺屯止。	140	
		第二区 辛集镇	由林缺屯至小圈（拿不准"圈"）止。	120	
		第五区 流河镇	由赵家洼至下马厂止。	73	
		小计		333	
	沧县	经一、二两区	由高官（拿不准官）屯至砖河镇止。	45	
	景县	第二区 安陵镇	刘庄、华家口两处沿河西岸。	32	
	故城	东南镇迤东	县城东南方1.5公里。	10	
		西南镇迤西	县城西南方1.5公里。	11	
		小计		21	
	南乐	第三区 元村镇	县城西方西临卫河。	36	南运河、卫河
		第三区 百尺村	县城西南方临卫河。	22	
		小计		58	
	清丰	滩上	县城西北隅沿卫河南岸。	2	
		南刘固	县城西北隅沿卫河南岸。	2	
		小计		4	
	河北	七县合计		865	

省份	县份	灌溉地	灌溉地区位置	灌溉面积（公顷）	水源
山东省	恩县	第三区北部	北郑庄地区一带。	153	南运河、卫河
	武邑	第一区南大屯	在县城东南西村小屯后庄南屯。	118	
	临清	第二区北口村	在县城南 3 公里北口村北引水流入东方框。	146	
		第四区 唐窑村	在县城北 2.5 公里，唐官村西南向东流入。	123	
	山东	小计		169	
共计		三县合计		440	
		两省合计		1305	

资料来源：郑会欣主编《战前及沦陷时期华北经济调查》，天津古籍出版社 2010 年影印本，第 319 页。

同时，政府在治理运河泛滥时，也给两岸农业提供了充足的水源，马厂减河的修建便是如此。南运河下游天津至泊头段经常决堤泛滥，淮军部将周盛传（字新畲，安徽合肥人）带兵驻于青县马厂后，看到卫南洼"空廓百余里，地废不耕，弃为泪洳，实感可惜"，光绪元年（1875 年），周盛传以《详陈津东水利并拟开运、海各处引河，由营试办屯垦禀》上书李鸿章，请求在南运河下游另辟减河，在南运河建闸，主张"兼欲引淡，以兴水利"，疏水灌田同时兼顾。减河起于九宣闸口，东北行，经天津郊区小镇，至新城汇于海河，不仅分流南运河的洪水，还能灌溉农田，改善土壤。光绪二年（1876 年）马厂减河挖成后，卫南洼的百姓"围地放淤"，变盐碱地为肥沃良田，吸引了河北、山东等地农民到新农镇一带务农定居。昔日芦苇丛生、渺无人烟的盐滩上出现一派新景象，仅几年时间就开垦水田 13 万多亩，这里所产小站稻成为驰名中外的一大特产。为此，光绪十七年（1891 年）11 月，李鸿章特在九宣闸北侧立石碑一块，并亲自撰写碑文，列举了减河的巨大作用。碑文："……山东之德州以下，如交河、东光、沧州各处均免水患，而盛流畅泄。即大清、子牙诸水涨时，亦由此掣泄。是减河之开，较前此四女寺、哨马营各处尤为因势利导而出水益便。其下游津、静之交，俗所称'南洼'弥望百里内外尽为石田。亦可引淡刷碱，俾曩时不毛之地，得以繁其生植，盖南运河会漳河之浊流，本有石水斗泥之喻，□得导引以资灌溉，其肥自能化碱以成腴，既杀盛涨，亦涤积卤，均于碱河是赖。不独此也，津地迤西至东，仿南方稻田之制，广为开辟，阡陌纵横，河渠复绕，尤堪限戎马之足，于海防局势亦不无裨益，所谓一举而三善备焉。"①

马厂减河的水源来自于南运河，由唐官屯九宣闸根据水量按时启闭，一般在水势较大时，开启以宣泄上游来水，水势较小时，不得开启，以保证航运的正常通行。至民国年间，有些年景南运河来水量较小，"九宣闸运、减两河之间既须维持航运，又需兼顾营田调剂水量，倍感困难"。闸门管理人员在河道水浅时，仍然开闸而不闭，致使船只不能往来。南运河是天津与腹地经济沟通的主要通道，航运受阻，影响到天津市场的稳定与发展，常常引起天津商业界的反对。如1924年，因九宣闸未能按规定启闭，造成航运受阻，天津门市洋布商公会、鲜活商研究所、鞋帽商公会、灰煤商公会、杂货商公会、山货商公会、木商公会、大米商公会、茶商公会、三津磨房、斗店商等联名投帖，请求直隶省河务局闭闸蓄水以便行船。航运与灌溉的矛盾一直存在，农民与航运商人的利益无法平衡，这也造成了南运河航运最终的衰败。

第二节　南运河航运与矿业发展

南运河流域矿产资源不是特别丰富，主要集中于南运河的两端地区。煤矿方面，主要是南运河上游的焦作煤矿和下游周边的开滦煤矿，其实这两个煤矿与南运河还有一定的距离，但亦通过南运河进行运销。铁矿方面，有修武铁矿，储量15万吨，尚未开采，沁阳铁矿储量30万吨。此外，清华镇的硫磺矿年产180吨。② 因为其他矿产资源储量和产销规模较小，本节主要讨论煤矿与南运河的关系。南运河水运对于煤矿

① 王敬模：《马厂减河》，中国人民政治协商会议天津市静海县委员会文史工作委员会编《静海文史资料》第2辑，1989年版，第158页。
② 《南运河货源及物产》，1948年7月4日，天津市档案馆藏，卷宗号：77—3—2753。

业发展的最大贡献莫过于拓展煤炭的销售市场，其次，它推动南运河沿岸地区以煤为燃料的相关产业的发展。

一　煤炭销售市场的扩大

1900 年以前，南运河煤炭运输量很小。清末民初，资本主义国家开始大量向中国进行资本输出，疯狂攫取开采矿产、修筑铁路等特权。随着煤炭产量的增加及南运河沿岸城镇对煤炭需求量的增加，内河民船的煤炭运量不断增加。

南运河对焦作煤矿的发展影响最大。焦作煤矿为无烟煤田，所产煤炭质坚色美，火力持久，发热量高，无烟无味，一直以来受到西方殖民主义者的觊觎。清朝末年，英商福公司通过不平等条约在此开始勘探开采。焦作的煤矿虽然蕴藏量丰富，但在采取机械开采初期，该地区落后的运输条件成为影响和阻碍该区域煤炭工业发展的一个重要因素。在道清铁路修建之前，焦作煤炭主要通过马车先运至新乡卫辉，再由此沿卫河运往天津。

福公司煤矿为了扩大煤的销售市场，将煤顺畅地运出去，决定修建铁路。其实早在光绪二十五年（1899 年），福公司就派葛拉斯为首的勘测队来到河南、山西，验证两地的煤田和铁矿的蕴藏量。不仅如此，此次勘测还要考察煤炭的运输问题，"将观察到底需要建筑多长的铁路才能把矿区与航行的水道连接起来，以便将产品运至适当的市场；根据当地的情况，对最需要的铁路线的勘测和估计也作了初步的安排"[①]。

起初，福公司并未首先选择修建道清铁路。因为英国在华势力范围主要在长江流域，为了抵制俄国势力南下和法国势力北上，沟通山西、河南和长江下游的联系，福公司决定首先修建泽（州）襄（阳）铁路，后又改为修建怀庆府至浦口的铁路，但因种种原因未能实施。与此同时，福公司发现道口镇有卫河直通天津港，沿途也没有大的艰险工程。福公司董事们看到该路的调查报告后，决定修建泽州自道口的铁路，其他铁路路线的修建计划暂缓。

---

① ［英］肯德:《中国铁路发展史》，李抱宏等译，生活·读书·新知三联书店 1958 年版，第 119 页。

道清铁路原计划分两段修筑，第一段自浚县道口的三里湾码头起，经新乡县之游家坟，达沁阳县的柏山村，复由游家坟分驻支线至新乡新站，连接京汉干线。第二段自柏山村修至山西泽州，名曰道泽铁路，因山西绅民掀起争回矿权运动而未能实施。光绪二十九年（1903 年），道口至清华镇柏山的干路及自新乡新站至游家坟的支线全部竣工，总长149.5 公里。同年正月，柏山至清华镇 4.5 公里又修通。道清铁路全长154 公里，另有岔道 28.4 公里，支线 2.44 公里。① 光绪三十一年（1905 年）6 月转让给中国政府，但相当长一段时期归福公司经营。这条铁路修建的主要目的在于"专供运煤之用"，而销往直、豫、鄂等省的煤，皆在新乡由平汉铁路运至其他地方，故道清铁路被称为"运煤专线"。"其销售直隶东部及天津一带者，则先运至道口，然后装公司自备之驳船，沿卫河下行，直达天津。"② 由于道清铁路的修建，焦作至道口段摆脱了马车及人力车运输，铁路运输运费低廉，使运往山东临清的焦作煤炭 1910—1917 年煤价下降 60%。③

1909 年前，福公司五、六、七、八号矿井相继出煤，产量骤增，因此，在内地售煤问题上与本地民窑发生了纠纷。福公司与河南当局订立了《河南交涉洋务局与福公司会议见煤后办事专条》，规定"福公司所出之煤，议定遵照通商条约，不在内地开设行栈卖煤"。福公司只能将煤炭从道口转运至他埠，运销数量与日俱增。④

道清铁路成为焦作煤炭运至外埠的主要交通方式，其外销运量经常占到产量的 90% 以上。如 1906 年产量为 121684 吨，运量为 120864吨，1908 年产量为 244379 吨，运量达到 228511 吨。⑤ 焦作煤炭经道清铁路运销全国各地，"或东至道口河运码头，或经新乡站转平汉铁路，或经郑州站转陇海铁路，或经徐州站转津浦铁路，或由南京转运长

① 薛毅：《焦作煤矿史》，河南人民出版社 1986 年版，第 27 页。
② 河南省地方史志编纂委员会、河南省档案馆编：《河南新志》上册，中州古籍出版社1990 年版，第 281 页。
③ 陈康：《道清铁路对焦作近代社会经济影响初探》，《河南理工大学学报》（社会科学版）2010 年第 11 卷第 1 期。
④ 焦作矿务局史志编纂委员会：《焦作煤矿志（1898—1985）》，河南人民出版社 1989年版，第 297 页。
⑤ 同上书，第 339 页。

江下游"①。其中南运河沿岸地区是焦作煤的主要销售市场。根据《北
支河川水运调查报告》记载，由卫河输入山东冠县的河南煤一年约有
数十万斤。另外，每年武城经南运河自河南购入煤约数百万斤。以上所
述的河南煤主要指的是焦作煤。

　　为了进一步提高焦作煤在南运河流域的市场销售份额，福公司采取
了多种措施。第一，福公司的煤经道清铁路运至道口，卸车装船，为了
便于煤炭集散，1906 年后，福公司在道口河湾处购买 120 亩地建立了
煤厂。该煤厂三面临河，厂内铺有两条铁路股道，可存煤 20 多万吨，
日装船量达到 2000 吨左右。"焦作煤炭的装运量占整个卫河货运量的十
分之七八，数万居民和船夫，靠装运货物维持生计。"② 第二，鉴于南
运河运输焦作煤的繁忙业务，1935 年 7 月，福中公司联合办事处在楚
旺镇寨内北大街八号成立福中河运处，专门负责河运焦作煤，由卫河销
往河北、山东沿岸及天津等处，"每天约销 30 万吨左右"③，不久，又
在山东设立德县分处。经统计，在福中河运处登记的船只有 841 只，总
吨数为 58428 吨，这些船只多被奎聚河、聚兴涌、信义号三家商号雇
用，道口至天津段水路运费为每吨每公里六厘至一分。④ 第三，根据夏
季河水上涨和冬季结冰的特点，制定了夏运冬销的方针，夏季将煤炭大
批运至南运河沿岸各经理处和零销处，先储存起来，以备冬季用煤旺季
销售。通过此种方法，使焦作煤矿销量大增。⑤ 据统计，1924 年，福中
公司⑥产煤炭 1620174 吨，其中福公司 670835 吨，中原公司 949339 吨，
使福中公司跃居为仅次于抚顺、开滦的第三大煤矿公司。⑦ 尽管福中公
司采取了以上诸多措施来提高焦作煤外运的效率，但依然不能满足福中

---

　　① 焦作矿务局史志编纂委员会：《焦作煤矿志（1898—1985）》，河南人民出版社 1989
年版，第 338 页。
　　② 同上书，第 351—352 页。
　　③ 《黄河北之重镇 道口近况 为河道货运所经之地 仍不失为商业荟萃之区》，《经济评
论》1934 年第 1 卷第 3 期。
　　④ 焦作矿务局史志编纂委员会编：《焦作煤矿志（1898—1985）》，河南人民出版社 1989
年版，第 352 页。
　　⑤ 薛毅：《焦作煤矿史》，河南人民出版社 1986 年版，第 144 页。
　　⑥ 1915 年，英商福公司与华商中原公司合并为福中公司。
　　⑦ 薛毅：《焦作煤矿史》，河南人民出版社 1986 年版，第 62 页。

公司的运输需求，以致积压煤炭甚多。为进一步开拓销路，扩大运量，1931 年福中公司曾派员调查道口至天津山东一带河道情况，尝试开通浅水小火轮拖民船运输煤炭业务。① 产量的增长离不开销售范围的扩大，南运河水运煤炭的发展对开拓销售市场起到了积极的作用。

繁忙的河运煤炭业务亦带动了道口镇的繁荣。道口位于道清铁路与卫河的交汇点，焦作煤经道清铁路运至此转运至水路。煤炭转运成为道口镇繁荣的主要因素之一。《道清铁路旅行指南》记载："凡由晋南豫北以及塘沽等处出入之货，悉皆由此装卸。河中舟楫往来如鲫，由此溯河北上可达津沽，平时水深可五六尺，载重十五六吨帆船均可通行……煤商福公司、中原公司等均沿河建筑场栈囤煤，以利转运输入货品。"

抗日战争爆发后，道清铁路变为抗日军民打击日寇的战场，铁路钢轨等设施遭到群众破坏。不久，日军直接放弃对道清铁路的保护，将新乡至李源屯一段铁路器材拆下，用于修筑开封至新乡铁路。② 因道清铁路的中断，卫河水运焦作煤炭受到严重影响。1945 年，太行军区发动道清战役，破坏日军的运输通道，将道清铁路新乡至道口段拆毁，此后一直未能修复。新中国成立后，博爱县柏山至新乡段除待王—李河—焦作北站—李封外，大部分被新焦线和焦枝线所覆盖。随着道清铁路的衰落，道口镇则成为单一的水运枢纽，经济地位下降。

除了焦作煤炭，南运河流域还是开滦煤（或称唐山煤）和安阳煤的销售市场。开滦煤先运至天津，在天津西沽煤栈通过津浦铁路或南运河分销至沿岸流域。大致来说，天津至连镇间是开滦煤的市场，连镇以南则是焦作煤的市场。③ 根据《北支河川水运调查报告》提供的数字（见表4-8、表4-9），在1936年，由天津通过南运河航线运往德州以北地区的开滦煤为2.5万吨；由河南道口运至德州的焦作煤有14.5万吨。输入量超过5000吨的码头有大名、龙王庙、临清、德州、桑园、连镇、泊头、沧

---

① 《训令道口经理处令调查自道口至天津玉河水量情形以便运销煤炭文》，《河南中原煤矿公司汇刊》1931 年第 2 期。

② 刘仰洲：《道清铁路兴废记》，中国人民政治协商会议河南省焦作市委员会文史资料委员会编《焦作文史资料》第 3 辑，1990 年版，第 127 页。

③ 《沧州市志》编纂委员会：《沧州市志》第 1 卷，方志出版社 2006 年版，第 569 页。

州等。① 南运河运输开滦煤运量下降的主要原因是津浦铁路的开通，使一部分煤炭转向铁路运输。

表4-8　　　　1936年南运河道口至天津沿线焦作煤运输量表　　　单位：吨

地名	运量	地名	运量
楚旺镇	10000	故城	2000
杨村集	3000	德州	20000
龙王庙	15000	桑园	10000
金滩镇	3000	连镇	7000
善乐营	3000	东光	3000
南馆陶	6000	泊头	7500
馆陶	4000	沧州	6000
尖家庄	2000	兴济	2000
临清	30000	青县	500
油坊	1000	静海	1000
武城	2000	其他	3000
郑家口	4000	合计	145000

资料来源：[日] 支那驻屯军司令部《北支河川水运调查报告》，1937年版，第150—151页。

表4-9　　　　1936年南运河天津至德州沿线开滦煤运输量表　　　单位：吨

地名	运量	地名	运量
杨柳青	3000	沧州	4000
独流	1000	泊头	3000
静海	1000	东光	500
陈官屯	500	连镇	1500
唐官屯	500	桑园	1000
马厂	500	德州	3000
青县	1000	德州以南	2000
兴济	2000	合计	25000

① [日] 支那驻屯军司令部：《北支河川水运调查报告》，1937年版，第150—154页。

续表

地名	运量	地名	运量
砖河	500		

资料来源:[日] 支那驻屯军司令部《北支河川水运调查报告》,1937 年版,第 152 页。

两大煤矿的销售界限并非十分明确,也会共同销售于一个市场,并展开激烈的竞争。如 1920 年德州煤炭市场,"年交易量约 33000 吨,德州的煤炭市场现在处于唐山、焦作、博山、峄县四者混战状态。唐山煤,年约 25000 吨,通过铁道运来,主要是煤灰,受一般住户、饭馆、烧窑业欢迎,以前 1 吨洋 5 元 8 角,但近来价格猛涨,以至于涨价至 7元到 8 元。焦炭,年约 7000 吨,通过铁道运到道口,再从道口水运(卫河)而来。主要是煤块,以往是 1 吨洋 10 元到 14 元,近来涨价至洋 13 元到 16 元。博山煤年约 500 吨,峄县煤约 500 吨。"[①] 从上面一段话可知,多地煤矿均在德州有销售,但唐山煤和焦作煤市场占有量最大,这也是因为德州距离两地的距离相差不大,处于两大煤矿销售市场的交叉地带。我们也找到了水运开滦煤数量下降的原因,因为大部分煤都转向铁路运输,而焦作煤仍然由道清铁路先运至道口,再改水运至德州。

临清煤市场也是如此。"年约 13000 吨,其中,1 万吨焦作煤(煤块与煤灰),3000 吨唐山煤(煤灰),以往焦作煤只有煤块运来,近两三年来煤灰也运来,唐山煤对于煤灰的垄断逐渐衰落。焦作煤从道口镇通过水运而来,运费据说是 10 吨 13 到 14 元。现在焦作煤的零售店有 30 余家,一年的年交易量在 300 吨左右。……唐山煤(煤灰)通过大运河水路运来,用于酿造烧酒、洗澡堂等,现在的行情是 1 吨卖洋 4 元。"[②] 可见,内河航运是临清煤炭输入的唯一交通方式,开滦煤水运至临清的原因是临清没有铁路,只能采用水运方式。

---

① 《大运河调查报告书》,冯天瑜、刘柏林、李少军选编《东亚同文书院中国调查资料选译》(下册),社会科学文献出版社 2012 年版,第 1431 页。

② 同上书,第 1489—1490 页。

从以上两段记载可知，德州、临清两地煤主要来自焦作和唐山煤矿。临清因为距离卫河上游的焦作近于德州，并且津浦铁路没有途经于此，不利于唐山煤的铁路运输，所以，焦作煤占据了较大的市场份额。七七事变前，临清"砟子、炭头、炭沫多来自南边的道口、焦作、李河、李风，由河运来，销东边的荏博平、高唐，北边的清河，西北的威县和南宫。"① 由此是否可以推测，南运河沿岸城镇煤炭市场中焦作煤和唐山煤的市场份额，受到销售市场与煤矿远近及铁路通行情况的影响，距离天津越近的城镇，且津浦铁路在此经过，因此唐山煤所占的市场份额越大，反之递减。临清因为没有铁路，南运河水运成为焦作煤和唐山煤进入临清市场的唯一交通方式。

安阳、汤阴等地煤不仅借助于京汉铁路，同时也利用卫河销售于南运河沿岸地区。安阳汤阴各小矿"由矿厂先转运至河岸，可至河北省之河间，达于天津，水程约千数百里"②。例如六河沟煤矿位于安阳县西北 32.5 公里观台镇，属漳河流域，东距平汉铁路丰乐镇车站 20 公里，由此可达直、豫、鄂沿铁路各埠。同时，矿区在漳河南岸，"有舟楫之利，可通直隶大名、山东临清，由运河以分向南北。故六合沟兼有水陆交通之便，于地理上极占胜利"③。

山西的煤进入济南市场，成本最低、最快捷的路线也是先经卫河到临清，再经济临公路到达济南。如果进入天津市场，则先通过道清铁路运达道口，再通过水路运达天津。所以，无论哪条线路，南运河水系都是不可或缺的一部分。

新中国成立后，南运河依然是该流域运输煤炭的主要交通方式之一。沿岸城镇修建了煤炭装卸专用码头，如临清对原有码头进行了修复，并新修建了一些码头，至 1957 年，共有 7 处码头，其中专门用于装卸煤的就有 3 处，为电厂、南厂、礼拜寺三个码头，停泊量达 600吨，大桥、北煤厂也是装卸煤主要码头。④ 从临清装卸煤码头的数量及

---

① 《几个材料的调查》，1948 年，临清市档案馆藏，卷宗号：27—1—9。

② 王景尊：《河南矿业报告》，河南省地质调查所 1934 年版，第 94 页。

③ 河南省地方史志编纂委员会、河南省档案馆：《河南新志》上册，中州古籍出版社 1990 年版，第 287 页。

④ 山东省临清市地方史志编撰委员会：《临清市志》，齐鲁书社 1997 年版，第 259 页。

比重，可知煤炭运输在临清港货物运输中的重要地位，但主要为接受输入煤炭，不再是煤炭中转市场，1953 年，临清港出口煤炭仅 300 吨。[①]同年，德州经南运河出口货物中煤炭运量居第一位，高达 118788 吨，其中发往临清 62380 吨，武城 18343 吨，南馆陶 7032 吨，郑口镇 5849吨，油坊 5778 吨，龙王庙 3750 吨。[②] 由于道清铁路的毁坏，1953 年，经道口港发往各地的煤炭仅有 303 吨，新乡港出口煤炭则达到 78203吨，主要发往南运河沿岸的临清、班庙、龙王庙等地。[③]

二　沿岸地区现代工业的动力保障

煤不仅为人们做饭、取暖提供燃料，也是人类进入蒸汽时代与电力时代的主要动力原料，南运河沿岸城镇工业的发展离不开煤炭的供给。德州机器局制造大量的兵器弹药，每年需要大量的煤，1 个月消耗量达到 400 吨，这些煤炭很大一部分经运河运来。[④] 煤的供给为临清工业的发展提供了原料，如新中国成立前，临清建华公司是一家相当规模的铁工厂，据 1948 年年底调查，该厂有工人 103 人，5 部车床，4 部摇轮钻，当年已生产弹花机 567 架，轧花机 31 架，铸锅 15000 口。炼铁需要大量的煤，而临清不出产煤，煤主要经运河从外地运来，该公司计划在运河冰封前，"要运煤千二百万斤来市，燃料是毫无问题的，我去建华公司询问这件事时，他已经运到煤三百余万斤了"[⑤]。

临清电力工业的发展亦与煤炭供应密不可分。1925 年，临清创办电灯股份有限公司，由临清陆济亭与福山县的周亚南等 14 人集资28000 元在城区建成电灯房，安装 35 瓦往复式蒸汽发电机 1 台，800 戈锅炉 1 台，供应仁和油厂、太兴永布店、同兴斋、恒祥义鞋店等几家大商店。新中国成立后，为了恢复和发展国民经济，满足人们生活需要，

---

① 中华人民共和国交通部内河航运管理总局：《全国内河航运基本情况调查资料》，1954 年版，第 280 页。

② 同上。

③ 同上书，第 281 页。

④ 《大运河调查报告书》，冯天瑜、刘柏林、李少军选编《东亚同文书院中国调查资料选译》（下册），社会科学文献出版社 2012 年版，第 1435 页。

⑤ 田流；《临清通讯：解放后三年的变化》，《人民日报》1948 年 12 月 8 日。

1952年开始兴建临清发电厂。第一期工程装机容量为500千瓦，第二期工程装机容量为两台1500瓦机组，1958年竣工。1974年发电厂第三期扩建工程完成，总装机容量6000千瓦，输送电压10千伏安。[①] 临清发电厂三期机组工程的竣工，缓解了临清电力的供需矛盾，促进了地方工农业的发展。这些火电厂所需煤炭大都经南运河水运而来，所以，南运河对临清电力工业的发展功不可没。

南运河水路在沿岸矿业发展中究竟起到一个什么样的作用呢？铁路未修通之前，南运河流域内所需煤炭大都通过水运而来，但数量有限。道清和津浦铁路开通以后，打破了传统的煤炭运输格局，提高了煤炭运输效率，扩大了煤炭销售市场和销量，从而进一步刺激了煤矿生产规模的增大。不可否认，铁路成为全国煤炭运输市场的主力军，但由于运力有限、运价高及地域限制，内河水运依然是铁路煤炭运输的重要补充，而在南运河沿岸铁路尚未开通的临清、馆陶、龙王庙等地区，南运河水运是煤炭输入的唯一交通方式。

第三节　南运河航运与手工业的发展

"交通是社会生产力系统的动脉和神经，社会生产力的各个要素就是通过这种动脉和神经连接起来，成为运动的现实的生产力。"[②] 南运河沿岸的农村手工业不甚发达，有竹木业、酱菜业、纺织、制铁、制鞋等一些种类，除满足本地需求外，也出口其他地方，由于资料所限，外运途径是水运还是陆运，无法确切断定，故不能在此展开具体分析。但不可否认，南运河沿岸大小码头众多，装卸方便，船运灵活，价格低廉，在天津至沿岸地区商品流通中，必定成为很多手工业品原料和成品运输的首选，尤其是铁路、公路等现代交通方式尚未兴起之际。即使后期津浦铁路与南运河并行，但水运也并未被取代，因此，有研究者指出"津德（天津至德州）段沿线手工业多数与运河关系密切，德州以南的

---

① 山东省临清市地方史志编纂委员会：《临清市志》，齐鲁书社1997年版，第224页。
② 张熏华：《交通经济学》，上海社会科学院出版社1992年版，第11页。

沿线地区，则有一些农村手工业利用了铁路运输优势"①。笔者在此仅仅对几类手工业与水运的关系进行讨论。

明清时期，竹木业是临清重要手工业，明清时期已经十分发达，所用原料多是来自南方地区。民国初期，临清还有两大竹商和七十余户竹器制造者，"所用原料多为河南清华的竹子"②。竹器原料地的变化是由运河的变迁引起的，黄河北徙后，大运河临清以南段断航，南方的竹子无法通过水运抵达临清，河南清华位于卫河上游，是北方地区最大的竹林区，竹子通过卫河运至临清，"运竹于清华，制为床几……及一切竹器销路颇畅，业此者聚居竹竿巷。"③ 利用卫河和南运河便利的水运交通，临清竹木业长期保持兴盛，民国二三十年代，临清仍有竹器店 20家。1949 年，临清建立竹器供销社，当年销售额达到 56700 元（冀钞）。④

德州的编筛业亦甚发达。民国时期，一遇农闲季节，德州第三区即桑园镇的农户以柳条为原料编筛，产销"颇为旺盛，行销运河下游各地"⑤。一个筛子耗用二日，一个能卖 1.59 元，减去 5 角材料费可收益 1 元，每日可获利 0.5 元，以每冬三个月编筛，每人可收入 90 元，可观的利润使很多农民闲暇时从事此业。

民国时期，华北小麦生产促进了草帽辫业的繁盛。草帽辫即草辫，为制造草帽的原料，由麦秆编制而成。草辫业的兴起始于 19 世纪 80 年代，到 20 世纪初，河北省的草帽辫业主要集中在运河沿线地带及津浦线以东至山东沿海，其中南运河沿岸的青县兴济镇因紧邻运河，交通便利，成为著名的草帽辫集散地之一。

河北省草帽辫的产地以运河沿岸的兴济镇为中心，北至静海县的唐官屯，南起盐山、沧县的北部，西至大成，百余村妇女均以此为业。最

---

① 秦熠：《津浦铁路与沿线社会变迁（1908—1937）》，博士学位论文，南开大学，2008年，第 178 页。

② 高志超：《运河名城临清》，山东友谊出版社 1990 年版，第 266 页．

③ 张自清修，王贵笙、张树梅纂：民国《临清志》，《中国地方志集成·山东府县志辑95》，凤凰出版社 2004 年影印本，第 134 页。

④ 程玉海：《聊城通史》（近代卷），中华书局 2006 年版，第 328 页。

⑤ 建设总署水利局：《华北河渠建设事业关系各县农事调查报告书（第一卷）》，1942年版，第 420 页。

初主要销往南方各省，云南与缅甸也有销售，1900 年以后，国门打开，草帽辫逐渐成为出口的大宗货物之一。1914 年欧战之前，由天津、青岛转销德国最多，欧战之后，输出减少，而此时国内天津等地草帽制造业逐渐发达，草帽辫业得以勉强维持，但远远不及欧战之前的盛况。兴济镇周边的草帽辫主要销往天津，"合计兴济青县两处，每年运出之货，价值在二百万元以上。"① 兴济镇一带妇女常年编织草帽辫，每逢一、六日集市，设有专门市场交易草帽辫。农民将所编织的草帽辫，运至集市上出售，所得资产除购买生活生产用品外，再购买麦秆进行再生产。在青县县城常年设收买草帽辫的商铺。

与兴济镇不远的沧县，其凭借着水运优势，货品运至天津较为方便，草帽辫业发展也较快，有草帽店 10 余家，每年制造数千包产品，行销云南、缅滇等处。尤其是沧县城东马落坡庄为生产草帽辫及制造草帽最著名的村庄，年出产 200 余包，共 5 万余顶，每包值银 400 两左右，"消路颇畅，专销南方各省及外国，如河南、云南、贵州、广东、暹罗、缅甸等处是也"②。其次为风化店、北阁等村，县城东西南大小各庄均能生产，妇女孩童都能参与加工制作，有的挑选麦挺，有的分拣，有的捆束，不受时间限制，随时随地均可制造，不妨碍其他正式工作，草帽业已经成为沧县重要的农村副业。普通农户加工好后，卖给小贩或者行商，经过包装，"由船或铁路运往津济闽粤南洋等处，获利颇厚"③。其中，运往天津多走水运。

新中国成立后，草帽辫成为国家出口的主要土特产品之一，兴济镇所产草帽辫凭借着优良品质，在国际上获得了"兴济白"的美誉，出口 10 包草帽辫可换回 4 吨半钢材或 8 吨肥料。1958 年，河北省共生产草帽辫 9760 包，其中出口 4130 包。④ 出口需求增长很快，内销也不断上升，兴济收购站全部供应出口，由出口公司包销，静海县收购站以内销为主。巨大的市场需求促进了草帽辫业的发展，提高了农民的收入。

---

① 《直隶青县之经济状况》，《中外经济周刊》1927 年第 220 期。
② 《直隶省商品陈列所第一次实业调查记》，张研、孙燕京编《民国史料丛刊 573》，大象出版社 2009 年版，第 469 页。
③ 赵端良：《河北沧县之冬菜与草帽辫》，《农村合作》1937 年第 2 卷第 4 期。
④ 天津市档案馆藏，卷宗号：283—1—853。

1960年4月1日，兴济收购站收草帽辫1375斤，平均每斤2.538元。4月6日卖草帽辫的农民有三四千人，人们川流不息，货物卖出就需要三四个小时，有的从早上六点一直等到下午四点，才卖出回家。[①] 从草帽辫买卖场景中，可以看出兴济镇周边草帽辫业的兴盛。

民国时期，沧州冬菜业迅速发展也与南运河航运息息相关。沧州冬菜以白菜为主要原料，大蒜及盐为辅料，在秋季或者春季制作，以风味独特，味道鲜美，脆嫩爽口而出名，因此销路极广，获利丰厚，当地商人争先建厂，各村镇都有厂加工，约有十几家。"沧县所出产之冬菜，向外推销甚旺，推销地点，为天津济南沪粤等处，其推销方法，由酱园将冬菜用篓装好，由火车或船向外输运。"[②] 火车或者民船都是其重要的运输工具，但究竟哪个更为重要呢？具体依据运输目的地决定，如果运至天津、临清或河南道口等地，则采用船运，因为铁路运价过高，限制了冬菜业的发展，"若铁路运费能低减，各种苛捐能免除，则销路必更发达也。"[③] 而济南等地水运不便，则选择铁路运输。无论两者所占运输市场比例如何，南运河航运都为沧州冬菜业的发展作出了重要的贡献。

---

① 沧县市场物价管理委员会：《关于沧县兴济镇与静海县陈家嘴村在市场物价工作方面存在的问题和解决意见的报告》，1960年，天津市档案馆藏，卷宗号：85—1—73。
② 赵端良：《河北沧县之冬菜与草帽辫》，《农村合作》1937年第2卷第4期。
③ 同上。

第五章　南运河航运与沿岸城镇经济的兴衰

　　自古以来，经济发达的城镇基本上都拥有四通八达的交通体系。一般而言，运输网络体系越完善，规模越大，社会经济就越发达。J. 西蒙认为："如果经济发展的关键因素只有一个，那么它不是文化，也不是制度和心理特征，而是交通运输和通讯系统。"① 南运河沿岸城镇是商品经济发展到一定阶段的产物，它们的兴起和发展离不开交通运输的支持。铁路、公路产生之前，南运河是该流域城市与集镇之间商品集散和流通的主要运输渠道，以南运河为轴心形成一条沿岸城镇经济带。大运河沿岸经济带曾是中国最为繁荣的城镇集中地之一，德州、临清、济南、淮安、扬州等地均位于河流两岸。漕运废弃以后，南运河沿岸的城镇并非立即衰落，尤其是天津开埠以后，这些城镇反而摆脱了衰败状态，迎来了短暂的繁荣。津浦铁路的修通，虽然对南运河航运产生了一定的冲击，但南运河航运依然是沿岸城镇之间货物流通的主要运输方式，在推动沿岸城镇经济发展和近代化过程中起到了重要的作用。新中国成立后，随着铁路和公路运输网络的不断发展和完善，南运河航运在沿岸城镇货物运输市场中的份额不断缩减，对城镇经济的影响力也在逐渐减弱。由于津浦铁路天津至德州段与南运河平行，两者之间展开了激烈的竞争。所以，无法准确估计南运河航运对这些城镇变迁的影响程度。为此，笔者通过对南运河航运与沿岸多个城镇经济发展的关系进行论述，比较单一型交通城镇临清和复合型交通城镇德州的兴衰过程，探究近代以来南运河航运与沿岸城镇兴衰的复杂关系。

---

① 朱利安·西蒙：《没有极限的增长》，四川人民出版社 1981 年版，第 186 页。

第一节 南运河航运与沿岸城镇的分布

民国时期，一些南运河沿岸城镇延续明清时期的状态存在着，而另一些城镇的发展则刚刚起步，这些城镇均位于南运河两岸，这样的分布不是一种历史的偶然，而是社会历史发展的必然结果，其中的原因是多方面的，南运河是关键因素，它在沿岸地区人们生存与发展进程中起到了重要的作用。人类文明的发源地均最早产生于河流两岸，社会经济最繁盛的地方也是位于河流两岸，南运河区域也是如此。首先，南运河为两岸地区人类的生存提供了水源，使人们在此聚集，即使到了民国时期，人们依然主要饮用河水，如临清"城外无水井，都是用河水（1桶5斗左右），花一个铜元买。城内的水井含有盐分，因而饮水还是采用河水"[①]。其次，从社会经济角度看，水运是一种先进的交通方式，是连接不同区域之间一种不可或缺的交通手段。中心城镇是一个经济区域的核心，它的商业地位与其腹地的大小紧密相关，对于一个拥有水运条件的城镇，它可以收集周边的农副产品，还可以销售各种外来商品，起到连接生产和消费的功能。在水运作为社会物资主要流通方式的时代，城镇靠近河道意味着发展，远离则代表着边缘化，"因为城市化发展起来要为农村人口经济、政治和社会的基本需要服务，城市自然会沿着可通航水道兴起，因为通航水道是把它们与乡村社区或其他城市连接起来的重要手段"[②]，所以，南运河航运与沿岸城镇的建立与兴衰紧密相关。

表5-1　　1916年南运河天津至道口水程距离及各地之间距离表 单位：公里

地名	从天津	各地之间距离	地名	从天津	各地之间距离
静海县	58	58	油坊	443	30
兴济镇	128	70	临清	478	35

---

① 《大运河调查报告书》，冯天瑜、刘柏林、李少军选编《东亚同文书院中国调查资料选编》（下册），李少军等译，社会科学文献出版社2012年版，第1425页。

② ［美］章生道：《城治的形态与结构研究》，［美］施坚雅主编《中华帝国晚期的城市》，叶光庭译，陈骄桥校，中华书局2000年版，第91页。

续表

地名	从天津	各地之间距离	地名	从天津	各地之间距离
砖河	163		尖塚	523	45
泊头镇	198	35	南馆陶	598	55
连庄	233	35	小滩儿	608	30
桑园	288	30	龙王庙	638	30
德州	298	35	元村集	673	35
古城县	333	35	楚旺	708	35
郑家口	368	35	五陵	763	55
武城县	413	45	道口镇	818	55

资料来源:《大运河调查报告书》，冯天瑜、刘柏林、李少军选编《东亚同文书院中国调查资料选译》（下册），李少军等译，社会科学文献出版社 2012 年版，第 1267 页。

表 5 - 2　　　1918 年南运河天津至道口水程距离及各地之间距离表 单位：公里

地名	从天津	各地之间距离	地名	从天津	各地之间距离
天津	——	——	郑家口	42.5	387
静海	46.5	46.5	武城	40	427
唐官屯	25	71.5	临清	60	487
马厂	7.5	79	尖庄	40	527
兴济镇	37.5	116.5	南馆陶	35	562
沧州	25	141.5	小唐镇	35	597
泊头	67	208.5	龙王庙	30	627
连镇	36	244.5	元村集	45	672
桑园	32.5	277	楚旺镇	35	707
德州	40	317	五龙口镇	35	742
故城	32.5	349.5	道口镇	53	795

资料来源:《大运河调查报告书》，冯天瑜、刘柏林、李少军选编《东亚同文书院中国调查资料选译》　（下册），李少军等译，社会科学文献出版社 2012 年版，第 1339—1340、1346 页。

以上两表是日本东亚同文书院 1916 年与 1918 年的两次调查结果，基本涵盖了南运河沿岸的主要城镇和码头。碍于当时的测量技术条件，两次调查数据有些偏差，1916 年天津至道口水程为 818 公里，1918 年为 795 公里，各地之间的距离也有一些不同，但相差不大，它们给我们认识沿岸城镇之间的距离与分布情况提供了基本依据。我们从中可以发现，南运河沿岸主要城镇之间彼此距离多为 30—40 公里。而这些城镇彼此之间的距离集中在这一数字区间有何原因？这与南运河上船舶的航行速度有关。虽然船舶的速度不定，与水量、风向流向相关，但在一般情况下民船一天的航行距离为 40—50 公里。[①] 每个城镇距离保持在 30—40 公里，船舶基本可以白天航行，晚上在沿岸城镇停航休息。这是因为该河道弯曲，民船设备简陋，没有很好的照明设备，此外，近代以来，社会治安状况恶劣，夜晚航行常常遭到土匪的袭击，多种因素限制了民船的夜间航行。也有个别城镇之间为 55—60 公里，恰好为一天半或两天的航程，这也是船只每行驶一定的距离，就会出现一个相对大的集散市场，便于商品交易的原因。"盖运河民船，因避夜行之危险，常按站而行，每站约七十里上下，每日黎明开行，至日暮即住站，因风向顺逆及水深之关系，每日走一站或二站不等。"[②] 可见，运河沿岸城镇之间的空间距离多是受民船航行速度的影响。

这些城镇大都是富裕的，城镇内居住人口经商者多，工商业发达，农民多种植棉花、小麦、干果等经济性作物。一个城镇社会经济的繁荣不仅与交通位置密切相关，同时，也与它的经济腹地范围有关，沿岸节点城镇的繁荣程度与它的腹地范围大小成正比。例如临清位于冀鲁豫三省的交界地区，卫河与运河的交汇处，是三省重要的交通枢纽与商品中转地，经济腹地范围广大，故商业发达。道口镇位于道清铁路与卫河的交接点，是水陆交通要冲，是豫北及晋南货物输入天津的必经之地，城镇也较繁华。而武城与故城之间的甲马营是恩县西面的小港口，因商业辐射面小，商业素不发达，仅该县所产的棉花从此运出。[③]

南运河不仅影响着沿岸城镇的分布和发展，也通过一条运输线把沿

---

① 《大运河调查报告书》，冯天瑜、刘柏林、李少军选编《东亚同文书院中国调查资料选译》（下册），社会科学文献出版社 2012 年版，第 1340 页。

② 《德县之经济概况》，《中外经济周刊》1927 年第 221 号。

③ 《大运河调查报告书》，冯天瑜、刘柏林、李少军选编《东亚同文书院中国调查资料选译》（下册），社会科学文献出版社 2012 年版，第 1345 页。

岸各个城镇串联起来，构成该流域的线性城镇体系。它与沿岸城镇的农业、商业、文化等相关，像一只无形的手在默默摆弄着区域内城镇的兴衰。焦作的煤炭经道口水运至临清、德州、泊头等地，泊头鸭梨、德州西瓜也通过南运河输送至沿岸的各个地方，天津商人把各种洋货、面粉、机器等装船运至沧州、德州、临清等地。在交通不发达的时代，南运河水运提供了一个各地区之间交流的通道，这一通道也是该流域经济一体化的基础。

第二节　南运河航运与沿岸城镇经济的兴衰

　　南运河沿岸城镇是运河经济带中的重要节点，由于便利的交通条件，船舶在此停泊修整，城镇周边的商人在此装卸货物，进行商品贸易，沿岸城镇逐步发展成为城市与乡村农副产品及商品的交换中心，例如沧州、泊头、道口等。随着津浦铁路和公路等新式陆运交通的发展及南运河航运的衰落，这些城镇遭遇到不同的境况，一部分沿岸城镇因为没有铁路经过，错失了发展的机遇，经济地位开始下降，例如道口；另一部分沿岸城镇成为水陆要冲，交通运输方面既有铁路又有水路，社会经济继续发展，例如沧州、泊头。本节以沧州、泊头和道口为例，分析南运河航运对沿岸城镇社会经济的影响。

一　沧州

　　沧州为水陆要冲，"北达津沽，南通齐鲁"①。作为漕运货物的必经之地，繁忙的漕运给沧州带来了繁荣。至光绪年间，虽然沟通南北经济的内河漕运被废弃，"然民船往来有运输货物者，有乘载行旅者皆以沧为营业之中心"②。1912 年，津浦铁路修通，降低了沧州进出商品贸易对水运的依赖性，但由于沧州距离天津距离较近，航运与铁路的运输时间相差不大，且航运较陆路运输具有成本低、载重大的优点，航运依然

---

　　① 民国《沧县志》卷 3 方舆志，《中国地方志集成·河北府县志辑 42》，上海书店出版社 2006 年影印本，第 68 页。

　　② 同上书，第 69 页。

是沧州对外交流的主要交通方式。据 1939 年日本兴亚院调查,沧州、德州、临清三地为南运河沿岸三大物资集散地[①],南运河航运促进了沧州社会经济的发展。

(一)民国时期南运河航运对沧州经济的影响

沧州是南运河沿岸的重要码头及城镇。即使津浦铁路的开通对沧州航运贸易造成一定的冲击,部分货物选择铁路运输,但在南运河流域地区,内河水运仍然是沧州输出和输入商品的主要方式(见表5-3、表5-4)。

表 5-3 　　　　　　　　七七事变前沧州输出品调查表

货物品种	运量	目的地	输送方式及比例	备注
小麦	630 吨	天津	汽车 60% 船 40%	
粟	1500 吨	天津、邯郸、顺德等	汽车 20% 船 80%	
高粱	960 吨	临清、武城、郑家口等	船	
玉蜀黍	1620 吨	临清、武城、郑家口等	船	
黑豆	616 吨	东光、连镇、桑园等	船	
胡麻	825 吨	天津	汽车 60% 船 40%	
冬菜	80000 斤	天津	船	
蔬菜	不详	天津	船	
落花生	8500 包	天津	船	每包 65 斤
鸡蛋	5000000 个	天津	汽车 20% 船 80%	
植物油	2100 桶	天津	汽车	豆油及落花生油,每桶 32 斤
兽毛	2000 斤	天津	汽车 50% 船 50%	
鱼虾	2500 包	泊头、桑园、东光等	汽车、大车	每包 13 斤

资料来源:兴亚院华北联络部政务局调查所编印《南运河流域事情调查报告》,1939年版。

---

① 兴亚院华北联络部政务局调查所编印:《南运河流域事情调查报告》,1939 年版。

表 5 - 4　　　　　　　　七七事变前沧州输入品调查表

品种	数量	货源地	输送方式及比例	备注
果实	1000 箱	天津	汽车30% 船70%	每箱 70 斤
烟草及药品	8000 斤	天津	船及木筏	
茶	1200 箱	天津	船及木筏	
木材	10000 本	天津	船及木筏	
牛	3700 头	山东省武城、茌平等	不详	
羊	3000 头	山西及本县四乡	不详	

资料来源：兴亚院华北联络部政务局调查所编印《南运河流域事情调查报告》，1939年版。

　　由表 5 - 3、表 5 - 4 得知，七七事变前沧州经济属于天津贸易圈，主要围绕天津展开各种商品交流，其次是与南运河沿岸的临清、武城、泊头、桑园、东光等地。南运河航运依然是沧州对外商品交流的主要通道，输出品主要是农副产品，主要销往天津；输入品主要是果实、烟草及药品、茶叶、木材等，也主要来自天津。从货物流向看，输出品数量远远大于输入品数量，因为沧州距离天津较近，天津所需的粮食、蔬菜、水果、鱼虾等一部分食物依赖于沧州。沧州至天津的货物选择水运主要原因还是低廉的运价，装载八百石的大船每石运费需银三角五分，返程由天津运煤至沧州，每吨运费在三元左右。铁路运费方面，由沧州车站运粮麦至天津，每吨约需七元，"（上下脚力及统捐在内）大概火车运费，比民船约贵十分之四五，故对天津之运输，以走民船者为多"。①

　　交通与商业的发展紧密相关，可以说"商业是交通的先导，交通是商业的基础"②。沧州凭借着优越的交通地位，城镇工商业呈现出一派繁荣景象。人口众多，"市面较为繁荣，虽无大商号，而小本商号应有尽有，且交通方便，五日一市，以有易无"③，其贩卖物品有谷类、

---

① 《沧县经济情形》，《经济半月刊》1927 年第 2 期。
② 朱荫贵：《中国近代轮船航业研究》，中国社会科学出版社 2008 年版。
③ 《河北省沧县地方实际情况调查报告》，《冀察调查统计丛刊》1937 年第 2 卷第 1 期。

牲畜、蔬菜、布匹等。"就近今二十年考之盐商、当商而外，厥惟钱商、粮商及布商、木商、洋广货各商约计七十余行业，亦云盛矣。"[1]当时沧州有大小商户 380 家，粮食为最大交易货物，经营粮业者多分布于小南门外，有广兴（南门外）、万福永（南门内）、广丰（牛市街）、永兴（西河沿）、成兴（南门外）、振业（南门外）六家，钱号有万利、九合堂、德庆永、协同四家，此等钱号亦兼做粮食买卖，转运公司有同泰公、汇通两家，货栈有万顺栈、永成栈，船行一家，在西河沿。[2]

七七事变之前，沧州的手工业十分发达，主要集中在针织、鞋帽、榨油、铸锅、冬菜、草帽辫等行业。有针织厂 3 家，鞋厂、鞋店等鞋业户 50 多家，原料是从天津运来，成品销路很广，销到德平、乐陵、章丘、惠民、临清、德县、连镇、靖远县（今盐山县）、庆云、岐口等地区，甚至远至山东利津县、兖州，大的鞋店有福祥鞋店，在乐陵县、惠民、连镇等处都设有分店。榨油厂 7 家，其中德利恒、文德玉、华利、福康、福裕 5 家用机器榨油，销路很广，南至南京，北到天津，油饼主要销往小站附近的农户。从事铁业生产的有 15 户，铸锅工厂 2 座，五金锅店 13 户，例如德兴铸锅工厂有工人 30 个，一年可铸 3 万口锅，销售量达到 5 万口，其中 2 万口锅来自获鹿（今河北省鹿泉市）。[3]

冬菜是沧州的土特产，兴起于民国时期，起初仅有二三家，因销路极广，获利极厚，人们纷纷办厂制作，工厂主要集中于东营子、西营子车站，西门外北堡子等地约有十几家，主要"由火车或船向外输运"[4]，"冬菜经由天津运销广东香港汕头等处，每年不下五百万斤。"[5]沧州市内有源合等 4 家酱菜园，代制冬菜，仅这四家每年冬菜出口达 100 万斤，他们不仅经营冬菜，也经营酱菜和杂货等。此后乡

---

① 民国《沧县志》卷 12，《中国地方志集成·河北府县志辑 42》，上海书店出版社 2006 年影印本，第 423 页。

② 《沧县经济情形》，《经济半月刊》1927 年第 1 卷第 2 期。

③ 沧州市工商局：《关于纺织业、盐业、工业、铁业、油业、鞋业、冬菜业调查材料》，1948 年 10—12 月，沧州市档案馆藏，卷宗号：35—1—28。

④ 赵端良：《河北沧县之冬菜与草帽辫》，《农村合作》1937 年第 2 卷第 4 期。

⑤ 《沧县经济情形》，《经济半月刊》1927 年第 2 期。

村农户也开始生产冬菜出售，规模更大，最高时每年出口数225万斤，冬菜业的发展离不开交通的支持，南运河航运在原料供给和产品销售方面提供了便利，后因原材料短缺，质量低下，资金流动缓慢等原因，冬菜业逐渐衰落。①

沧州的工业起步较早，1905年，沧州牧赵惟庆创办工艺学堂，教授学员学习纺织等技术，后该学堂改为模范工厂，1910年，又设立劝业所。② 民国时期，政府积极倡导各地兴办实业，沧州的纺织、铸造、酿酒、皮革、建材、印刷、榨油、鞋帽加工等传统手工业也有一定程度的发展。此外，沧州利用交通优势，便于购置机器和原料，建立了一批现代工厂，有益兴存蛋厂、富利育记面粉厂、昌明电灯公司。南运河沿岸的桑园镇新建的益兴存蛋厂，日加工鲜全蛋750公斤，产品种类日渐多样化，从鲜全蛋发展到干蛋白、干蛋黄、盐黄、粉黄、蜜黄、蛋白粉等，日产量7500公斤。

沧州面粉厂是城内建立最早、规模最大的近代企业，它的兴衰与南运河航运关系密切。该厂原名富利育记面粉股份有限公司，由沧州徐锦堂倡议并组织王在臣、张良模（时为天津福星面粉厂厂主）等人创建，共集资5万银元，买下南川楼村西菜园地，该厂选址于此，"是因厂址三面临水，水路运输便利"③。1924年建成投产，该厂初期占地1200平方米，主要建筑有一栋5层砖木结构的生产大楼、仓库、动力车间、一个办公用的四合院以及两个四合院宿舍等。主要设备有24吋复式磨粉机5台，美式挑担平筛2架，电力设备是1台美国产锅炉和1台120马力卧式蒸汽机，日产面粉200袋。④ 所生产的面粉大部分销往天津等地，一小部分销往本地市场，"加工的小麦从河南、山东购买，通过水路运进，外销的面粉也由水路运出。"⑤

① 沧州市工商局：《关于纺织业、盐业、工业、铁业、油业、鞋业、冬菜业调查材料》，1948年10—12月，沧州市档案馆藏，卷宗号：35—1—28。
② 民国《沧县志》卷6，《中国地方志集成·河北府县志辑42》，上海书店出版社2006年影印本，第123页。
③ 魏焕光：《沧州面粉厂：步履蹒跚走过百年》，《沧州日报》2012年7月4日。
④ 同上。
⑤ 中国人民政治协商会议河北省沧州市委员会文史资料研究委员会：《沧州文史资料》第2辑，河北人民出版社1989年版，第228页。

为了运输的方便和降低运输成本，厂里自备了对槽船两艘和专用的货物码头。

沧州面粉厂经过多次易主变迁。1937 年面粉厂被日军低价收购霸占，改名为"沧县朝日面粉公司"，沦为日军食用面粉供应地。1943 年 6 月 7 日，面粉厂的制粉大楼突然失火，损失惨重，楼房和机器设备均被烧毁。鉴于此，日本人立即在被烧的大楼旧址重建了五层红砖混凝土结构新楼，从天津三条石大仁面粉机器厂购进制粉设备，日产面粉由过去的 220 袋增加到 900 袋（每袋 22 公斤）。1945 年 8 月 15 日，日军投降后，该厂由天津寿丰面粉厂接办，后又被国民党派人接手，改名为"沧县面粉厂"。1947 年 6 月 15 日，沧州解放后，面粉厂成为人民的面粉厂。1969 年，为了节约从第一粮库到第二粮库之间粮食运费，政府决定将面粉厂由南川楼迁到第一粮库后院，1970 年 5 月实施搬迁，沧州面粉厂原厂址变成市无线电二厂。

沧州面粉厂几经变迁，其所有制也先后经历了民族资本家经营、日军侵占经营、官僚资本经营、公有制经营，但一直位于南运河沿岸，依靠南运河运输小麦和面粉。据统计，1948 年 10 月沧州市小麦成交额为 480100 斤，"小麦主要是由南馆陶、临清、郑家口，船运麦子来换回食盐，（小麦）销于本市磨坊及民食为主。"[1] 其中，应该很大一部分小麦是供应沧州面粉厂。随着铁路运输的发展，南运河航运时断时续，到 20 世纪 50 年代中期，面粉厂运进的小麦和运出的面粉，由过去的水运，逐渐被铁路取代。

（二）解放后沧州航运业进一步加强

1948 年，沧州解放后，城内的工商业得以恢复。截至 1948 年 10 月，沧州市各类工商户共计 1691 户，涉及各个商业种类。其中，从事织布 18 户，拥有铁轮机 47 台，木制纺织机 19 台，工人 121 名（不包含女工），每日约生产 29 匹布。袜子厂增至 7 户，机器 56 台。还有金城毛巾厂，每日生产毛巾 4 打。[2] 从事鞋业生产和销售的有 45 家，其

---

① 《沧市的几个调查材料》，1948 年 11 月 1 日，沧州市档案馆藏，卷宗号：35—1—28。
② 沧州市工商局：《关于纺织业、盐业、工业、铁业、油业、鞋业、冬菜业调查材料》，1948 年 10 月—12 月，沧州市档案馆藏，卷宗号：35—1—28。

中，鞋厂 2 家，鞋店 19 家，作坊 9 家，毡店 3 家，皮脸 3 家，夹子坊 8 家，所用原料大都来自天津。[①]

表 5 - 5　　　　　　　　1948 年 10 月沧州市工商户数统计表

行业	户数	行业	户数
货栈	74	铁货	35
大车店	45	布业	75
客栈	33	广货	111
米面店	223	烟叶	52
竹席绳	53	钟表	37
□食	147	油酒	68
肉铺	78	文具	11
中药	21	茶叶	10
自行车	47	□器	14
□业	53	估衣	222
□货	115	小铺	84
木业	27	西药	23
理发	33	合计	1691

资料来源：《沧市的几个调查材料》，1948 年 11 月 1 日，沧州市档案馆藏，卷宗号：35—1—28。

　　商业的繁荣离不开交通的支持，解放初期，津浦铁路尚未全线贯通，其他陆上运输有限，内河航运依然是沧州进出货物的主要交通方式。1948 年，沧州船只登记由同兴货栈负责登记，驶往天津方向的船只 29 只，船户来自天津、陈官屯、青县、独流镇、捷地镇等地，开往冀南方向的约 40 只左右，船只数量不多的原因主要是解放区和国统区交通政策的限制。

---

　　① 沧州市工商管理局：《沧州市铁、油、鞋、冬菜四业调查材料》，1948 年 10 月，沧州市档案馆藏，卷宗号：35—1—28。

表 5 - 6　　　　1948 年 5—10 月沧州同兴货栈水路出口货物统计表　　　　单位：斤

货名	运量	货物来源	货名	运量	货物来源
粮食	164317	德州、临清	草帽辫	87019	临清
棉花	118230	永茂货栈	木材	10000	临清
红枣	260021	清、沧、交、建□	木头	8000	临清
瓜子	19241	德州、临清	木炭	1785	——
烟叶	2400	——	豆饼	18862	本市
药材	30821	安国	——	285	德州
山货	24330	济南、临清	——	146548	连镇、吴桥、振华、桑园
西瓜	60400	连镇	香油	225	——
梨	9460	泊头	羊毛	129058	石家庄
山芋	25572	本市	羊皮	9463	石家庄
□麻	17554	——	猪毛	2332	——
——	14376	本市	头发	1640	振华货栈
——	17500	连镇	——	200	泊头

资料来源：《沧州的几个调查材料》，1948 年 11 月 1 日，沧州市档案馆藏，卷宗号：35—1—28。

从表 5 - 6 得知，沧州同兴货栈出口的货物主要是农副产品，来自于华北各地，主要集中于南运河沿岸地区，货物量共计 1179639 斤，约 59 吨，这仅仅是同兴货栈的出口量，返航时货运量也不可小觑。此外，还有一些船只运量没有统计在内。可见，南运河航运在沧州社会经济发展中的重要地位。

新中国成立后，随着经济的发展，需要船只运送的货物不断增加，码头搬运业随之繁荣。沧州搬运工会曾两次从其他搬运公会抽调搬运工人充实码头搬运力量。多时装卸达 60 只货船，计 2000 多吨。1961 年后，沧州市装卸三队、地车大队、新华路公路先锋运输队都曾先后被派到运河码头上进行过装卸货物的作业。[①] 南运河沧州段水运的主要货物有运往河南的盐、砖，运往泊头、吴桥、东光的面粉，运回沧州的主要

————————

① 沧州市交通志编纂委员会：《沧州市交通志》，中国社会科学出版社 1993 年版，第 221 页。

货物是小麦，运至沧州面粉厂加工。据 1953 年调查，沧州经南运河出口货物主要有粮食、建筑器材、棉花、煤炭等，大部分发往东尖、桑园两地（见表 5 - 7）。

表 5 - 7　　1953 年沧州经南运河出口货物的主要港口、货物种类及数量表

货物种类	各港口合计	发往主要港口	
		东尖	桑园
粮食	4837	1073	
食盐			
煤炭	184		172
石油			
重油			
棉花	1557		
棉纱布头			
矿石			
木材	61	41	
建筑器材	4543	1746	2227
五金器材及金属制品			
土特产			
其他	8363	5	94

资料来源：中华人民共和国交通部内河航运管理总局：《全国内河航运基本情况调查资料》，1954 年版，第 280 页。说明：原表无单位，据上下文推测应该为"吨"。

1956 年，沧州对航运船只进行划分和改组，40 吨上的船只归天津航运局的国营船队，10—40 吨的船只成立航运合作社，对 10 吨以下的船只，动员回家参加农副业运输。起初，参加的船只不足 40 艘，1956 年年底从黄骅调来 20 艘，从河南新乡调来 10 艘，1958 年，又从山东调来 13 艘，到 1958 年年底航运合作社共有船 95 艘，1743 吨，人员 250 余名。1963 年划归天津航运局领导，人员发展到 400 名。随着运输需求的增加，船只逐步更新，增加了一艘 117.68 千瓦的机动拖轮，南

运河航运向着机械化运输迈进。[①]

　　码头是船只停靠与货物装卸的场地，码头的兴衰也基本反映了航运业的概况。沧州市区码头由面粉厂、洋楼、菜市口、锅市街口、白家口、戴家园、盐厂若干小码头组成，南起解放桥以南的面粉厂、北至北环桥北的盐厂，长3公里，常水期河面宽35米，可停靠70吨木船3只，港壁为自然堤坡，装卸货物靠跳板上下。1967年以后，河水减少，货运量随之减少，许多货物码头废弃，货物装卸多转移至解放桥与新华桥之间，河面较为宽阔，可停靠70吨木船4只，1976年，随着运河断流，南运河码头废弃。从沧州水运系统专业船舶完成的货物运量也可以直接反映南运河沧州段的兴衰历程（见表5-8）。

表5-8　　　1952—1975年沧州水运系统专业航船完成货运量表　　单位：吨

年度	吐量	吞量	合计
1952	63877	25638	63877
1953	8000	7000	15000
1954	17000	9000	26000
1955	41000	28000	69000
1956	21000	7000	28000
1957	41000	25000	66000
1958	53664	34941	88605
1960	301312	227754	529066
1961	106956	32954	139910
1962	50000	67695	117695
1963	79505	9784	89289
1965	——	——	118724
1966	14963	25835	40816
1967	13207	30336	43543
1968	6899	1152	8051
1969	5373	13688	19061

---

① 《沧州市志》编纂委员会：《沧州市志》（一），方志出版社2006年版，第570页。

续表

年度	吐量	吞量	合计
1971	——	——	22293
1972	——	——	4301
1973	——	——	2111
1974	——	——	1357
1975	——	——	2368

资料来源：《沧州市志》编纂委员会《沧州市志》（一），方志出版社 2006 年版，第 572—573 页。

上表所列出的为沧州水运系统的总运量，包括南运河和子牙河，南运河贯穿沧州南北，自吴桥县入境至青县出境，较大的码头有独流、马厂、青县、兴济、沧县花园、沧州市区、捷地、泊头、连镇、东光、桑园等码头，而子牙河较大的码头仅有臧桥码头，仅仅从码头的分布和航道的长度比较，沧州水运系统中，南运河航运占有绝对的优势地位，故以上所列船舶运量基本也能反映了南运河沧州段航运的历年货物运量。

航运的衰退没有终止沧州经济发展的步伐，铁路、公路等现代交通方式迅速发展，陆上运输条件不断提高，国道、省道及县级公路连成网络，纵横交错，铁路运输设施不断完善，为沧州社会经济的发展创造了条件。1956 年，沧州铁路区段内铁路专用线开始修建，第一条是姚官屯车站至姚官屯飞机场的专用线，截至 1975 年之前，沧州市燃料公司、石油公司、物资公司、水利局及石油化工公司各自修建了自己的铁路专用线。[1] 沧州火车站货物装卸能力也在增强，民国时期，货运设施站台 1 座，长 340.8 米，货物线 1 条，长 422.8 米，另有临时军用货物线 4 条，仅作为备用线。新中国成立后，1958 年扩建南货场，建成货物站台 1 座，3060 平方米，线长 768 米。同年，又建成 5 条铁路专用线。1970 年开始修建北货场，占地 504000 平方米，一次货物堆放量为 43082 吨。[2] 随着经济的恢复和铁路运输条件的改善，货物运输量逐年

---

① 《沧州市志》编纂委员会：《沧州市志》（一），方志出版社 2006 年版，第 542 页。
② 同上书，第 547 页。

上升，1952 年，月发送货物在 7412 吨左右。此后，货物运输量不断增长，1975 年，沧州站发送货物达到 3126817 吨，主要发送煤炭、化工、鲜活农产品等多种物品。①

总之，新中国成立后，虽然南运河航运业沧州段继续发展，但随着沧州社会经济的快速发展，航运在运输数量、时效性方面，已经远远不能满足需求，并且铁路、公路等现代交通方式迅速发展，逐渐取代了传统的船只运输，因此，南运河航运业对社会经济的发展影响力逐渐减弱，最后随着南运河的断流而停止，但没有阻挡沧州经济继续发展的步伐，铁路、公路等陆上运输方式取代南运河航运，成为沧州对外贸易的主要交通方式。

二　泊头

泊头位于河北省东南部，距离天津约三百里，因优越的南运河水运交通而兴起，"咸丰年以前，随同南方几省运粮船同来的货船和货物，全以此为泊点，同时天津一带的货船，也以当地为泊点；南船不再向北，北船也不向南再行，就以该处作为买卖的市场。"② 泊头也因此而得名。京杭大运河断流后，漕粮改为海运至天津，泊头经济受到很大的打击。1911 年，津浦铁路在此设站，泊头同时拥有津浦铁路与运河的水陆交通优势，附近几个县的商品在此集散，社会经济逐渐恢复活力，成为津南的经济中心。

（一）泊头工商业的繁荣

民国时期，泊头镇隶属于南皮、交河两县，以南运河为界，以东属南皮，河西属交河，城镇以运河为轴心，呈长方形分布，南北长约五里，东西宽约二里。③ 河西地区商业繁盛，有三条南北大街为本镇商业中心。泊头镇人口众多，据当地警察局统计，1928 年全镇居民共 2160 余户，其中河西者 1700 余户，河东仅 460 余户。④ 至 1937 年，人口增

---

① 《沧州市志》编纂委员会：《沧州市志》（一），方志出版社 2006 年版，第 551 页。
② 王干：《泊头镇一瞥》，《工商学志》1935 年第 7 卷第 1 期。
③ 中国银行天津分行：《泊头镇之近况》，《经济半月刊》1928 年第 2 卷第 10 期。
④ 同上。

长至 3200 余户，约 2 万余人。① 因泊头镇重要的经济地位，故交河县
商会及统税局、公安分局均设于本镇。交河县的电话也以泊镇为中心，
邮政泊头镇为二等邮政局，城里则为三等邮政局。②

便利的交通条件促成了泊头镇商业的繁荣。首先表现在商业店铺数
量众多。1910 年，泊头镇商务分会成立，参加的行业数十类，商号 100
多家。③而据 1910 下半年河间府交河县泊头镇商业调查一览表显示，各
行商号合计已达 127 家（见表 5 - 9），除此之外，还有铜铁锡磁木等器
及油粮小铺百余家。

表 5 - 9 　　　　　　　1910 年下半年交河县泊头镇商业调查一览表

营业类别	数目	资本额	每年买卖额
银钱行	14	每家资本津钱五千吊上下	此行四外买卖难查数目
河下粮行	4	每家资本津钱三四千吊上下	丰谦年代客买卖粮食无数
市集粮店	8	每家资本津钱千吊上下	丰年约粜粮食十余万石
鞋行	8	每家资本津钱千吊上下	每家销货钱二千吊上下
洋布线行	10	每家资本津钱七八千吊上下	每家销货钱六万吊上下
杂货行	22	每家资本津钱万吊上下	每家销货银一万六七千两上下
茶店	6	每家资本津钱万吊上下	每家销货银万两上下
煤砟店	15	每家资本津钱七八千吊上下	每家销货钱两万吊上下
木行	5	每家资本津钱七八千吊上下	每家销货钱万吊上下
酒店烧锅	3	每家资本津钱一二千吊上下	每家销货钱三千吊上下
油坊	5	每家资本津钱万吊上下	每家销货钱三万吊上下
生药行	8	每家资本津钱四五千吊上下	每家销货钱万吊上下
色纸作坊	10	每家资本津钱千吊上下	每家销货钱万吊上下
烟土行	1	每家资本津钱一二千吊上下	只因戒烟后所销有限
竹货行	8	每家资本津钱一二千吊上下	每家销货钱万吊上下

---

① 中国银行天津分行：《泊镇业务调查报告书》，1937 年 6 月 15 日，天津市档案馆藏，
卷宗号：401206800—J0161—1—002399。

② 林一：《交河社会概况》，《泊声》1933 年创刊号。

③ 天津市档案馆等编：《天津商会档案汇编（1903—1911）》，天津人民出版社 1989 年
版，第 279 页。

营业类别	数目	资本额	每年买卖额
总计	127		

资料来源：天津市档案馆等《天津商会档案汇编（1903—1911）》，天津人民出版社 1989 年版，第 1005 页。说明：原文无年月，推断在 1910 年下半年。

至 1935 年，据王干《泊头镇一瞥》记载，全镇共有商店 230 余家，还有一些零售小贩尚未统计在内。[①] 泊头镇的商业持续发展，据 1937 年中国银行天津分行对泊头镇的调查：

> 泊头镇共有商号四百余家，河西约占三百余家，在商会者约一百五十余家，本镇之大工业有永华火柴公司、泊头电灯公司，均系股份有限公司组织，其余商号多系合资或独资性质，兹将范围较大之各行商家数列于后。银钱业十家，银行业一家，棉纱棉布业十五家，杂货业十六家，粮店业六家，油坊业二家，煤油纸烟业三家，绸缎洋布业十家、山货栈业四家，海运业四家，木行业四家，煤砟业六家，药材业三家，酒店业二家，茶叶店业四家，□金业三家，书局南纸局业三家，鲜果茶食业四家，盐店业一家，米面业四家，火材公司一家，电灯公司一家，以上共计一百零七家。[②]

泊镇历年具体贸易量没有明确统计及记载，只能看到几个年份贸易数据，以此窥其全貌。王干估计全镇贸易额最少在 200 余万元。[③] 中国银行天津分行对泊头镇输出入商品情况记载："泊镇输出之土产均来自附近各县，兹以每年常运至泊镇各货作为输出土产之统计，特将品名数量总值列表于后（见表 5 – 10）。……以上共计国币七百四十五万

① 王干：《泊头镇一瞥》，《工商学志》1935 年第 7 卷第 1 期。
② 中国银行天津分行《泊镇业务调查报告书》，1937 年 6 月 15 日，天津市档案馆藏，卷宗号：401206800—J0161—1—002399。
③ 王干：《泊头镇一瞥》，《工商学志》1935 年第 7 卷第 1 期。

元。"① "泊镇输入之货,除本镇实销外,其转销交河、南皮、武邑、衡水小范、乐陵等县之货亦包括在内,兹将品名数量总值列表于后。……共计国币一千一百十万元。"② 虽然不知道该数据的具体统计时间及准确与否,但还是让我们对民国时期泊镇的商品进出情况有简单的了解。

表 5-10　　　　　　　　泊头输出与输入商品统计表

输出商品		输入商品	
种类	数量	种类	数量
小麦	5 万石	棉纱	1 万 2 千包
红粮	3 万石	棉布	20 万匹
小米	5 万 5 千石	绸缎□□洋布	不详
玉米	4 万石	糖	5 万 5 千包
黑豆	3 万石	杂货	不详
吉豆及其他	3 万石	煤油	5 万 2 千箱
棉花	1 万 4 千包	纸烟	5 千箱
鸭梨	60 余万筐	茶叶	5 千担
花生米	4 万包	洋杂货	不详
鸡蛋	400 余万个	药材、铁锅、缸瓦	不详
		盐	3 千包
		米	1 万包
		面粉	50 万袋
		木料	不详
		煤	6 万余吨

资料来源:中国银行天津分行《泊镇业务调查报告书》,1937 年 6 月 15 日,天津市档案馆藏,卷宗号:401206800—J0161—1—002399。备注:输入杂货包括纸张、桐油、锡箔等,洋杂货包括瓷器、料器、颜料、五金、化妆品等。

从表 5-10 得知,除了鸭梨,泊头输出入的商品种类与其他运河沿

---

① 中国银行天津分行:《泊镇业务调查报告书》,1937 年 6 月 15 日,天津市档案馆藏,卷宗号:401206800—J0161—1—002399。

② 同上。

岸城镇相差不大。输出品主要是农副产品，其中粮食依然是最重要的商品，鸭梨输出数量惊人，高达 60 万筐。输入品以棉纱、棉布、煤油、纸烟及洋杂货等为主。通过比较输出与输入的数量，发现泊镇的输入品数量大于输出品，说明泊镇已经融入华北市场体系，大量的外来商品在此倾销，但经济基础依然非常薄弱，没有形成强大的商品生产能力，仅仅是外来商品的中转市场。

泊头经济的繁荣也体现在集市方面，每逢三、八日为小集，五、十日为大集。住在周边的农民们来此购买商品，距离五六十里，乃至七八十里的居民都来赶集，可见，泊头对周边地区强大的经济辐射力。

泊头繁荣的商品贸易促进了金融业的发展，河北省银行在此设有分支机构，办理汇兑收买期票，兼做信用贷款业务，还有银号十余家，"营业以承设期票为主，兼做信用贷款及棉纱生意。"[①]

泊头不仅有发达的商业，近代工业也起步较早。新中国成立前，泊头有工业与手工业种类 30 余种，从业人员 4500 余人。[②] 其中最著名的是 1912 年成立的永华火柴有限公司（亦称泊头火柴厂），该厂原本计划设在另一运河城镇——兴济镇，但"因华昌、北洋两公司于去年五月间，由前清专请离津三百里专卖十年不准他商再立等语。商等随具详情禀都督，复蒙指令，所创永华公司改由泊镇设立总工厂，以期尽善"[③]。泊头火柴厂位于大北门西，资本 8 万元，工人共有 500 余人，"每日能制造 35—46 箱火柴（每箱 1440 包，每包 10 盒），制品有红头、白头及安全三种，梗片剂各种材料，均向天津购买，出品销往山西、石家庄、顺德府、南宫县及河间、任丘、肃宁、高阳、深州等处，山西、石家庄方面销数最多。"[④]

泊头工业的另一主要产业为铸造业。明清时期，泊头的铸铁业开始

---

① 中国银行天津分行：《泊镇业务调查报告书》，1937 年 6 月 15 日，天津市档案馆藏，卷宗号：401206800—J0161—1—002399。

② 河北省泊头市地方志编纂委员会：《泊头市志》，中国对外翻译出版公司 2000 年版，第 171 页。

③ 天津市档案馆等：《天津商会档案汇编（1912—1928）》，天津人民出版社 1992 年版，第 2931 页。

④ 中国银行天津分行：《泊头镇之近况》，《经济半月刊》1928 年第 2 卷第 10 期。

兴起，由山西等地铸造匠人将铸铁工艺传到此地，产品以铁锅和犁铧为主。民国时期，交河"工业本县以铸铁业著名海内，中北二区为最胜，炉房远可及朝鲜，铸犁倒铧，是为行商，远及鲁豫诸省"①。1931 年《交河县志料》记述："县民之经营生铁厂计 600 余家，厂凡 200 余号，工徒不下四五千人，在河北省执冶铁业之牛耳。"据新中国成立前的《交河铧炉业重点调查》记载："铧炉及翻砂工业在全国来说，唯交河最早，在交河最早的是韩家庄、东流堡……以行炉到各地，按季节往返，有的到一地区，以行炉改为固定炉房，逐步发展，便成了较大的铁厂。"泊头人凭借着先进的铸造技术在京津以及东三省、晋冀鲁豫各省开设作坊。19 世纪末，泊头人在天津三条石开办了许多锅厂。新中国成立后，泊头的铸造业飞速发展，成为全国闻名的"铸造之乡"②。至1978 年，境内机械铸造企业 152 家，铸造业固定产值 2115 万元，铸造工业年总产值 5656 万元，年产各类铸件 20 万吨。③

泊头新式工业还有电灯公司、宏盛德玻璃厂及兴业造胰公司。1932年，泊头业主马寿椿、孙杏波筹集股金 2 万银元，建立泊头电灯股份有限公司，拥有旧式发电机两架，不过马力太小，且系旧货，所以效力不大，用户不是特别满意。开办之初，用户较多，共有灯约千盏，后来因电力太小，很多用户已自动停灯，只余 700 盏，每站月缴大洋七角，而公司每月开销即需 500 余元，所以毫无盈利。④ 宏盛德玻璃厂于 1935 年成立，有熔玻璃缸 5 口。兴业造胰公司成立于 1924 年，制造洗濯肥皂，原在河东大街南头，现移河西。

传统手工业以织土布、线带、编织、油业为大宗。土布年产约25000 匹，线带年产约 100 万把，行销山西、绥远、蒙边等地。⑤ 民国时期，洋货充斥泊头市场，民间手工业日渐衰退。"纺织多为妇女工作，器具仍系笨机，生产既慢，出品又不美观，价钱亦不稍贱，因以销

---

①　林一：《交河社会概况》，《泊声》1933 年创刊号。

②　河北省泊头市地方志编纂委员会编：《泊头市志》，中国对外翻译出版公司 2000 年版，第 176 页。

③　同上书，第 177 页。

④　王干：《泊头镇一瞥》，《工商学志》1935 年第 1 期。

⑤　王绍年：《各县调查》，《河北月刊》1934 年第 1 卷第 4 期。

路窒塞，生产亦不能继续矣！编织皆系日常用具，如席篓等。油业为农民自获蓖麻落花生等，庄榨成油，近被洋油电气所夺，出路亦颇为困难！"①

制鞋作坊规模较大的有 7 家，位于河西。还有制纸店有 7 家，也分布在河西西关一带。五色纸为泊头著名产品，"其销路甚远，南至德州北至关外，山西河南等处，亦有销数，业此者谓之染纸坊，从前有十余家，年染五六百万刀（民国二年调查），现在有六家"。制竹器者以河西顺河街一带最多，竹多来自清华镇。毯店有德源、德顺成二家，制造羊毛毡、条毡、鞋等。② 泊头还生产蜡烛，天津一带的船户皆信神，以前多由该地买烛回津，故销路很好，至 1935 年，仅余一二家制造了。③

（二）南运河航运与泊头的发展

泊头经济的发展与交通地位关系密切，在津浦铁路开通之前，泊头对外商品贸易主要依靠南运河水运，大车等陆路交通主要用于近距离少量货物运输。随着津浦铁路的开通及汽车等现代陆上运输工具的发展，泊头的交通格局发生剧烈变化。那么，南运河航运在泊头的经济发展中充当着一个怎样的角色呢？

不可否认，津浦铁路的开通极大地促进了泊头商品经济的发展。自津浦铁路通车后，因为交通便利，附近的商人和本镇的小商人可以直接到津济等处办货，不必像以前多由泊头采办。这样，他们省去了一层剥削，可以减少些成本，多获一些利益。所以，泊头的商人便不得不极力降低货物的价格及其利润，以促进销量。然而这却使泊头日益变成了一个商品转运中心。河东地区也因有车站的缘故，各方面都日益发展。④

由上可知，津浦铁路不仅加强了泊镇商品中转中心的地位，而且津浦车站位于河东区，铁路运输的繁荣促进了该地区的发展，使城镇发展格局更加平衡。铁路凭借着速度快、运量大、受季节影响小等优势逐渐挤占泊头的水运市场，两种交通方式相比，水运成为铁路的一种辅助运输方式。

---

① 林一：《交河社会概况》，《泊声》1933 年创刊号。
② 中国银行天津分行：《泊头镇之近况》，《经济半月刊》1928 年第 2 卷第 10 期。
③ 王干：《泊头镇一瞥》，《工商学志》1935 年第 1 期。
④ 同上。

泊①至今日，铁路与运河并行，速度既较快良多，经济亦所费无几，况洁净安全更远胜于运河之帆船。因之民船破产，河身浅淤；值冬季为天气所阻，夏秋之季水浅更航行；以故本县交通，铁路占十之八九，历史产物之运河，除供游人之凭吊外，而于应用上实甚寥寥也！②

其实，泊头位于水陆要冲，铁路、水路和公路三者各有利弊，对推动泊头经济发展的起着不同的作用。水路经常受到淤浅的困扰，或者因冬季河水结冰不能航行。公路多为土路，并且"卫以民众基于自私之观念，缺乏公益思想；而为政者，罔计大众福利，对路政上鲜少保护和整顿的功令，以故沿途掘坑挤道，所在多有；车马行处弥感颠簸，影响于民生利益，行旅安全"③。铁路车辆较少，运费较高，且经常受到战争的破坏。泊头地区抗日武装为阻碍日军的进攻，多次发动交通破袭战，主要集中于公路与铁路两方面，仅1950年，就在南运河水里捞出铁路钢轨122根。④

它们所运的货物种类不同，铁路运出货物以梨为大宗，花生、米、棉花次之，输入货物以面粉、柿饼、红果等为大宗。梨是泊头农民的一种主要经济作物，梨属于鲜果类，需要更加快捷的交通方式运输，每年收获后，"平均每日可由火车运出三四千吨，大半至天津及上海一带"⑤。南运河航运成为区域运输航道后，北达天津，南至临清、河南道口等地，成为运河沿岸各城镇之间重要的货物通道，"船运由天津所去之各种杂货，及由本镇运天津或临清杂粮均利赖之。"⑥ 公路方面，1922年沧石公路修通，1936年建成（北）平大（名）公路，均途经泊

---

① 原文错误，应该为"泊至今日"，指的是截止到今天。

② 林一：《交河社会概况》，《泊声》1933年创刊号。

③ 同上。

④ 泊头市交通局编史组：《交河县公路交通史》1985年版，第26页。

⑤ 王干：《泊头镇一瞥》，《工商学志》1935年第1期。

⑥ 中国银行天津分行：《泊镇业务调查报告书》，1937年6月15日，天津市档案馆藏，卷宗号：401206800—J0161—1—002399。

头。公路上多为大车，汽车极少。大车多用于周边各县运至泊头的杂粮、花生、米及棉花等，多属于短距离运输，其运输路线东至柴火店、乐陵、张官、南皮，西南至衡水小范、武邑，南至东光县属，北至辛庄、捷地。此外，尚有公共汽车可通天津，小火轮通至沧县，均为载客之用。① 三种交通方式利弊参半，恰好它们相互配合，共同促进了泊头经济的兴盛。当然，它们之间的关系及地位也不是一成不变的，随着社会的发展而变化。

与铁路相比，民船多为船户私有，由商人雇佣，在运价、货物种类、发货时间方面具有较大的灵活性，可以根据商家的要求随时调整。在货源紧张的情况下，船户可以通过降低运价维持生计。有时商家独自雇佣一船，因货物数量不足装满民船，为降低运费，往往通过承揽其他商家货源，分摊部分运资。1914 年 3 月，泊镇商号荣德泰在天津购买"烟煤六十五吨，铁货数十种，又与聚泰成代买杂货数十种，蚕豆二十包，又永昌泰代买籼米四十包，由船户高文庆承揽，由御河运至泊头镇"②。

因为史料所限，不能明确三种运输方式的运输货物种类及数量，但水运的作用是不可否认的。南运河水运对泊头经济影响最大的是粮食贸易。泊头的粮食贸易十分发达，粮业分为粮店和粮栈两种。粮店主要帮助外路客商收购粮食，河西粮店有庆立栈、庆立成、同泰、福顺店、永昌店、荣和泰、恒源七家，河东有同兴和、东聚、祥泰成三家。粮栈专门出售外来粮食，顺河街有义盛、大有、春泰、德恒四家。粮店与粮栈营业消长以本地粮食丰歉为转移，如果本年粮食获得丰收，则以粮店运出贸易为主，否则以粮栈进口粮食为主。小麦多运往天津，玉米、粟、豆、高粱等多运往山东泰安等处。泊头每年运出的粮食，"亦视本地方岁收如何多寡不一，平常年成可出五十万石上下"③。虽然泊头有铁路和公路的便利，"但以运费上之关系，装船者较多，泊头至天津，水程三

---

① 中国银行天津分行：《泊镇业务调查报告书》，1937 年 6 月 15 日，天津市档案馆藏，卷宗号：401206800—J0161—1—002399。

② 《交河县泊头镇荣德泰铺掌左抡元请议书》，1914 年，天津市档案馆藏，卷宗号：401206800—JD128—3—003678—029。

③ 中国银行天津分行：《泊头镇之近况》，《经济半月刊》1928 年第 2 卷第 10 期。

百九十六里，民船三日可到"①。此外，小麦上市期为旧历六月，杂粮为九、十两月，此段时间南运河水量充足，亦适宜船只的航行。

不仅在粮业方面，南运河航运对商业、铸造业及转运业的发展也影响较大。如全泰兴、泰顺隆二家所售的熟铁锅来自运河上游的河南清华镇，泊镇锅店的"销路为运河沿岸及交河、南皮、盐山、庆云、无棣等地"。竹货店有恒复泰等四家，位于南运河旁的顺河街，店址选在此处，主要目的是便于运输货物，因为"竹木来自清华镇，由卫河民船运来"。布店方面，据王干在一家布店的调查，所售的货物"由津济及高阳贩运而来，平常都由船运，除非缺货的时候，才用火车。船固然走得慢些，可是能省九分之八的运费"。虽然一家布店不能代表整个泊镇布业情况，至少反映了水运在布业运输方面的优势。据 1937 年《支研经济月刊》的记载推算，当时每年天津通过民船运至泊头的糖为 9000 袋。② 铸造业方面，水运不仅提供了更加广阔的销售市场，也提供了充足的原料。泊头本地不产煤铁，铸造所需的煤铁很大一部分是通过南运河从天津等地水运而来。同时，泊头优越的水陆交通优势也促进了货栈转运业的发展，有公顺和、德华栈、同泰和、汇通四家贷栈。水运在泊头多种交通运输方式中处于屹立不倒的地位，主要是由于其具有灵活性、低廉运价及较大运量的优势。③

（三）解放后南运河与泊头经济的恢复

1946 年 5 月，泊头解放。因津浦铁路中断，南运河航运成为泊头的主要运输方式。为发展民船航运业，泊头解放区政府对船户实行优惠待遇，吸引国民党统治区的天津船户来到泊头，在泊头建立航运公司，航运业逐渐恢复。1948 年 3 月至 5 月，由天津到泊头登记户口的民船 46 艘，随河船 51 艘，至 7 月，泊头就增加民船 195 艘，总运力 11975 吨，占当时泊头船舶总运力的 88%。到 1948 年 7 月，泊头拥有木船 231 艘，13205 吨的载重能力，超过滹沱河、子牙河、滏阳河航线的船舶总运力，成为晋冀鲁豫、晋察冀解放区的一支重要运输力量，主要运

① 中国银行天津分行：《泊头镇之近况》，《经济半月刊》1928 年第 2 卷第 10 期。
② 李洛之、聂汤谷编著：《天津的经济地位》，南开大学出版社 1994 年版，第 160 页。
③ 中国银行天津分行：《泊头镇之近况》，《经济半月刊》1928 年第 2 卷第 10 期。

输物资有食盐、粮食和煤炭等。运输站首先将黄骅、盐山所产食盐用马车运到泊头和沧州，再安排民船沿南运河而上，运至德州、临清、馆陶及河南省道口等地，供应晋冀鲁豫解放区。同时，运输站派人到德州等地组织货源，使南去船舶返回时装载煤炭、棉花、羊毛等运回泊头或沧州等地。①

表 5－11　　　　　　1948 年泊头市船舶数量及载重吨位统计表

船只归属	船舶数量					
	100 吨级	75 吨级	50 吨级	35 吨级	20 吨级	合计
公营东兴商店	1	3		8		12
公营广粮商店		1				1
公营广华商店		1	2			3
天津民船	9	35	27	5	5	81
随河民船	9	40	39	17	19	124
泊头民船		1	4		5	10
合计	19	81	72	30	29	231

资料来源：王树才《河北省航运史》，人民交通出版社 1988 年版，第 234 页。

　　泊头解放后，城镇工商业开始恢复。在津浦铁路尚未恢复通车之前，工业原料和产品销售仍然依靠水运。1947 年，永华火柴公司开始增建厂房及装置大机器，3 家铁厂亦积极筹备开工，还有 5 家肥皂厂，30 余家竹货店，以纺织为主的合作社亦有十余家。② 他们所需的燃料、原料及建材等多来自于水运。1949 年，泊头市境内工业企业 8 家，从业人员 6000 余人，全年工业总产值 202 万元。③ 泊镇的货物运输以食盐为主，年转运量达 2500 万斤，其次是杂粮、苇席、山货、干鲜果品、药材、日用工业品等。每年在泊镇转运的物资总量达 2 万吨以上，这里的货物运输 70%集中在 9 至 12 月份的运输旺季，转运分为东西南北四

① 《沧州市志》编纂委员会：《沧州市志》（一），方志出版社 2006 年版，第 566 页。
② 《解放区内繁荣安定　哈市翻身工人劳动热情更高》，《人民日报》1947 年 4 月 15 日。
③ 河北省泊头市地方志编纂委员会：《泊头市志》，中国对外翻译出版公司 2000 年版，第 171 页。

个方向，向北方运输主要是羊毛、棉花、山货、鸡蛋等，主要装船运往天津；向南方运输的是食盐，由沧县、泊镇装船运德州、临清、南馆陶等地；西运的食盐由埝子口、利津等地运来，大都由渤海各县的马车运输；东运的货物是由石家庄运来的铁器、煤，白洋淀的苇席、大米以及其他各县的小麦。① 从以上四路贸易情况得知，在南、北两个方向，南运河水运依然是主要的交通方式。

解放以后，津浦铁路设施不断恢复与完善，铁路客货运输逐渐超越水运。据《交河县志料》记载："泊头镇车站每日旅客之上下，颇为拥挤，闻一日间收入约千元左右云。"至新中国成立后，客运更加繁忙，1954 年，客运量达 50 万人次，1981 年旅客发送量 78 万人次。②货运方面，泊头火车站货运装卸设施不断完善。1978 年以后，铁路运输有了明显好转，货物装卸机械化程度达 80% 以上，铁路货运量与周转量极大提升。③

与铁路客货运输的快速发展相比，泊头航运业却发展缓慢。1956年，南运河航运业实行公私合营，沧州、临清成立航运合作社，为天津航运社管辖，50 吨以上的船只多转入天津航运社，30 吨左右的船只多停沧州、临清，泊头只停泊小型船只。1960 年航运业务繁忙，由于船只数量及吨位所限，远远不能满足当时的运量要求，但确实起到了辅助作用。当时的收费标准是，"逆航每吨公里二分八厘，顺航每吨公里二分二厘，只相当于汽车运输每吨公里收费一角八分的六分之一至八分之一，若和马车运输收费相比，节约运费就更多了。"④ 随着南运河水量的减少，航运日益衰落，1965 年 4 月，航运队将轮机和船只交由县财政处理给泊镇街道办事处（即现在的泊镇第一铸造厂），航运队宣告结束。⑤

① 沧州地区公路运输史编纂委员会：《沧州地区公路运输史》，人民交通出版社 1994 年版，第 40 页。

② 河北省泊头市地方志编纂委员会编：《泊头市志》，中国对外翻译出版公司 2000 年版，第 353 页。

③ 同上书，第 353 页。

④ 泊头市交通局编史组编写：《交河县公路交通史》，1985 年版，第 68 页。

⑤ 同上。

现在泊头还保留着一些街名，仍然彰显着运河商业的印痕。如盐店街位于泊头市中心位置，东西走向，过去不少著名的商号都坐落在此街。茶店街紧邻运河两岸，位于泊镇南钟楼、鼓楼一带，因过去此处开茶庄、茶馆多而得名，街内以回民居住为主。此外，还有粮食市街、米市街、枣市街均以所交易商品而得名。①

南运河航运不仅促进了沿岸地区社会经济的发展，同时也带动了该流域文化繁荣。泊头的黑旗高跷原为船工用修船替换下来的桅材，绑在腿上玩耍，打发消磨时间，绑上腿后，有人一拐一扭的走动，有人按节奏敲打船帮，时快时慢，后来逐渐形成了高跷和敲点，还有泊头小竹船、南运河号子等。②

诚然，泊头的兴衰不能完全归于交通地位的变革，其他社会因素及自然因素均起着重要的作用。民国时期，历次战争对泊头经济的破坏不可忽视。例如1924年以来，陕军驻守泊头，一切军需均由泊商承担，"数年之久，竟垫至二十数万元"③。1926年，国民军与奉军在此战斗几十天，对人畜、房屋及商业损失巨大。"所有一切的供应，大都皆出之于此，再加上不明不白的损失，无怪到现在人民提起那次战争就切齿痛恨了。"④

三　道口

（一）晚清以来道口的崛起

卫河是南运河上游最重要的支流，该河从道口镇西北方向流过，"水量平畅，泥沙最少，有舟楫之利，而少泛滥之患，为河南最良之水道"⑤。卫河由道口镇经汤阴县五陵镇、内黄楚旺镇，通山东临清，到达天津，是豫北地区与河北、天津联系的交通要道，水量充足时，船只可以到达上游的新乡地区。道口非常适合作为船只停泊的码头，因为卫

---

① 曹厚亭主编：《运河名城——泊头》，中国档案出版社2008年版，第35页。
② 同上书，第36页。
③ 《交河县商会公函》，1927年8月，天津市档案馆藏，卷宗号：401206800—J0128—2—002589—046。
④ 王干：《泊头镇一瞥》，《工商学志》1935年第1期。
⑤ 白眉初：《鲁豫晋三省志》，北京师范大学史地系1925年版，第143页。

河在道口镇北侧和西侧拐了两个弯，这样卫河在道口镇呈一个半环状，从而在北侧和西侧之间形成一个长达 1.5 公里的非常适合于船只停靠的大港湾。卫河优良的通航条件和道口优越的地理位置共同推动了该镇的繁荣，"约三百里水量颇下，泥沙亦少，有舟楫之类，无泛滥之患，县城及道口镇，均西临该河，旧日帆船往来如织，大船多停泊于道口，长芦盐至此，或由小舟运至西南诸县，或由马车运至陈桥，转运黄河以南，小麦杂粮之运往平津者，亦由此集散，交通颇为繁盛。"① （如图 5 - 1）

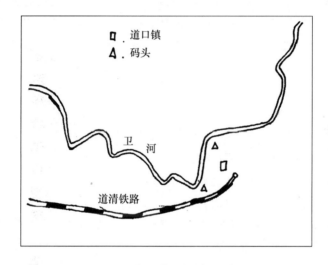

图 5 - 1　道口镇航道交通示意图

资料来源：李杰《道口镇兴衰的历史地理考》，硕士论文，郑州大学，2009 年。

明清时期，道口镇已经是豫北地区的一个商埠码头，"朱仙镇运往天津之货物，必经由道口，由北京以赴汴省之官商，亦必经由道口。"② 至清末民初，道口又迎来新的发展机遇。1902 年，道（口）清（化）铁路破土动工，1906 年建成。道清铁路的修建对道口的发展影响巨大，铁路修至道口也是因为英国福公司看到水运的重要性及经济效益，一方

---

①　《河南统计月报》1936 年第 2 卷第 10 期。

②　《论河北铁路以道口为中心点》，《东方杂志》1905 年第 7 期。

面通过水陆联运把福公司的煤运至天津等北方城镇，节约运输成本；另一方面，铁路仅需修至道口，亦减少了铁路修筑费用。道清铁路途经河内、修武、获嘉、新乡、汲县、滑县、浚县七县，从清华镇起，经新乡把焦作及山西的煤运至道口，在道口装船起运，经南运河运至河北、山东、天津等地，道清铁路不仅仅运煤，还把河南北部地区的大量农副产品也运至道口三里湾码头，然后通过水路运抵天津。同时，天津的一些外地商品和洋杂货也源源不断运抵道口镇，在此销往附近地区。1938年道（口）楚（旺）铁路的开通，使道口在陆运方面更加便捷，铁路与水路在此衔接，使道口成为水陆交通的枢纽。道口利用这一交通优势发展货物中转贸易，促进了道口镇社会经济的迅速发展，原本经济基础雄厚的道口镇进一步繁荣起来，当时的道口店铺林立，商贾云集，贸易繁盛，有"小天津"之称。

道清铁路的开通，并未导致道口水运的衰落，反而促进了水运的日趋繁荣。除了水运本身具有运费低廉、运量大等优势外，而且道清铁路以此为起点，"复以由津或向津所运货物，以船价廉于火车运费，仍多由河道来往，仍然不失为商业荟萃之区"①。英国福公司把铁路终点选在道口镇，也是想利用南运河水运把煤运至天津等地，"则先运至道口，然后装公司自备之驳船，沿卫河下行，直达天津"②。道清铁路的开通给南运河水运提供了充足的货源供应，"很多民船参加运煤，其往来非常频繁，是运河地带各地不能比拟的"③。七七事变之前，卫河水运十分繁忙。道口镇南起三里桥，北至三里湾，沿两岸码头十余处，十里河道船桅如林，篷帆蔽日。大量的煤、粮食及其他农副产品经此输往豫北、冀南、鲁西及天津各地，除了焦作福公司的煤外，京津及沿岸地区所需的小麦多在道口码头集中北运；怀庆府的药材也要在此装船运往天津。道口成为豫北地区矿产及农副产品外运的重要码头之一，也是京

---

① 《黄河北之重镇 道口近况 为河道货运所经之地 仍不失为商业荟萃之区》，《经济评论》1934 年第 1 卷第 3 期。

② 河南省地方史志编纂委员会等编：《河南新志》上册，中州古籍出版社 1990 年版，第 281 页。

③ 《大运河调查报告书》，冯天瑜、刘柏林、李少军选编《东亚同文书院中国调查资料选译》（下册），社会科学文献出版社 2012 年版，第 1274 页。

津冀工业产品、盐、洋货销往中原地区的中转站，华北重要的商品集散地。[①] 鉴于道口镇的重要地位，"由道口经运来鲁者尤多，道济之间行商居民并皆受益。"[②] 1931 年，山东省曾提议修建道济铁路（道口镇至济南），共长 300 公里，与胶济铁路相连接，拟分三期完成，第一期先修济南至临清段，后因资金短缺等问题未能实施。

（二）民国时期道口镇繁荣的社会经济

民国时期，道口归属于浚县，但"本县销售商品，以道口镇为最多，因道口系道清铁路之起点，该镇濒临卫水，人烟稠密，商务辐辏之故"[③]。道口凭借优越的交通和经济地位已经超越县城，道口属于浚县管"惟商务为道口所夺"[④]，就有了"只知道口，不知俊县"之说。道口镇成为浚县农产品的输出口，"本县出产品，如麦、豆、高粱之类，每年输出约四分之一，其销售场所，则由卫河装船，运往临清曹县一带。"[⑤] 周边县商品贸易也在此运输，滑县"小麦、花生由道口，下卫河，运销天津"[⑥]。繁盛的经济使人口大量聚集于此，城市规模及人口也超过了浚县县城，道口镇面积为 30 多平方公里，人口为 18500 余人，而县城面积则仅为 20 多平方公里，人口为 6700 余人，其他城镇则更小。[⑦] 道口城垣建筑不如浚县县城，但街道等较县城街道宽阔。[⑧] 可见，虽然道口属于浚县的一个镇，但集镇的商业、贸易、建筑等方面均超越县城，这都应该归功于道口优越的交通地位。

民国时期，道口商业繁华，有粮市、草市、菜市、果市等专业市场。[⑨] 七七事变之前，道口镇大小坐商四百家以上[⑩]，商业盛况空前，

① 徐怀民：《称道口为"小天津"的由来》，政协滑县委员会文史资料研究委员会《滑县文史资料》第 1 辑，1986 年版，第 63 页。

② 《胶济路修筑道济支线问题》，《申报》1931 年 4 月 6 日。

③ 《各县社会调查》，《河南统计月报》1936 年第 2 卷第 10 期。

④ 白眉初：《鲁豫晋三省志》，北京师范大学史地系 1925 年版，第 65 页。

⑤ 《各县社会调查》，《河南统计月报》1936 年第 2 卷第 10 期。

⑥ 白眉初：《鲁豫晋三省志》，北京师范大学史地系 1925 年版，第 67 页。

⑦ 《各县社会调查》，《河南统计月报》1936 年第 2 卷第 10 期。

⑧ 同上。

⑨ 河南省滑县地方史志编纂委员会：《重修滑县志》上册，1986 年标点本，第328 页。

⑩ 中国人民银行金融研究所、中国人民银行山东省分行金融研究所编：《冀鲁豫边区金融史料选编》下册，中国金融出版社 1989 年版，第 171 页。

12 条大街、72 条胡同商号密布，当时有人用"日进斗金"夸赞道口镇商业的兴隆。

豫北地区是全国重要的粮食产地，道口是三府白麦的集运地，因此粮店众多。道口镇有名的四大粮行为金盛店、源隆店、同盛店、聚昌店，还有 40 多家小粮坊，年粮食交易量在 4.6 万石左右。① 煤店以官办中孚公司和私办魁盛公司规模最大。此外，大量人口在此经商及居住，带动了旅店、餐饮、浴池、医院等服务业的发展，方便了人们生活，提高了人们生活质量。旅店约有 30 余家，虽然远不及开封、郑州，但有如此数量，"亦可见道口来往客商之多"②。大饭馆有醉仙居、清源楼、同家馆 3 家，点心铺 2 家，小饭铺和茶社等饮食业摊点难以数计。浴池有玉虎天、振清泉、清香泉、日新泉、双盛泉等 9 家。中药铺有春和祥、义昌祥、同春祥等 10 余家。1916 年，西医传入道口镇，建有济生、协同、大同 3 家医院，1958 年，在这三家医院基础上建立道口镇医院。公共娱乐场所有聚仙和大成剧场。

道口手工业发达，锡器最为著名，"精巧为全省冠"③，锡质精良，光泽似银。锡器口以铜装饰，永不脱落，称为"点铜"，制品有壶、盂、灯、盒、盥、盆等类。酿造业以泰泉宫、荣茂文、庆成合、协全四家酒厂著称。肉食加工业以"义兴张"烧鸡铺名声最大，经营此业者约有 50 余家，日销在 5000 只以上。④ 香油加工业较有名气的是位于水胡同的李、于两家。其他手工业还有染房、木器店、皮行、杂货铺、鞋铺、裁缝铺、糕点铺等。金融业方面，道口有近 20 家金融组织，其中四明庄、振兴银行、同和裕银号、裕兴恒钱铺、义兴恒钱铺、协力成、三义和、保太兴钱铺等较有名，其中，同和裕规模最大，总部位于

---

① 徐怀民：《称道口为"小天津"的由来》，政协滑县委员会文史资料研究委员会编《滑县文史资料》第 1 辑，1986 年版，第 65 页。

② 《黄河北之重镇 道口近况 为河道货运所经之地 仍不失为商业荟萃之区》，《经济评论》1934 年第 1 卷第 3 期。

③ 河南省地方史志编纂委员会等编：《河南新志》上册，中州古籍出版社 1990 年版，第 302 页。

④ 《黄河北之重镇 道口近况 为河道货运所经之地 仍不失为商业荟萃之区》，《经济评论》1934 年第 1 卷第 3 期。

新乡。①

道口镇近代工业驰名全省。1904 年，怡和洋行买办唐景星之子唐玉田投资五万元在道口创办继兴面粉公司，是河南最早建立的面粉公司之一。② 还有中兴、泰源、振丰、振豫等几家蛋厂，振豫蛋厂规模较大，男女工约有一百六七十名，每日打蛋约八万多个。美华铁厂，以制造各种简单军械器及各种铁器为主，如切面条机、弹棉花机及各种铁锅等，工人约四五十名，每日约造机器一二架至三四架不等，铁锅约十余日铸造一次，每日约铸造百余口③，还有庆达、恒利鑫等铁工厂。1921年，"云记"印刷局在道口建立，产品以商标、发单为主。④ 这些工厂在河南近代工业史上占有重要地位。

1937 年七七事变爆发，战争破坏了道口的交通地位，是年 11 月，道楚铁路路轨被国民党平汉铁路局全部拆运武汉，道清铁路也被抗日军民拆毁，从此，道口镇失去了发展的重要一条商路，虽然还有水上交通线，但陆运交通优势的丧失，也影响到南运河航运货源。从此，内河航运再次成为道口对外商品交流的主要出入通道。

1946 年，解放区政府为恢复河运，沟通贸易，通过发放贷款等方法，积极扶植道口船民修理船只，发放无息贷款 107 万元（旧币），帮助修理船 14 艘。⑤ 虽然道口失去铁路优势，但凭借南运河水运，社会经济条件迅速恢复，来自河北、山西的坐商已由 168 家增至 592 家，粮店 18 家，饭馆 57 家，卷烟厂 125 家，自行车行 13 家，顺河大街上有1100 多家大小商店，小摊游贩也由 172 户增至 967 户，各行商业均较日伪时期增加 5—14 倍，全市人口 9800 余人，而商人占全市人口的70%。铜铁工厂、鞋袜作坊等小工业也由 10 余处增加至 242 处。⑥ 新中国成立之初，又建立了新丰蛋厂、新建油厂、新兴铁工厂，时称"三

① 滑县地方史志编纂委员会编：《滑县志》，中州古籍出版社 1997 年版，第 472 页。

② 中国科学院经济研究所、中央工商行政管理局资本主义经济改造研究室：《旧中国机制面粉工业统计资料》，中华书局 1966 年版，第 259 页。

③ 《各县社会调查》，《河南统计月报》1936 年第 2 卷第 10 期。

④ 滑县地方史志编纂委员会编：《滑县志》，中州古籍出版社 1997 年版，第 350 页。

⑤ 《政府扶植道口船业　船家生活逐渐改善　冀中造船业纷纷动工》，《人民日报》1946年 7 月 2 日；《滑县道口市修造船只恢复河运》，《人民日报》1946 年 5 月 28 日。

⑥ 《水陆码头道口市　市场扩大必需品增多》，《人民日报》1946 年 6 月 5 日。

新"。

（三）新中国成立后道口航运经济的艰难复苏

新中国成立初期，道口的货运工具落后，运能甚低，仍然主要依靠内河航运。1949 年，道口、元村、汲县航运站归属于新乡航运处管理，实行分段管理，统一调动，统一分配货源，统一运价。1953 年，道口航运站定港人员 1832 人，木帆船 351 只，总吨位 18675 吨，当年完成运输量 3 万吨，比 1949 年增加 5 倍。1954 年，全县的货运量仅为 4.95万吨，如果两年之间相差不大，可以推测船只运量几乎占了全县货物运量的一半以上。客运方面，1954 年 10 月起，新乡至浚县每日开通往返客轮。至 1960 年，道口航运站客货运输基本达到顶峰，客运量达 5 万人次，货运量 31 万吨。[①]仅道口段航运的客货运量就能反映出卫河与南运河航运业对社会经济的重要性（见表 5-12）。

表 5-12　　　1953 年南运河河南段部分港口出口货物统计表　　　单位：吨

始发港口	发往主要港口	粮食	食盐	煤炭	重油	棉花	棉纱布头	木材	建筑器材	五金器材及金属品	其他	货物总计
元村	总计	869	303		67	519					3990	13575
	天津	434									1146	
	汲县	338									133	
道口	总计	213	65	303		1823			8198	310	6971	38974
	临清			151					2840		490	
	北馆陶			42					1850		1425	
	南馆陶			60					225		1720	
	五陵		65	50					908		2165	
	汲县	137				850					120	
	新乡	760				973				150	340	

---

① 滑县地方史志编纂委员会编：《滑县志》，中州古籍出版社 1997 年版，第 433—435 页。

续表

始发港口	发往主要港口	粮食	食盐	煤炭	重油	棉花	棉纱布头	木材	建筑器材	五金器材及金属品	其他	货物总计
新乡	总计	724		78203	45		124	148	573	852	4406	89932
	临清	406		3792				12		74	13	
	班庙	933		10260				145		26	105	
	龙王庙	292		5339							246	

资料来源：中华人民共和国交通部内河航运管理总局《全国内河航运基本情况调查资料》，1954 年版，第 281 页。

通过上面的表格数据，我们发现道口港运输的货物有粮食、建筑器材、煤炭、棉花、五金器材及金属制品等，主要出口南馆陶、北馆陶、汲县、临清、新乡等卫河沿岸城镇，商品贸易流通体系依然围绕河流两岸城镇展开。

另据《安阳市交通志》记载，1953 年，道口港进口货物 27524 吨，出口 45964 吨；1957 年，进口 45465 吨，出口 17537 吨；1958 年，进口 79497 吨，出口 45170 吨；1959 年，进口 167388 吨，出口 168681 吨；1960 年，计划年吞吐量为 40 万吨，由于卫河水位下降和其他原因未完成，而后，吞吐量逐年减少，至 1971 年，年吞吐量不足 1 万吨。[1]

鉴于卫河航道的日益衰败，中央水利电力部和沿岸各地政府也相继实施了一些水利工程，但都无济于事。1960—1961 年，国家投资 9000 万元，对卫河上游 276.1 公里长的干流进行了全面清淤，此外，还组织挖浅滩、固河堤、截弯取直及清除河中障碍物等工程。[2] 政府为加大卫河流量，还采取了"引黄济卫"的办法。1962 年，停止引黄济卫，河水减少，航运日趋衰落，船民纷纷弃航改业。

卫河的衰落，使道口再次失去了水运交通的优势地位，导致货物运输转向不发达的公路交通，这对于依靠货物中转贸易兴起的内河港口城镇来说，无异于雪上加霜，从此，道口镇的交通优势和商业地位荡然无

---

[1]　安阳市交通志编纂委员会：《安阳市交通志》，人民交通出版社 1990 年版，第 145 页。
[2]　同上书，第 142 页。

存,由豫北商业名镇沦为一个普通的小城镇。

第三节 新旧交通变革与沿岸城市经济的兴衰——临清、德州的比较

海运漕粮和改征折色后,大运河的漕运功能丧失,但并不代表着其连接不同区域之间航运功能的终结。南运河在漕运废止以后,成为华北地区一条区域性水运通道,天津开埠以后,成为天津与腹地物资流通的水上交通命脉。津浦铁路的开通打破了沿岸城镇的交通格局,沿岸城镇由此分为单一型交通城镇和复合型交通城镇。其中,临清与德州最具代表性,它们因水而兴,津浦铁路开通之前,它们都是南运河沿岸重要的商业城市;津浦铁路开通以后,它们的交通地位发生变化,临清对外物资交流仍然主要依靠南运河水运,而德州则有水路和铁路两种运输方式可以选择,交通地位优于临清,尤其是新中国成立后,德州铁路网络更加完善,这一优势表现更加明显,南运河沿岸城镇交通资源的配置严重不平衡,导致地区之间出现经济增长的悬殊,运输不便也成为阻挡社会发展加速发展的障碍。航运与城镇的关系究竟如何?航运对城镇的发展的作用到底有多大?在哪些方面促进了社会经济的发展?不是能够轻而易举地解释清楚。本节选择一个有铁路的德州和另一个没有铁路的临清,以这两个南运河沿岸城镇作为参照对象,进行深入的横向对比研究,从而厘清南运河航运在城镇发展中的作用。

一 南运河航运与临清的近代化

临清是南运河经济带上的一颗明珠,位于山东省的西北部,北接河北,西近河南。津浦铁路没有经过此地,临清始终以运河水运作为其与其他城镇商品交流的主要交通方式,可以说,它的兴衰与运河息息相关。南运河为临清的工商业、金融业、农业、城镇建设等方面作出了卓越贡献。我们以临清为例,探析南运河航运在城镇发展中的作用。

(一)临清航运业的持续繁荣

晚清以后,黄河与临清间航道日渐干涸,使临清经济受到致命的打击,津浦铁路的通车,更使临清的发展失去了一次机遇。南运河依然是

临清大宗货物运输的主要通道，"临清以北一直到天津、通州之间，四时可通民船。"① "据临清常关之调查，临清天津间来往民船年约四千五百只。"② 由于南运河把天津与临清联系起来，临清仍然属于天津的商业圈范围。临清凭借南运河的水运优势与几百年形成的良好商业基础，民国时期社会经济继续发展。

南运河航道适宜民船航行，据华北水利委员会和山东建设厅在桑园镇的测量数据，1921 年，因河漕宽窄不一，如横断面平均以 300 公尺计算，每秒钟流水量约 4—6 立方公尺，最高水位 34 公尺，除去河底高度，水深约 6 公尺左右，8 月时水位最高，"河水满槽，极重载船及小汽轮均能行驶"。最低水位出现在 4—5 月，此时水量极小，稍重船只不能行驶。在 6—10 月，此时河水半槽，"普通商船均能畅行"③。在临清，一部分居民仍然以民船航运为业，1928 年内政部统计，临清人口为 55795 户，其中船户 108 户。④ 南运河航运贸易兴盛，"清华之竹，焦作之煤以及天津之杂货煤油等均由此河输入，而本地之棉麦、牛皮等则由此河输出，每年帆船上下约计不下三千只，行船期达九个月，夏秋水涨，由此至德州并通小汽船，河运停后，临清商务不少衰减者，赖此河运输之力为多，此卫河之利不仅在漕运一端也。"⑤ 便利的航运贸易，保障了人们生活与生产用品，"小康之家，实居多数，不能糊口者寥寥。"⑥

码头是船舶装卸货物的平台，随着临清航运贸易的繁荣，码头不足的问题日益凸显。抗日战争时期，日军为掠夺资源，在南运河沿岸修建了 4 处货物装运码头，即三元阁、下渡口、天音桥、头闸口。至解放初

① 《大运河调查报告书》，冯天瑜、刘柏林、李少军选编《东亚同文书院中国调查资料选译》（下册），社会科学文献出版社 2012 年版，第 1397 页。

② 白眉初：《冀豫晋三省志》，北京师范大学史地系 1925 年版，第 223 页。

③ 张自清修，王贵笙、张树梅纂：民国《临清志》，《中国地方志集成·山东府县志辑95》，凤凰出版社 2004 年影印本，第 81 页。

④ 实业部国际贸易局编印：《中国实业志·山东省》，1934 年版，第 38 页。

⑤ 张自清修，王贵笙、张树梅纂：民国《临清志》，《中国地方志集成·山东府县志辑95》，凤凰出版社 2004 年影印本，第 81 页。

⑥ 林修竹：《山东各县乡土调查录》（第 3 册），山东省长公署教育科 1920 年版，第61 页。

期，运河码头增至 7 处，大桥（一档，停泊量为 200 吨）、三元阁（三档，停泊量为 160 吨）、礼拜寺（一档，停泊量为 150 吨）、下渡口与龙王庙（一档，停泊量为 100 吨）、天音桥（一档，停泊量为 80 吨）、狮子桥（一档，停泊量为 60 吨），七处总停泊量为 850 吨，日装卸量为 200 吨。新中国成立后，扩大了码头停泊量，1957 年，总停泊量达到 1650 吨，保证当日完成装卸任务。① 码头的增加提高了航运贸易的效率，码头数量和停泊量的不断增加也反映了南运河水运对临清的发展起了重要作用。

南运河兴盛的航运贸易对临清经济的影响巨大，它既是航运顺利进行的基础，也是商品经济的枢纽和桥头堡。它将城镇及周边地区纳入了商品经济的轨道，与全国乃至国际市场联系了起来，推动了城镇的近代化步伐，我们主要从航运与临清商业、工业、金融业三个方面进行讨论。

（二）南运河航运与临清商业的发展

商业是一个城镇繁荣的最明显标志。因为时间久远和资料缺失，分析一个历史时代城镇的商业状况如何，不能通过一些经济数据直接展现出来，笔者试图通过梳理店铺数量、贸易额等历史文献记载衡量南运河航运对临清商业近代化的影响力。

第一，商业店铺及其经营货物种类的近代化。据许檀先生研究，明清时期，临清城内店铺起码就有五六百家，这些商店主要经营粮棉、土特产及普通生活用品等。1904 年临清商会成立，当时加入商会的有茶庄 3 处、药行 3 处、木厂 2 处、烟丝铺 9 家、靴鞋铺 30 家、杂货行 40 家、酒家 48 处、粮店 30 家、银号 40 家、洋油行 2 处、纸烟公司 3 处，商业颇显发达。② 民国初年，临清"城外西南隅，运河沿岸，厘舍麟次，商贾聚集。河东市大街，长五里许，考院街大寺街，各长里许，为商业最发达之区"③，汇集了经营农副产品的市场和种类繁多的店铺。

虽然津浦铁路没有途经临清，但内河水运为临清商业的发展带来了机遇，店铺数量及商业密度远远高于周边其他地区（见表 5 - 13）。

① 山东省临清市地方史志编撰委员会：《临清市志》，齐鲁书社 1997 年版，第 259 页。
② 林修竹：《山东各县乡土调查录》（第 3 册），山东省长公署教育科 1920 年版，第 60 页。
③ 白眉初：《冀豫晋三省志》，北京师范大学史地系 1925 年版，第 179 页。

表 5 – 13　　　　　　　1933 年临清与周边城镇商店统计表

地名	商业市镇（个）	商店（家）	平均数量（家/个）
临清	7	674	96.3
聊城	5	41	8.2
馆陶	7	175	25
冠县	12	156	13
高唐	17	444	26.1
恩县	4	230	27.5
武城	5	30	6
夏津	8	171	21.4

资料来源：实业部国际贸易局编印《中国实业志·山东省》，1934 年版，第 125—128 页。

从表 5 – 13 得知，冠县、高唐、夏津的商业市镇数量多于临清，馆陶与临清数量相同。但仅从商业市镇的数量进行比较，评判城镇的商业规模不够准确，我们应该全面衡量。从商店数量及平均数量看，临清的商店数量位居首位，平均每个商业市镇的数量远远高于邻近的其他城镇，说明临清的商业规模更大、更加集中。

这些店铺主要经营什么样的货品？我们从民国《临清志》记载中可以窥见一斑。当时商人根据行业类型组成了不同的同业公会，除了不入公会的商家外，有"棉业四十家、钱业十八家、粮业三十九家、布业十六家、砟炭业八十五家、木业三十七家、杂货业二十八家、竹业十五家、铜锡业十二家、铁货业十家、硝皮业四十家、药业九家、漂染业七家、银器业五家、毛头纸业四家、鞋业二十家、线货业八家、麻线业十四家、废骨业三家、烟丝业五家、茶食业二十一家、酱园业十家、茶业十家、饭馆业十七家、猪肉业十三家、牛肉业三十七家、油坊业七家、酒业二十九家、面馍业二十五家、书业七家、印刷业十二家、船业二十二家、洋车业十七家、煤油业八家、卷烟业二十家、洋货业四十家"①，共计 36 类行业店铺，717 家商铺，这些商铺经营洋布洋纱、洋车、煤油、卷

---

① 张自清修，王贵笙、张树梅纂：民国《临清志》，《中国地方志集成·山东府县志辑 95》，凤凰出版社 2004 年影印本，第 139—140 页。

烟等舶来品。如恒丰杂货店销售来自天津、江浙一带的手工业品和洋货，山陕商人多来临清进货。临清脚踏车将近 2000 辆，销售脚踏车兼任修理的也有 10 多家①，还有照相馆、钟表修理行等，"然就市面上的情形看，如电灯电话等设置，以及各种商品的林立等，仍有繁华的表现，较之内地的各都大邑，如太原、洛阳等处，绝无逊色的。"②

七七事变之前，临清"货物大部从天津由船运来，货运多时，一天到过十五至二十只船"，随着航运业与城镇商业的发展，"旅店、饭馆、澡塘、戏院……都发展起来了，战前一年，全市商户已发展到 1016 户"。③ 1945 年，临清解放后，在解放区政府的帮助下，商业继续发展，至 1946 年，临清的商号由 659 家增至 1181 家。④ 1948 年，临清市政府对在临清经商者予以保护，还纠正了工商管理中存在的问题。1948 年年底，临清商户增加到 1840 户，资金增加到 13.6 万元，大商号由 659 家增加到 1081 家，国民党辖区商人来临清经商多达 540 家。⑤

第二，临清便利的水上交通与发达的城镇商业，也带动了转运贸易的发展。近代之前，临清是以中转贸易为主的商业城市，主要转销的商品为粮食、棉布及绸缎等。1980 年之前，由于南运河天津至道口段仍保持着南北航运贸易，临清仍为重要的货物集散市场，特别是在棉花、皮货输出方面更加突出，形成了以天津为中心，以运河为纽带的的运河经济带，"当地进出口商品中十分之九经由天津，其余的靠青岛。进出口商品中的一般容量较小而且价格比较高的从青岛经由济南，与此相反的东西基本上经由天津运送。"⑥ 临清在冀鲁豫三省的货物中转和调剂方面发挥了重要的区域市场功能。

民国时期，自临清下至天津水程约 480 公里，上溯至道口水程约

① 张自清修，王贵笙、张树梅纂：民国《临清志》，《中国地方志集成·山东府县志辑95》，凤凰出版社 2004 年影印本，第 138 页。
② 杨效曾：《临清小记》，《禹贡》1935 年第 4 卷第 5 期。
③ 田流：《临清通讯 解放后三年的变化》，《人民日报》1948 年 12 月 8 日。
④ 《蒋管区工商业资本家纷纷搬来临清市》，《人民日报》1947 年 3 月 22 日。
⑤ 中共聊城市委党史研究室编：《党史专题文集》，山东省聊城市新闻出版局 2001 年版，第 19 页。
⑥ 《大运河调查报告书》，冯天瑜、刘柏林、李少军选编《东亚同文书院中国调查资料选译》（下册），社会科学文献出版社 2012 年版，第 1282 页。

340 公里，临清凭借着处于南运河相对中心的位置，周边地区的进出货物多在此集散，尤其是与天津的贸易往来多选择在临清中转。东昌府运往京津市场的枣、梨等水果，往往先运至临清再经南运河运往天津。每年茌平输出乌枣约 10 万担，输入的煤油约 1 万箱，火柴约 1000 箱，洋布约 5000 匹，食糖约 200 包，这些货物均选择在临清水陆转运。[1] 馆陶县的布匹、棉纱、玻璃灯罩、茶叶等货物也多是当地商人自临清购买。[2] 即使津浦铁路开通后，临清邻近地区与天津的贸易仍然选择内河水运，在临清水陆中转。据 1920 年日本东亚同文书院的调查，临清输出的产品几乎均为农副产品，有棉花、棉籽、牛皮、牛油、牛骨、生牛、落花生、杂谷等（见表 5 - 14）。

表 5 - 14　　　　　　　1920 年临清输出商品统计表

种类	数量	价格	运输方式	销售地
棉花	年约 30 万担	价格洋 200 万元	销往天津通过水运；销往济南通过陆运	天津 济南
棉籽	年约 5 万担	价格洋 10 万元		主要销往天津
牛皮	年约 50 万斤	价格洋 75000 元		主要销往天津
牛油	年约 50 万斤	价格洋 17 万元		主要销往天津
牛骨	年约 100 万斤	价格洋 12000 元	水运	全部销往天津
生牛	年约 1 万头	价格洋 40 万元	陆运	主要销往济南
落花生	年约 500 万斤	价格洋 17 万元	水运	天津
杂谷	年约 100 万石	价格洋 70 万元		天津
共计		年约 3627000 元		

资料来源：《大运河调查报告书》，冯天瑜、刘柏林、李少军选编《东亚同文书院中国调查资料选译》（下册），社会科学文献出版社 2012 年版，第 1488 页。

从表 5 - 14 得知，临清输出的商品多为农副产品，除了生牛及部分棉花选择陆运主要销往济南外，其他商品运往天津。棉花、牛骨、落花生明确表明通过水运至津，其他产品虽然没有表明运输方式，但选择水

---

[1]　林修竹：《山东各县乡土调查录》卷 2，山东省长公署教育科 1934 年版，第 27 页。
[2]　（清）光绪《馆陶县乡土志》商务，第 372—373 页。

运的可能性最大，因为这些产品价格低廉，利润率低，对运输时间要求
也不高，且南运河临清至天津段航道适于通航。从临清主要农副产品的
销售市场看，临清属于天津的经济腹地。

表 5-15   1920 年临清输入商品统计表

种类	年运量	运输方式	货源地
煤炭	约 13000 吨	民船	焦作煤 1 万吨，唐山煤 3000 吨
煤油	约 10 万箱	民船	天津
砂糖	约 6000 包 (1 包约 145 斤)		天津
纸	约 3000 件		四成从胶州经济南运来，四成从利津经济南运来，两成从天津运来
盐	约 2000 包 (1 包 360 斤)		从栾口经德州运来
棉纱	3 万斤	大车	主要来自济南
棉布	3 万斤	大车	主要来自济南
土布	5 万斤	大车	主要来自高阳县
洋杂货			多来自济南，来自天津的不多
木材		民船	天津
竹		民船	道口镇
铁器、钉、锅	3 万斤		保定府获鹿
席、羊毛、羊皮		陆路	顺德

资料来源：《大运河调查报告书》，冯天瑜、刘柏林、李少军选编《东亚同文书院中国调
查资料选译》(下册)，社会科学文献出版社 2012 年版，第 1424、1489—1491 页。

临清输入商品的来源地多样化，但来自于南运河两端的天津、道口
占主要部分，即煤油、砂糖、纸、洋杂货、木材、竹子等，这些产品相
对于其他产品，运量大，体积大，民船运输更加适合。从临清输出和输
入商品的运输方式分析，内河水运依然是临清主要交通方式，大部分货
物都依赖于此。

民国《临清志》中的记载也印证了临清货物的输出入情况。输出
品中棉花和小麦是大宗，每年输出棉花四万包（每包六十斤）以上，

"由卫河运销天津者十之七，由陆路运济南及青岛者十之三"，小麦除本地民食外，其余均由卫河运销于天津。输入品中"竹由河南清华束筏运至，杉木巨才北由大沽河输入"①。砟炭"出河南焦作由河道运至，销数最巨"②。"洋磁及江西磁均来自天津，博山陶器由济南运至。"③铁货"大部由天津运来，在济贩运者甚少"④。

日本占领临清期间，临清的对外物资交流仍然主要依靠南运河，尤其是与天津之间的贸易大多通过水路运输，临清输出品有棉花、牛皮、小麦、鸡蛋、落花生等，输入品主要来自于天津、济南、德州等地，临清与德州间的商品贸易用船或者车，而与济南间无水路可资利用，则完全采用陆上交通工具。

表 5 – 16　　　　　　　1939 年 1—7 月临清输出品统计表

品种	输出量	目的地	输送方法
棉花	1000000 斤	德州 40% 济南 60%	船、一轮车
牛皮	500 张	天津	船
小麦	200 石	天津	船
鸡蛋	5000000 个	天津	船
落花生	5000 斤	天津	船

资料来源：兴亚院华北联络部政务局调查所编印《南运河流域事情调查报告》，1939年版。

表 5 – 17　　　　　　　1939 年 1—7 月临清输入品统计表

品名	输入量	货源地	输送方法
煤炭	300 吨	道口	船
白砂糖	1000 包	济南、德州	自动车、一轮车

---

① 张自清修，王贵笙、张树梅纂：民国《临清志》，《中国地方志集成·山东府县志辑95》，凤凰出版社 2004 年影印本，第 141 页。

② 同上书，第 140 页。

③ 同上书，第 141 页。

④ 同上。

续表

品名	输入量	货源地	输送方法
黑砂糖	800 包	济南、德州	自动车、一轮车
茄参	100 斤	济南、德州	自动车、一轮车
米	1000 石	天津、济南	船、大车
罐头	500 个	济南	自动车
——	200 本	济南	自动车
鞋	10000 双	济南、天津、德州	船、自动车、一轮车
——	15000 个	济南、天津、德州	船、自动车、一轮车
小麦	2000 石	朝城、阳谷	船、大车、一轮车
高粱	2000 石	泊头	船
石油	5000 罐	天津	船
烟草	1000 箱	天津、济南、德州	船、自动车、一轮车
棉布	60 匹	济南、天津、德州	船、自动车、一轮车
棉丝	50 捆	济南、天津、德州	船、自动车、一轮车
棉布	30 匹	济南、天津、德州	船、自动车、一轮车
茶	1000 斤	济南、天津、德州	船、自动车、一轮车

资料来源：兴亚院华北联络部政务局调查所《南运河流域事情调查报告》，1939 年版。

第三，洋货贸易的兴盛。随着天津的开埠及成为北方最大的经济中心后，大量的洋货，随着南运河涌入临清市场。洋杂货业发展迅速，民国初年临清仅有一家洋杂货店，年销售额不足万元。不久，经营洋杂货的店铺增至 40 家，每家营业额平均在万元以上，"此宗销数年计五十万元，颜料、洋纸、洋糖等项尚不在内。"[1] 煤油输入量最大，主要来自天津市场，主要有美孚和亚细亚两种，这两种煤油在临清销售时间最长，销路也最广，"初时，销数尚少，据1931 年调查，则年销十三万箱矣，每箱价值由一元有奇，涨至七八元。"[2] 洋布洋纱也是主要的洋货之一，来自天津和济南，来自天津的多用船运，每年销售额可达七八十

---

[1] 张自清修、王贵笙、张树梅纂：民国《临清志》，《中国地方志集成·山东府县志辑95》，凤凰出版社 2004 年影印本，第 141 页。
[2] 同上。

万元。临清市场还有一些进口水果，"橘柚香蕉苹果等来自天津，多日本产。"① 此外，英、美等国烟草公司也在临清设立分公司销售纸烟，每年的销售额超过一百五十万元。抗日战争前，临清市场上商品无所不有，"从面粉到迷信品，从火柴到纸张，从红白糖到化妆品，无不应有尽有……专门推销洋货的商号大者有三十六家。"② 其他洋杂货也多是通过南运河运至临清。

人们利用南运河这条便捷的通道引入各种洋货，一方面充实了临清的商品市场，另一方面也摧毁了本土经济，"全境之收入不过八百余万元，而耗消于外货者几其半，下余区区，实为三十万生灵托命之源"，面对洋货的咄咄逼人，一些爱国人士及学者呼吁抵制洋货，发展民族工业，"若不急起救济，恐农村经济将尽为外力所剥夺，其破产可立待也"③。

（三）南运河航运与临清工业的发展

明清时期，手工业是临清的重要产业之一，主要有竹木业、丝织业、皮货业、酱菜业等，这些颇具特色的产品行销海内外市场。但由于其技术落后，生产效率低，制约着临清经济的快速发展。民国时期，临清原有的手工业开始转型，新建了一些工厂，临清近代工业有一定程度的发展。

近代以来，两次工业革命分别以蒸汽机和电力的使用为标志。西方先进的工业生产技术传入临清后，开启了临清近代工业化的序幕。1931 年 10 月，临清、聊城、高唐共有工厂 7 处，从业人员 168 名，其中，临清 5 处，从业人员 75 名④，位居首位。临清工业的近代化首先表现为建立了一批新的公司，使临清市场上工业品摆脱了全部依靠境外市场供给的局面，基本可以自给自足，甚至还有多余产品销往邻

---

① 张自清修，王贵笙、张树梅纂：民国《临清志》，《中国地方志集成·山东府县志辑95》，凤凰出版社 2004 年影印本，第 141 页。

② 田流：《临清通讯 解放后三年的变化》，《人民日报》1948 年 12 月 8 日。

③ 张自清修，王贵笙、张树梅纂：民国《临清志》，《中国地方志集成·山东府县志辑95》，凤凰出版社 2004 年影印本，第 141 页。

④ 中共聊城市委党史研究室编：《党史专题文集》，山东省聊城市新闻出版局 2001 年版，第 10 页。

近地区。如临清电灯公司，创立于 1925 年，由福山县的周亚南与临清陆济亭等 14 人集资 28000 元建立，位于城区西牌坊街，安装 35 瓦往复式蒸汽发电机一台，800 戈锅炉一台，输出电压为 380 伏。由于规模较小，用户仅有仁和制油厂、太兴永布店和同兴斋、恒祥义鞋店等几家。① 后因营业失利，福山撤出股份。鉴于电灯的重要性，临清地方商民集资继续维持公司的运转。"而全市电灯仅千数百盏，近则限于经济，夜半熄灯，用电各商，益感不便。"② 即便如此，电灯公司的开办，还是给临清的夜晚带来了光明，加快了商业的繁荣，为临清近代工业发展提供了动力来源。华北造胰公司"为本县化学工艺之一，所制之胰商标为复光、功用与日光皂等，每年出品约三千箱，推销于鲁西各县及河北南境"③。还有临清鲁西火材公司，该公司创立于 1932 年冬，厂内工人达 160 多名，每年生产火柴成品 2500 箱，总计价值在 12 万元以上。④

有一部分企业是通过对原有的手工业进行改造，使用先进的生产设备提高生产效率，以期更好地满足市场需求和获取更高的商业利润。如铁工厂、制油厂、制革厂、织布厂等，这些都是临清传统的手工业，采取家庭作坊式的生产方式与管理方式生产。随着南运河输入洋货的大量倾销，本地很多手工业受到重创，一些民族资本家及小产业者纷纷引进西方的先进生产设备，对传统手工制造业进行改良，抵制洋货的进一步侵入，振兴临清的民族工业。

近代之前，临清的铁制品主要依靠人工打制或者铸造。民国时期，临清两家规模较大的铁工厂协兴和峻兴对生产设备和技术进行了革新。协兴铁工厂是由裕兴和德盛两家合并而成，规模较前扩大，厂内主要设备有一部 6 匹马力发动机及电灯、电磨等，所需铁料来自山西，燃料为井陉煤。该厂以生产铁锅为主，每日生产铁锅 250 口，除了造锅外，还

---

① 山东省临清市地方史志编撰委员会：《临清市志》，齐鲁书社 1997 年版，第 224 页。
② 张自清修，王贵笙、张树梅纂：民国《临清志》，《中国地方志集成·山东府县志辑 95》，凤凰出版社 2004 年影印本，第 137 页。
③ 同上。
④ 同上。

兼营五金及华成纸烟等副业。① 峻兴铁工厂创立于 1922 年，规模不大，但效益特好，该厂所生产的机器由于质量可靠，价格低廉，出现了产需两旺的局面，也加速了临清及周边地区工业的发展。

仁和制油厂成立于 1928 年秋，主要收购当地的棉籽用机器榨油，拥有两部平均为 30 马力的电力和柴油发动机，以此提供动力输出。并配置有棉籽压碎机 1 部，每日可压棉籽万斤左右；钢制榨取机八部，每日可出油千斤。产品除销往本地及附近地区外，"运销于津济各埠，获利颇丰"②。此外，该厂还兼制肥皂，"品质与日光皂相伯仲，销路甚畅"。印刷业也发展迅速，民国初年，有汶卫、清源两家印书社，其中汶卫规模较大，公司有 40 余名员工，并有铸字炉 1 座。③ 临清传统皮货业发达，但因制法不良，很难与国外皮厂展开竞争，临清制革厂改用化学工艺制作，出品优美，足以抵制外国所制的法蓝皮、红皮等，但由于资本不足，设备较为简单，每日仅生产 2 张，每张值 20 多元，主要供应本县之用。④

此外，临清还是重要的棉花集散市场，除销往天津、济南市场外，至 1918 年，本地也陆续建立一批轧棉厂与织布厂，"以棉纱为原料，用新式机织而成之，成本轻而工加速，织品亦坚致适用，今日工厂多有蒸蒸日上之势。"⑤ 轧棉是对棉花的简单加工，临清作为鲁西北棉花的集散地，所以铁机轧花业非常发达，规模较大的有 9 家，资本 174550 元。⑥ 据统计，轧棉机全境不下两千余辆，"为临清工业之最大部"⑦。据《中国经济年鉴》记载，截至 1926 年，山东省有生纱厂 12 家，其

① 张自清修，王贵笙、张树梅纂：民国《临清志》，《中国地方志集成·山东府县志辑95》，凤凰出版社 2004 年影印本，第 137 页；杨效曾：《临清小记》，《禹贡》1935 年第 4 卷第 5 期。

② 张自清修，王贵笙、张树梅纂：民国《临清志》，《中国地方志集成·山东府县志辑95》，凤凰出版社 2004 年影印本，第 137 页。

③ 同上；杨效曾：《临清小记》，《禹贡》1935 年第 4 卷第 5 期。

④ 张自清修，王贵笙、张树梅纂：民国《临清志》，《中国地方志集成·山东府县志辑95》，凤凰出版社 2004 年影印本，第 137 页。

⑤ 同上书，第 138 页。

⑥ 实业部国家贸易局编印：《中国实业志·山东省》，1934 年版，第 778 页（辛）。

⑦ 张自清修，王贵笙、张树梅纂：民国《临清志》，《中国地方志集成·山东府县志辑95》，凤凰出版社 2004 年影印本，第 138 页。

中青岛 9 家，临清、济南、即墨各有 1 家，临清也成为鲁西北棉区唯一一个有纱厂的县。1934 年中国棉业贸易公司在临清成立轧花厂，占地 10 余亩，共建筑房屋 80 多间，有 50 匹马力的蒸汽发动机 1 台，轧花机 50 架，每日最高出产皮棉 2 万斤，打包机 1 架。① 还有德华、德隆、魁盛永、义聚成 4 家织布厂，"所织布匹，销售本境，但成本较少，未克发展"②。

临清近代工业的兴起，改变了单家独户生产的状态。至 1948 年，临清已有榨油、铁工业、卷烟、竹木业等共 29 种工业，工厂作坊共有 900 家，职工达到 4000 余人，其中纸烟业、铁工业、榨油业发展最快，仅卷烟厂就有 55 家，每月仅新华机器烟厂可生产 6—8 万条烟，产品畅销华北各大城镇。③ 益华铁厂和工人合作社合营后，发展迅速，有工人 103 名，5 部车床，4 部摇轮钻，截至 1948 年 11 月 9 日，"该厂今年已造弹花机五六七架，轧花机廿一架，铸锅一万五千口"④。1952 年 6 月，聊城地区加强全区的工业生产管理，建立聊城专署实业公司，管理聊城地区 13 家重点企业，包括临清第一油厂、临清第二油厂、临清铁工厂（农具机械厂）、临清印刷厂、临清皮革厂、临清发电厂 6 家企业⑤，临清所属企业占到管理企业数的一半。

临清近代工业的发展，还表现为动力机器的大量使用，动力主要来自蒸汽发动机，也有少部分为汽油或柴油发动机，而临清地区不出产煤炭和石油，这些燃料大部分通过南运河从道口或者天津而来，如 1948 年冬季前，"公营建华公司在运河冰封前，要运煤一千二百万斤来市，燃料是毫无问题的。"⑥ 南运河航运不仅为临清近代工业的发展提供了燃料和原料，也为工业制品销往华北各地提供了广阔的市场。

---

① 张自清修，王贵笙、张树梅纂：民国《临清志》，《中国地方志集成·山东府县志辑 95》，凤凰出版社 2004 年影印本，第 137 页。

② 林修竹：《山东各县乡土调查录》第 3 册，山东省长公署教育科 1920 年版，第 62 页。

③ 田流：《临清通讯 解放后三年的变化》，《人民日报》1948 年 12 月 8 日。

④ 同上。

⑤ 中共聊城市委党史研究室编：《党史专题文集》，山东省聊城市新闻出版局 2001 年版，第 17 页。

⑥ 田流：《临清通讯 解放后三年的变化》，《人民日报》1948 年 12 月 8 日。

（四）南运河航运与金融业的近代化

工商业的发展需要金融业的支持，而金融业的发展同样需要发达的工商业支撑，两者关系密切。临清发达的商业、货币的频繁流通和商业扩展的需求吸引近代金融机构在此设立办事处，开展金融业务。

清朝末年，临清金融市场被钱庄、银号等传统的金融机构所垄断，临清有钱庄 10 家，银号 16 家。民国时期，临清钱庄、银号分别增至21、42 家。[①] 新式银行逐渐在临清设立分行，1914 年 6 月，中国银行山东分行在临清设立办事处，1931 年济南支行也在临清设立办事处，主要业务为汇兑、揽作、押汇、押款，收购期票等。[②] 银行在调剂资金、方便贸易等方面起到了积极作用，从而促进了商品经济的发展。

民国时期，临清的农业信用合作社发展迅猛，1934 年达到 36家，即使与胶济铁路两岸地区相比也毫不逊色，位居胶济铁路沿线地区的首位（见表 5 - 19）临清农村信用社与监控地区相比不仅表现在数量上众多，贷款利率也低于邻近地区（见表 5 - 18）。低利率得益于临清雄厚的资金支持。这些资金除了政府占一定比例外，主要来自于民间，说明临清民间有充足的资金来源，这些都得益于临清繁荣的社会经济，归根到底，社会经济的兴盛离不开优越的内河水运。这些资金帮助农民提高了粮食、棉花等经济作物的种植规模和产量，增加了他们的收入。

表 5 - 18　　　　　临清邻近地区农村信用社数量及利率比较

地区	农信数量	最高（%）	最低（%）	普通（%）
临清	36	36	18	24
聊城	3	80	20	40
冠县	16	60	24	36
邱县	19	120	36	48
陵县	10	60	30	36

---

① 山东省临清市地方史志编撰委员会：《临清市志》，齐鲁书社 1997 年版，第 453—454 页。

② 同上书，第 451 页。

续表

地区	农信数量（家）	最高（%）	最低（%）	普通（%）
东阿	4	30	20	25
清平	3	52	22	24

资料来源：《农业金融统计》，《实业部月刊》1936 年第 1 卷第 1 期。

表 5-19　　　　　胶济铁路沿线市县农村信用社数量比较表

地区	高密	诸城	胶县	潍县	掖县	荣成	海阳
农信数	24	20	5	5	5	3	1

资料来源：《农业金融统计》，《实业部月刊》1936 年第 1 卷第 1 期。

临清解放后，1945 年 9 月，冀南银行临清市第一分行成立，该行也是中国人民银行临清银行的前身。1946 年 4 月，成立瑞华银行临清分行。1947 年，临清县人民银行成立，主要业务是发放农业贷款，支持农民打水井、买水车、买种籽、烧窑等。1951 年并入中国人民银行临清支行。新式银行兴起后，传统金融机构的地位逐渐被代替。

虽然交通方面，临清没有铁路可以利用，但其凭借着优越的水上交通优势，"西通河南，北达天津"①，社会经济迅速恢复，并且带动了临清及周围区县的发展，使它们以最低的成本、最便捷的途径获得了生产生活所需要的各种资源，也拉近了其与天津等先进城市的距离。就更大的范围讲，南运河使临清与省际物资交流得以顺畅进行，加强了山西、河南、河北三省与山东省的联系，虽然与明清两代鼎盛时期不能相提并论，但临清在华北地区仍有重要影响。

二　南运河航运与德州经济的发展

德州是南运河沿岸最重要的商业城市之一，津浦铁路途经德州后，使德州与天津、济南、南京等地重新建立联系，货物运输更加便捷，但南运河航运并未停止，仍然是农副产品、煤炭等货物的主要运输方式之一，对德州经济的发展起到积极的作用。

---

① 林修竹：《山东各县乡土调查录》第 3 册，山东省长公署教育科 1920 年版，第 63 页。

（一）晚清以后德州经济的艰难发展

清末民初，德州成为天津与济南货物流通的重要中转地。从天津运至济南的货物通常在德州卸船装车转运，而从济南运至天津的货物也要在德州装船。德州至天津水程约 290 公里，顺风行驶 5 天可到，逆风行驶则需 8 天。两地之间水路运输非常频繁，仅德州城外码头停泊的船只每天就有七八十只，便捷的水运条件使德州成为冀东南、鲁西北一带重要的货物集散地。南运河德州至天津之间的通航条件较好，涨水期可通行小火轮。南运河在津浦铁路建成之前是德州长距离货运的唯一交通方式，德州的农副产品及手工业品输出和输入均依靠此河。据清末《德州乡土志》记载：

> 杂粮，水运至天津销行，岁计二万石。
>
> 花生，销路同上，同岁计十三万斤。
>
> 山薯，销路与上同，岁计二十万斤。
>
> 西瓜，销路与上同，岁计十八万斤。
>
> 帽胎，水运至天津，销行北京及东南各省，陆运至山西、陕西、河南各处销行，每岁共七千四百余顶。
>
> 帽缨，销路与上同，每岁共销二千七百余个。
>
> 草帽，商人吴全印专利，水运至天津，销上海、广州、烟台、北京、保定等处，岁计二万一千顶，陆运销济南、河南、山西、陕西、冀州等处，共计一万三千顶。
>
> 杂粮，由高唐、平原、禹城、陵县陆运至州属柘镇转销，由水运输天津，岁计十二万石。
>
> 砟炭，由河南道口镇水运至州境，行销岁计十七万斤，内转销直隶境者十二万斤。
>
> 煤，由天津水运至州境行销岁计一千三百吨，内转销邻奉各境者五百吨。
>
> 洋线，由天津水运至州境，行销岁计一千二百件，内转销山东内地者九百件。
>
> 洋油，由天津水运至州境，行销岁计十六万箱，内转销山东内地，各境者十五万箱。

麻果油，自奉安清平陆运至州境，岁计七十万斤，皆水运转销天津。

素勒草，自北口外陆运至境州，民以制凉帽胎、草帽；岁计七万斤。

犀牛尾，自西口外陆运至境州，民以制凉帽缨，每把以重二两计，岁销约四千把。

洋布，自天津水运至州境行销，岁计九百匹，内转销邻封各地者五百匹。

洋纸，自天津水运至州境，行销岁计值银五百两。

杂色洋货，自天津水运至州境，行销岁计值银五千八百两。①

该记载的几种商品中，除了素勒草、犀牛尾来自于西口，陆运至临清外，其余商品均通过南运河转运至各地，可以说，南运河是德州商品流通的命脉。

1911 年，津浦铁路建成，在德州城西北、黄河堆、桑园镇设立车站，津浦铁路开通后，水运日渐衰微。过去经水运或陆运在德州集散的商品改在济南集散，这种变化导致德州传统民船贸易出现衰退现象。铁路运输不断抢占船运份额，但铁路尚未完全压倒水运，铁路运输以客运为主，货物量很少，民船运输仍然发挥着一定作用，"天津、德州两地之间，铁路、水运在运送货物方面，相互之间几乎是势均力敌，将水运完全取代，终非铁路所能企及。"② "由天津所来之货物，因运费之关系，仍多走民船，津浦线由天津至德州一段，恰与运河相平行，而运费较高，故终不能与民船竞争也。"③ 尤其每年旧历五月至八月为涨水期，德州至临清航运通畅，水流可载重十万斤的民船，水大时十六七万斤的盐船也可以自由航行。④

据民国《德县志》记载，1920 年前后，临清、德州至天津之间每

① 《德州乡土志》，成文出版社 1968 年版，第 217—219 页。
② 《大运河调查报告书》，冯天瑜、刘柏林、李少军选编《东亚同文书院中国调查资料选译》（下册），社会科学文献出版社 2012 年版，第 1429 页。
③ 《德县之经济概况》，《中外经济周刊》1927 年第 221 号。
④ 同上。

年往来的民船仍有 4000 余只，但由于河道疏于管理，船只的载重量大大降低。原本几乎全部对外商品贸易均由航运进行，铁路建成后，铁路运输货物以粮食、铁器、盐、煤等粗杂货为主，只有少部分糖、纸、杂货等仍由水路运输，并在德州转运邻近各县或者南运河沿岸的临清、道口等地。[①] 通过南运河航运，德州每年输入天津棉花 3 万包（1 包 100—130 斤），杂谷 30 万包，牛骨 30 万斤，从天津输入德州有砂糖 1 万包，纸 1 万件，茶叶 100 万斤。[②] 还有经道口水运而来的煤 7000 吨。[③]

德州由于处于水陆要冲，民国初年，凭借着已有的经济基础，德州的工商业继续保持着较大规模。1915 年德州商会成立时，共有商家 870 家，商业状况“甚属发达”[④]。德州市区最繁华的地方是南关，其次是城内的南北大街及运河码头桥口三区，商业兴盛。规模较大的商家有杂货铺：德大、德合、天成；煤商：义聚和、炳耀和阜康公司；运输商：同泰公、同茂公、悦来公司、元成、利通及汇通六家；还有德源亨蛋厂，据说春夏之间一天能打鸡蛋 1 万个。[⑤] 桥口商业区濒临运河，在津浦铁路未通之前，桥口号称九省通衢，为南北往来行旅必经之地。民国时期，桥口旅客稀疏，但仍为运河码头，民船货物在此装卸，有大小铺户 200 余家，鼎裕盐厂、亚细亚、美孚煤油及中兴、福中、烈山、柳江等煤矿，均在该地设有堆栈。[⑥]

到 1933 年，“德州计有棉业、粮业、钱业、竹业等 34 个同业会，入会店铺、作坊合计 428 家。”商业的发达促进了金融机构的兴起，中国银行、交通银行曾在此设立办事处，还有同茂、德裕、德恒、德祥、

---

① ［日］青岛守备军铁道部：《周村德州间及德州石家庄间并石家庄沧州间调查报告》，转引自庄维民《近代山东市场经济的变迁》，中华书局 2000 年版，第 116 页。

② 《大运河调查报告书》，冯天瑜、刘柏林、李少军选编《东亚同文书院中国调查资料选译》（下册），社会科学文献出版社 2012 年版，第 1481 页。

③ 同上书，第 1431 页。

④ 林修竹：《山东各县乡土调查录》第 3 册，山东省长公署教育科 1920 年版，第 84 页。

⑤ 《大运河调查报告书》，冯天瑜、刘柏林、李少军选编《东亚同文书院中国调查资料选译》（下册），社会科学文献出版社 2012 年版，第 1434—1435 页。

⑥ 《德县之经济概况》，《中外经济周刊》1927 年第 221 号。

济祥等十几家钱铺及德恒当铺。① 德州的桑园镇电报局，"因商务之电颇多，应市面之需要，遂于民国十二年设立"②。

对于民国时期德州社会经济的记载，也有不同的说法。民国《德县志》记载："本县地瘠土薄，物产不饶，虽处于南北孔道，而商业殊难繁荣，当清代漕运未停之时，商家运输货物多用船运，自津浦铁路通行，多由陆运取便捷也。……加以工业不振，除贩运之货物外，毫无出品。"③ 这种观点是片面的，自清朝中期以后，漕运衰败，沿岸城镇经济随之衰落，这是不可否认的，德州也不例外。但德州凭借着优越的水陆交通优势和固有的经济基础，工商业逐渐恢复和发展，棉花、杂粮等农副产品依然是出口的大宗货物，每年运往天津、济南的花生一百万余斤，输入品为煤油、洋线、洋布、纸烟、煤炭、糖、纸、豆油等。④

1937 年 10 月初，日军占领德州，德州的航运业和工商业受到一定的冲击。据 1940 年统计，德州至临清航段有船 369 只，100 吨以上的 8 只，船舶运行靠人工拉牵或艚撑桨划。⑤ 上行至临清、新乡载运货物为煤渣、杂货、西瓜，下行至天津、海河一带载运货物有食粮、西瓜、土产物等，由天津运来之物多为肥料、杂货，通行船只为 30—40 吨者较多。因抗日军民的反击，水上治安有水上警备队，护送船只，"上行治安不良，有时仅可至郑家口而已"⑥。而据 1941 年调查，德州工商业仍然保持着一定的规模，德州户数总计 48721 户，其中，商户 9744 户，工户 4873 户，工商户占到总户数的 30%，从一个侧面也反映了德州的商业状况。⑦

按照常理，津浦铁路的开通，使德州与天津、济南、上海等大城市

① 《大运河调查报告书》，冯天瑜、刘柏林、李少军选编《东亚同文书院中国调查资料选译》（下册），社会科学文献出版社 2012 年版，第 1435 页。

② 李树德修，董瑶林纂：民国《德县志》卷 6《政治志》，《中国地方志集成·山东府县志辑 12》，凤凰出版社 2004 年版，第 156 页。

③ 同上书，第 390 页。

④ 林修竹：《山东各县乡土调查录》第 3 册，山东省长公署教育科 1920 年版，第 84—85 页。

⑤ 山东省德州地区史志编纂委员会：《德州地区志》，齐鲁书社 1992 年版，第 322 页。

⑥ 建设总署水利局：《华北河渠建设事业关系各县农事调查报告书》（第 1 卷），1942 年版，第 388 页。

⑦ 同上书，第 385—386 页。

直接联系起来，德州成为水陆码头，能够弥补运河运输衰落的不足，应该推动工商业的迅速发展，但是由于军阀混战等原因，津浦铁路的开通没有扭转德州由盛转衰的厄运。商业市场和中转贸易尚能维持，但工业发展迟缓，"无可称述者，城关附近，除兵工厂（现已停工）外，无一新式工业，旧有之制造业，以烧锅油房为较著"①。德州普通工业品有土布、铁锅、铁器、木器、织席、竹笼等，近代的工业数量很少，仅有德州兵工厂一枝独秀。

表 5 - 20　　　　　　新中国成立前德州工业发展情况表

工厂名称	建立时间	创建者	厂址	规模
德州兵工厂	1902	袁世凯	德州大西门外	
贫民工厂	1928	吴文成		脚踏式织布机 7 台，织线带机 1 台，毛巾机 7 台。
振华织袜工厂	1932	戴金生	太平街	一台铁制手摇织袜机。
德州发电厂	1938	济南电气股份有限公司		
齐鲁电业有限公司德州发电所	1939			
旭升毛巾厂	1939	李永安	南营街	木制毛巾织机 6 台，工人 10 多名。
德荣棉织厂	1947			织布机 16 台，职工 20 多人。
德州制瓦厂	1949			
德州烟厂	1949			

资料来源：德州市工业志编纂委员会、德州市经济委员会编《德州市工业志》，山东人民出版社 1993 年版，第 4—5 页。

德州最大的工业企业为北洋机器制造局，1912 年改称为德县兵工厂，主要制造子弹，还生产自用的硝酸、硫酸等化工原料和无烟药等半成品。光绪二十八年（1902 年），时任直隶总督的袁世凯为扩充自己的实力，给北洋军队提供足够的武器弹药，将八国联军毁坏的北洋机器局

———————————

① 《德县之经济概况》，《中外经济周刊》1927 年第 221 号。

剩余机器设备迁至德州。选在德州建厂，一是德州的交通条件优越，南运河连接着天津与广大的华北腹地，津浦铁路也将动工，便利的交通条件有利于工业原料和成品的调运，且这里劳动力资源丰富、价格低；二是德州距离天津较近，便于控制与管理。经过认真考虑，最终确定在德州西门外，运河码头东岸的花园处建立德州北洋机器制造局。此地西靠南运河，东临津浦铁路德州站，兵工厂"规模伟大，占地七百余亩"①。由机器厂、新枪子厂、无烟药厂、棉花药厂、镪水厂、铸铁厂、锅炉厂等 12 家工厂组成，后期又进行了扩建。其中厂房 635 间，占地 98850平方米，办公房和库房 485 间，占地 19150 平方米。② 建厂初期，各工

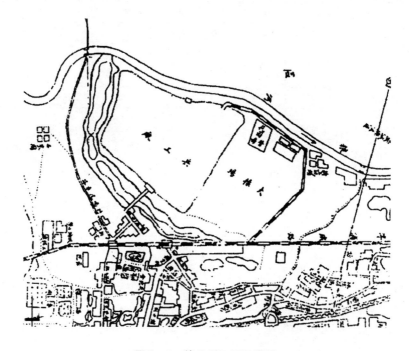

图 5 - 2　德县兵工厂位置图

资料来源：李树德修，董瑶林纂民国《德县志》，《中国地方志集成·山东府县志辑 12》，凤凰出版社 2004 年版，第 15 页。

---

①　李树德修，董瑶林纂：民国《德县志》卷 4《舆地志》，《中国地方志集成·山东府县志辑 12》，凤凰出版社 2004 年版，第 103 页。
②　山东省德州市人民武装部、德州市地方志编纂委员会：《德州市军事志（1368—1988）》，1990 年版，第 127 页。

厂工匠和学徒共 3000 人左右。

1904 年 10 月，该厂开始投入生产，所用的机器设备全部由英国进口。该厂设备多样，据 1916 年 1 月《德县兵工厂购存各种物料数目价值产地用处月报表·附厂用机器类》统计，各分厂机器设备数目价值不菲，设备最多的三家工厂：快枪子厂配置有机器设备 244 部，价值 137354 两白银；新枪子厂有机器 200 部，价值 82815 两白银；机器厂有机器设备 101 部，价值 61549 两白银。各厂共计机器设备 760 部，价值白银 452025 两。① 德州兵工厂的各种机器设备，消耗燃料惊人，仅一个月就消耗 400 吨煤②，其中，很大一部分煤来自河南焦作，由道口经卫河水运而来。

后因军阀混战，兵工厂成为各军阀争抢的对象。1926 年 2 月，张宗昌下令德县兵工厂停办，并将机器设备拆迁至济南新城兵工厂。原兵工厂的工人分别遣散到汉阳、济南、太原、巩县等地兵工厂。此后，国民党和日军都曾在此驻扎过军队。1946 年 6 月，德州人民为配合解放战争，将兵工厂房舍拆除。

由于战争的破坏，到解放前夕，德州已变成一个残破的小镇，城里只有几家手工作坊，一个市场，一个剧院，数十家鸦片烟馆，工业总产值不足 300 万元，城区人口减至 3 万多，地区占地仅 3 平方公里。③

（二）解放后德州经济的再次腾飞

1946 年 6 月，德州解放，德州市人民政府积极恢复社会经济秩序，组织船工恢复航运，组织铁路工人修复德石铁路和津浦铁路。德州是津浦与德石铁路的交汇点，是鲁北、冀南地区的交通枢纽。德州积极利用水陆交通优势，扩大交通运输能力。

南运河航运方面，增加拖轮 6 艘，实行船户公私合营，木帆船增加

---

① 山东省德州市人民武装部、德州市地方志编纂委员会：《德州市军事志（1368—1988）》，1990 年版，第 134 页。

② 《大运河调查报告书》，冯天瑜、刘柏林、李少军选编《东亚同文书院中国调查资料选译》（下册），社会科学文献出版社 2012 年版，第 1435 页。

③ 山东省城乡建设委员会编：《山东城市与城市建设》，山东大学出版社 1987 年版，第 379 页。

至 184 艘，将德州航运分公司改为德州航运管理局，把本地区的工农业产品及铁路的中转物资及时运至南运河沿岸的各城镇与村庄。① 德州地区建立油坊、武城、四女寺、德州港口码头 4 座，其中，德州港是南运河德州境内最大港口，港区面积 11.6 万平方米，货场面积 10.55 万平方米，仓库 11 个，面积 7246 平方米，可容纳货物 7 万多吨，建有码头 7 处，长 116 米，铁路专用线 1 条，长 1833.035 米，公路 4 条，长 2500 米，货物站台 3 处，小型输送带 1 台，有泊位 21 个，可供 21 条载重 60—200 吨轮驳船进行装卸作业。②

　　德州作为水陆交通枢纽，是水运和陆运货物集散要地，德州港系一个中转港口，中转物资以煤为大宗，次为建材、化肥、食盐等，出口货物由津浦、德石铁路运进后，经水路散运至临清、武城等地。德州成为运河主要交通枢纽城市，山东运河北段也成为运河航运的主要航段，1952 年，该航段运送粮食 5.4 万吨，棉花 3.8 万吨，盐 3.2 万吨，煤炭 3.1 万吨，原油及其制品 0.1 万吨，钢铁制品、矿物性建筑材料 15.2 万吨，木材 1.3 万吨，全年共计运量为 34 万吨，周转量为 6315 万吨公里。③ 货物品种主要有粮食、棉花、盐、煤炭、原油及其制品、金属矿石、钢铁及其制品、矿物性建筑材料、木材、化肥及农药等，上述货物占货物运输总量的 89%。④

　　此外，起初港口货物装卸主要是车拉肩扛的方式，为加快船只的装卸效率，德州港建立码头装卸队，至 1958 年发展到 1100 余人。1960 年配备"少先吊"5 台、皮带输送机 7 台、内燃机拖车 10 部。1965 年，因为南运河航道水源不足，德州港失去了往日辉煌（见表 5 - 21）。⑤

　　① 山东省城乡建设委员会编：《山东城市与城市建设》，山东大学出版社 1987 年版，第 379 页。
　　② 山东省德州地区史志编纂委员会编：《德州地区志》，齐鲁书社 1992 年版，第 323 页。
　　③ 《山东航运史》编委会：《山东航运史》，人民交通出版社 1993 年版，第 329 页。
　　④ 卞锡华：《远去的运河德州港》（上），《德州晚报》2011 年 5 月 25 日。
　　⑤ 山东省德州市德城区地方史志编纂委员会编：《德州市志》，齐鲁书社 1997 年版，第 327 页。

表 5 - 21　　　　　1953—1979 年德州港货物吞吐量表　　　　单位：千吨

年份	合计	进口	出口	年份	合计	进口	出口
1953	294	270	24	1967	78	13	65
1954	196	166	28	1968	116.4	2.7	113.7
1955	451	384	67	1969	89.7	44	45.7
1956	576	512	64	1970	181.8	6.5	175.3
1957	650	77	573	1971	172	12	160
1958	606	76	530	1972	78	7	71
1959	560	132	428	1973	70	2	68
1960	463.3	73.2	385.1	1974	23	1	22
1961	313.3	30.9	282.4	1975	88	8	80
1962	420.9	24.9	396	1976	106.4	12.5	93.9
1963	431.4	20.1	411.3	1977	93	14	79
1964	589.5	33.9	555.6	1978	8.5	—	8.5
1965	256.6	23	233.6	1979	4.8	—	4.8
1966	38	8	30				

资料来源：山东省德州市德城区地方史志编纂委员会编《德州市志》，齐鲁书社 1997 年版，第 327 页。

　　铁路交通方面，德州是津浦铁路与德石铁路的交汇点。1940 年，日本为掠夺军事战略物资，修建了德石铁路，全长 180 公里，德石铁路把津浦铁路与京汉铁路连接起来。1941 年 2 月 15 日客货正式营运，抗日战争后期被抗日军民拆毁。1949 年，新中国成立后，德州又迎来了新的发展机遇，津浦铁路全线恢复通车。1975 年，津浦、德石铁路复线工程相继开工。德州车站变更为一等站，德州站被称为"小城市大车站"。同时，德州站增设 1 个铁路货场，5 条铁路专运线，扩建煤炭、木材货场，增修一批仓库，进一步提高了货物集散能力（见表 5 - 22）。①

---

　　① 山东省城乡建设委员会编：《山东城市与城市建设》，山东大学出版社 1987 年版，第 379 页。

表 5 – 22   德州火车站几个年份客货运输表

年份	日均出入车数（辆）	年客运发送量（万人次）	年货运发送量		年货运发送量	
			车辆	吨数	车辆	吨数
1952	1678	——	6395	31.98	17472	87.36
1960	3912	69.49	10768	32.93	27839	139.20
1966	4274	53.44	7906	15.00	25793	128.97
1976	4396	103.77	8218	24.47	40302	201.51
1981	7119	140.83	10678	28.97	56218	288.41

资料来源：山东省德州地区史志编纂委员会编《德州地区志》，齐鲁书社 1992 年版，第 322 页。

工业生产需要充足的原料供给，交通发达之后，"则原料品及制造品无论在经济方面技术方面，并可不论远近，均能运输，故生产者可以择生产条件最优良之处，从事经营。而生产出品之销路，亦可超出昔日之范围。"[1] 交通的恢复与发展，有力地推动了德州的工业发展。解放初期，从渤海解放区迁来建华铁工厂和烟厂先后投产，成为当时德州国民经济发展的支柱产业。[2] 1947 年，德州 20 余家铁工厂盈利超过原来资金，维新街的肥皂厂每日生产成品千余块，严加口公记纸坊每日出毛头纸 30 余万刀，24 家绸缎洋布商组成同聚棉纺织工厂，广货庄 12 家有 9 家专营毛线厂。[3]

至 1949 年年底，德州陆续建起棉织厂、卷烟厂、面粉厂、发电厂、建华铁工厂等 9 家企业，当年完成工业总产值 322 万元，经济得到进一步恢复和发展。1950 年，建起了以金属制造业为主体，棉纺、食用油脂、砖瓦、卷烟为辅的基础工业体系。到 1952 年，全市工业企业发展到 19 家，年工业总产值 796.3 万元。到 1957 年国民经济第一个五年计划后，德州工业企业发展到 38 个，从业人员达到 1 万人，工业总产值为 3000 万元，比 1949 年增长了 7.7 倍。第二个五年计划期间，德州以

———————

① 郎德沛：《交通事业与国民经济》，《交通杂志》1933 年第 1 卷第 5 期。

② 山东省城乡建设委员会编：《山东城市与城市建设》，山东大学出版社 1987 年版，第 379 页。

③ 《解放区内繁荣安定 哈市翻身工人劳动热情更高》，《人民日报》1947 年 4 月 15 日。

机械工业为骨干，以农机制造为重点，大力发展支农产品，新建了棉纺厂、造纸厂、玻璃厂、齿轮厂等一批企业，1965 年，全市工业企业发展到 72 家，工业总产值达 5111.7 万元。[①] 1964 年，德州新建了棉纺厂，到 1966 年，产品数量和质量达到和超过国家指标，平均日产棉纱 120 件，棉花 14 万米，年生产总值达 3256 万元。[②]

交通的发展也促进了商品的流通，德州水陆交通便利，商业规模及交易数量不断扩大，货物运价便宜，货源充足，商品经济出现了繁荣的局面。至 1957 年，德州已建有百货、粮食、土产、油脂、烟叶、食品、烟酒、花纱布、畜产、水产、煤业、盐业、生资、药材、木材、五金、交电、化工、石油、信托等 20 多家公司，市内商业网点 1000 多处，年商业经营额达到 2000 多万元。[③]

随着德州工商业的发展，全国各地的商人来此经商，到 1957 年年底，德州市人口达 14 万人，其中市区人口 5 万人，市区面积有 7 平方公里。[④] 大量的人口聚居也促进了服务业的发展，到 1957 年年底，全市银行发展到 2 家支行、4 个储蓄所，邮电局下设 2 个支局、3 个邮递所，修表、理发、眼镜业 25 家，国营旅馆、饭店发展到 11 家，客栈 41 家，小吃店 20 余家。[⑤]

新中国成立后，虽然铁路运输逐渐成为德州货物运输的主要渠道，但是水路运输也是重要的辅助形式，尤其是南运河沿岸城镇之间的运输，表现得更为突出，如 1961 年经南运河航运从德州运往临清的货物就达 125.5 万吨。[⑥] 因此，德州经济的发展是水路、铁路、公路等多种交通共同作用的结果，其中，南运河航运功不可没。

---

① 德州市工业志编纂委员会、德州市经济委员会：《德州市工业志》，山东人民出版社 1993 年版，第 1—2 页；山东省城乡建设委员会编：《山东城市与城市建设》，山东大学出版社 1987 年版，第 379 页。

② 山东省城乡建设委员会编：《山东城市与城市建设》，山东大学出版社 1987 年版，第 381 页。

③ 同上书，第 379 页。

④ 同上书，第 380 页。

⑤ 同上。

⑥ 山东省德州地区史志编纂委员会：《德州地区志》，齐鲁书社 1992 年版，第 322 页。

三　南运河航运与运河城市的兴衰

根据前文所述，南运河沿岸节点城镇分布与航运有着密切的关系，它们都是因运河航运而兴起和发展起来的，航运与它们的兴衰有着一定逻辑上的关联。临清与德州都是南运河沿岸重要的商业城市，两个城市相距不远，城镇经济也相差不大。津浦铁路开通初期，两个城市的社会经济差别并不明显，南运河航运依然推动了临清、德州社会经济的发展。新中国成立后，随着两地货物运输数量增大，要求时效性加强，铁路网络的完善，管理制度的不断改进，以及运价的降低等因素，这两个城市的命运发生了转折，临清不断衰落，德州日渐繁荣，尤其在南运河航运衰败以后，它们之间差距也变得更大，这主要是交通地位的不同导致的。

（一）德州与临清的衰落

明清两代 500 多年间，临清为江北五大商埠和沿运河九大商埠之一，繁忙的漕运带动了当时商业、手工业的兴旺，"东南纨绮，西北裘褐，皆萃于此"，"诚繁华之地，贸易之所，天下之都会"。[①] 临清的衰落始于清代中期，是多种因素造成的，主要是战乱和交通优势的失去。"清代，经王伦之劫，而商业一衰，继经咸丰甲寅之变，而商业再衰，运河淤涸，而商业终衰，今虽满目劫灰，元气不复。"[②] 除了太平天国、宋景诗黑旗军起义及军阀混战等战争因素外，黄河在张秋镇穿过运河后，临清以南段汶河断流，"临清商业称盛一时者，藉助此河（汶河）之力颇大"[③]，临清的区位优势彻底改变。临清关征收过往船只税收的减少是临清衰落最直接的反映，"近年临关税课专恃卫河一路，历年征收银两均已不能如额"。[④] 税银降低主要原因是连接南方的汶河航运断流，"汶河上达江闽广，所有山珍、海错、绸缎、丝绵，以及洋货、茶

---

①　乾隆《临清州志》卷 3《公署志》。

②　张自清修，王贵笙、张树梅纂：民国《临清志》，《中国地方志集成·山东府县志辑 95》，凤凰出版社 2004 年影印本，第 139 页。

③　同上书，第 84 页。

④　中国水利水电科学研究院水利史研究室编：《再续行水金鉴·运河卷》，湖北人民出版社 2004 年版，第 1411 页。

船从前均由清江入运北上，过关报税，物价较贵，收数亦多。故应征银两约占定额三分之二。"南运河上游的另一条支流"卫河仅达豫省而止，并无贵重土产，惟以粮食为大宗，其次则石块、铁条，货物较贱，税则亦轻，故应征课银仅及定额三分之一"①。虽然交通地位有所下降，但南运河"上通卫辉，下达津沽，舟楫之往来如织"②，临清"残余之商市犹屹然为鲁西贸易中心"③。德州也是如此，漕运通畅时，山东德州"首称孔道，繁庶无比，今（指光绪末年）则井里萧条，往来之车日无数辆，顿宿之舍镇无几家"④。德州的工商业本来就不甚发达，运河废弃后，更是"民生凋敝，日见衰落了"。从全国范围内看，虽然这些城市的社会经济地位在不断下降，但作为区域中心市场的地位却更加突出。

民国时期，随着海运兴起与津浦铁路的开通，沿海经济带和铁路沿线城镇不断崛起，运河城镇经济受到巨大的冲击，临清经济被边缘化的趋势更加明显。临清的商业过重依赖于运河交通，商路发生变迁后，失去了交通优势，运河商路走向全面衰败，货运量逐年减少，原先依赖于运河商路贸易繁荣起来的沿河商业一蹶不振。如哈达为临清的著名手工业品，曾远销至察、绥、东三省及内外蒙古，年销售额在百万元以上，"近因道路梗塞，销数骤减"⑤。临清"卫河西之街市，强半以营销土产为业。至古楼街之粮行，十年以前，向称东市，今则倒闭无余矣"⑥。尤其是抗日战争期间，日军对抗日根据地实行经济封锁，严格控制物资流通，城镇工商业失去了广大农村市场，商品滞销，加之日伪统治的敲诈勒索，有的商号被迫停业，有的缩小经营规模，有的撤离临清（见

---

① 中国水利水电科学研究院水利史研究室：《再续行水金鉴·运河卷》，湖北人民出版社 2004 年版，第 1411 页。

② 张自清修，王贵笙、张树梅纂：民国《临清志》，《中国地方志集成·山东府县志辑95》，凤凰出版社 2004 年影印本，第 74 页。

③ 同上书，第 139 页。

④ 中国史学会：《洋务运动》，《中国近代史资料丛刊》第 6 册，上海人民出版社 1961 年版，第 202、203 页。

⑤ 张春红：《区位与兴衰：以临清关为中心的个案研究（1429—1930）》，硕士学位论文，江西师范大学，2010 年，第 108 页。

⑥ 同上。

表5-23)。1942年临清城内工商户与日军入侵前的1937年相比，百货业减少20户，棉业减少19户，弹花业减少100户。① 其他工商户也多是烟酒、小吃等纯消费商业。

表5-23 日伪时期临清部分行业统计表

行业	年份	户数	年份	户数
木业	1936	37	1943	25
洪炉业	1936	40	1943	23
皮条铺	1936	18	1943	3
首饰业	1936	5	1943	2
染坊业	1937	14	1943	1
制鞋业	1936	25	1944	15

资料来源：山东省临清市地方史志编纂委员会《临清市志》，齐鲁书社1997年版，第211页。

临清的衰落是相对的，与明清时期的繁荣相比，临清的社会经济确实呈现下降趋势，而如果与邻近的其他城镇相比较，临清与德州依然是区域经济中心。鲁西北及冀南的棉、粮、干果等农副产品在此集散，来自天津的各种洋杂货等物品在此转运，临清工商业状况强于其他周边城镇，笔者在前一节临清的近代化中已有论述，在此不再赘述。铁路的出现，改变了临清与德州的交通及城镇内部商业中心的分布，"新设交通机关发展，有一分或全部分之货物，将变更其输送之路径，结果足使昔日繁盛之区，渐形清淡，而昔在商业上不占重要之地，反日趋向荣，如津浦铁路与运河沿线之今昔，即可证明。"②

（二）德州与临清社会经济差距的拉大

德州交通地位优于临清，津浦铁路和德石铁路在此交汇，德州商业状况好于临清。根据1933年调查，临清有商业市镇7个，商店674家，平均每个商业市镇有96家商店；德州有商业市镇6个，商店1883家，

① 中共聊城市委党史研究室编：《党史专题文集》，山东省聊城市新闻出版局2001年版，第11页。
② 郎德沛：《交通事业与国民经济》，《交通杂志》1933年第1卷第5期。

平均每个商业市镇有 313 家商店。可见，德州每个商业市镇的店铺数量是临清的 3 倍多。① 但由于军阀混战，铁路设施及运输常常遭到破坏，加上运价及管理不合理等因素，导致铁路不能成为普通农副产品的主要运输方式。临清、德州作为天津与济南之间重要的商业城镇，成为南来北往货物水路转运的重要交通枢纽，当时交通不便，"各地情形，互相隔阂，又兼运费及物价昂贵之关系，生产地与消费地间之买卖，往往不能直接交易，即使交易，亦不能满足生产者之欲望。况交通不发达，生产与消费两地，常介有交通阻滞之地带，则所有生产品，为便利输送或减除输送时之烦琐起见，不得不藉中介者之手。"②

新中国成立后，津浦铁路南北全线贯通，社会秩序稳定，铁路直达或水陆联运等运输方式日趋完善，商人可以经铁路直接到天津、济南购买货物，临清作为货物集散中心的地位不断减弱，"中介商业因之减少，国民经济乃愈趋合理"③。德州不仅依靠南运河水运，还有津浦和德石两条铁路的优势，社会经济迅速发展。

除了航运之外，临清的陆运交通亦不甚发达。临清处于鲁西北平原地区，地面平坦，道路情况优于其他地区，陆上长途运输工具主要是马车、汽车等，全市无一辆客车，通往邯郸、德州、禹城的三辆简易客车都是外地车辆。1947—1950 年，经常在临清营运的马车不下400 辆，其中本地马车仅有 70 辆。1949 年马车陆运物资总量为 8095吨，汽车货运量仅为 3900 吨，占货运总量的 0.65%。至 1959 年，临清市已经拥有畜力车 301 辆、人力车 819 辆，当年公路货运量总计112.8 万吨。④ 该年为 1949—1990 年公路运输货运量最高的年份，普通年份在 30 万—60 万吨。由于马车与人力车运量小，且不适合长距离运输，多为境内货物的运输，落后的陆运运输方式制约了临清经济的发展。

解放初期，水运仍然是临清货物运输的主要方式，"那时长途运输

---

① 实业部国际贸易局：《中国实业志·山东省》，1934 年版，第 125—128 页。

② 郎德沛：《交通事业与国民经济》，《交通杂志》1933 年第 1 卷第 5 期。

③ 同上。

④ 山东省临清市地方史志编纂委员会：《临清市志》，齐鲁书社 1997 年版，第 254 页。

主要靠卫运河航运，周转量56万吨公里"[1]。并且运输设备与运输量不断改进与增加。1948年，临清航运业得到一定恢复，经常经过本市的船只有300余艘，每日在临清停泊装卸货物者四五十艘。[2] 1949年临清国营公司拥有木船16只，1950年发展到40只，2167吨位；1951年增加火轮2艘，总运量占华北内河航运第一位。1956年，将个体船户组织起来，成立公私合营船运公司，是年，共完成运量91357吨，9756137吨公里的运输任务。[3]

据卫运河航运局历年货运统计表记载，主要航段指的是临清至德州，自1952—1979年间，货运量为86505万吨，年平均3200余万吨，周转量为124831万吨公里，年平均445803万吨公里。运输情况以1965年枯水年为界，分两个阶段，即1952—1965年是逐年发展阶段，1966—1979年是逐年衰退阶段。发展阶段运输量为714万吨，年平均51万吨，货物周转量为101745万吨公里，年平均7267.5万吨公里；衰退阶段运输量为151.5吨，年平均10.8万吨，周转量为23086万吨公里，年平均为1643万吨公里。货运的上航流量大于下航流量，1958—1964年间，上航流量为3005775吨，下航为438158吨，上航为下航流量的6.9倍。[4]由此可见，1965年前，临清至德州段航运依然十分繁忙，是两地间重要的货物流通渠道。

新中国成立后，南运河德州港与临清港的贸易差距不断拉大。这是因为德州具有水运和铁路的双重交通优势，德州港内有铁路专线，与津浦、德石线连接，德州凭借着铁路、水路及公路的交通优势，大量的工农业产品均以德州为集散地，年货运量、周转量、吞吐量都占卫运河各港口的第一位。[5]鲁西北各地的粮、棉、农产品经德州销往全国各地，输入的煤炭、木材等从德州分销至各地。与其相比，临清港货运量却不

---

① 临清市交通局：《三十五年来交通运输发展简况》，1984年，临清市档案馆藏，卷宗号：41—43—9。

② 田流：《临清通讯 解放后三年的变化》，《人民日报》1948年12月8日。

③ 山东省临清市地方史志编纂委员会：《临清市志》，齐鲁书社1997年版，第260页。

④ 卞锡华：《远去的运河德州港》（上），《德州晚报》2011年5月25日。

⑤ 山东运河航运史编纂委员会：《山东运河航运史》，山东人民出版社2011年版，第379页。

断减退，本港位于临清市西郊南运河东岸，以进口煤炭为主，还有粮食、棉花等农副产品的出口（见表 5-24），主要货物也来自于德州港。1953 年临清港吞吐量为 17.2 万吨，1959 年增至 50.5 万吨。而 1952 年德州船舶货物运输量为 34 万吨，周转量为 6315 万吨公里，1956 年上升为 66 万吨，周转量为 1.11 亿吨公里。德州港的船舶货物运输量远远高于临清。1961 年组建德州卫运河航运局，有船队 8 个，德州运往临清的货物达 125.5 万吨，临清运往德州的货物达 14.8 万吨。① 从德州与临清两个港口之间运量来看，德州港商品中转地位已经优于临清，大量的货物先经铁路运至德州再运往临清，德州成为鲁西北的区域经济中心，两地的社会经济差距已经显现。另外，通过比较 1953 年的临清港和德州港的出口货物量也能反映出来（见表 5-24、表 5-25）。

表 5-24　　　　　　　1953 年临清港出口货物统计表　　　　　单位：吨

货物种类	各港口合计运量	发往主要港口	
		天津	德州
粮食		2899	4058
食盐	5		
煤炭	300		
石油			
重油			
棉花	9663	4403	5255
棉纱布头			
矿石			
木材	6	1	5
建筑器材			
五金器材及金属品	54	41	
土特产	4165	358	
其他	5654	4165	358

---

① 山东省德州地区史志编纂委员会：《德州地区志》，齐鲁书社 1992 年版，第 323 页。

续表

货物种类	各港口合计运量	发往主要港口	
		天津	德州
总计		11514	9676

资料来源:中华人民共和国交通部内河航运管理总局《全国内河航运基本情况调查资料》,1954年版,第280页。

表5-25　　　　　　　　1953年德州港出口货物统计表　　　　　　单位:吨

货物种类	各港口总运量	发往主要港口							
		郑口	武城	油坊	临清	尖庄	北馆陶	南馆陶	龙王庙
粮食	22218	2344	5465	3185	8129		544	1157	20
食盐	500				500				
煤炭	118788	5849	18343	5778	62380	8243	2036	7032	3750
石油	285				285				
重油									
棉花									
棉纱布头									
矿石									
木材	44	44							
建筑器材	3748	151	86	18	1669		103		
五金器材及金属品	304	45			259				
土特产									
其他	27557	3237	903	1662	9410	2077	1018	4250	742
总计		11670	34797	10643	82623	10320	3731	12448	4517

资料来源:中华人民共和国交通部内河航运管理总局《全国内河航运基本情况调查资料》,1954年版,第280页。

在新中国成立之前,由于战争等其他因素的限制,津浦铁路运输尚未完全发挥优势,南运河航运依然是主要运输方式之一。因此,临清虽远离津浦铁路,但依靠发达的南运河航运,物资互通有无,商业得以继续发展。1948年,工商业作坊店铺猛增到2061户,其中纯商业行业38

个，总计 911 户，还形成了大宁寺、董家大院两个商场。① 手工业也大幅度增长，个体手工业户得到政府的扶持，1949 年为 513 户，1952 年增加到 931 户。1952 年传统的木器、轧花、皮轴、锻造、丝织 5 种个体手工业创造产值 122.1 万元，比 1949 年增长 1.2 倍。② 临清的工业亦急速发展，1957 年工业总产值比 1949 年增长 2.2 倍，达到 1187.1 万元。③ 除了发展原有的卷烟、食品、酿造、制革、榨油、印刷、火柴、竹木器、铸造、皮棉加工、电业、电机等工业外，还建起了金属冶炼、金属加工、面粉、纺织、缝纫机、化工、肥料、建材等工业企业。社会经济的发展吸引大量的人口到临清，1959 年临清市区人口回升到 5.29 万人，比 1949 年增加 1 倍多。

　　60 年代末期，由于农田灌溉和上游修建水库，影响了卫运河水运，南运河上游来水减少，一年中 9 个月断流，逐渐变为季节性河流，德州港、临清港经常处于无水状态，已经失去正常的航行条件。1966 年，德州年均货运量降为 10.8 万吨，货运周转量 1643 万吨公里；1979 年，货运量仅为 0.5 万吨，货运周转量 42 万吨公里。④ 1960 年临清港吞吐量开始下降，1978 年仅完成吞吐量 3600 吨，1979 年停航封港，1981 年年底撤销卫运河管理建制。

　　在南运河航运衰落之时，德州的陆上交通却迎来快速发展。党的十一届三中全会以后，德州市的交通地位得到了进一步加强。1979 年德石、津浦铁路复线建成通车，1980 年德州火车站扩建工程完成，1985 年北京铁路局修建了从德石铁路八里庄站到京沪铁路长庄站的连接线，开辟了第二货场。到 1985 年，德州市境内共有 5 个车站，均承担客货运转任务，23 个货场，12 条专运线，一次装卸量达 5 万吨以上⑤，为工业原料、燃料、工业产品及农副产品运输提供了便利。同时，公路事

---

① 商业志办公室：《临清商业概述》，中国人民政治协商会议山东省临清市文史资料研究委员会《临清文史》第 3 辑，1988 年版，第 208 页。
② 山东省城乡建设委员会编：《山东城市与城市建设》，山东大学出版社 1987 年版，第 445 页。
③ 同上。
④ 同上书，第 326 页。
⑤ 同上书，第 382 页。

业也发展迅速，有 7 条公路干线连接省内外各地区。1985 年，全市拥有各种机动车辆 6430 辆，年客运量达 710 万人次，货运量为 1300 多万吨，货运周转量达 5790 万吨公里。[①]

临清的交通状况与德州相差甚远，既无铁路的便利，又失去了水运的优势。1965 年之前，运河一直是临清进出大宗货物的主要途径，随着运河航道水源的缺失，运河航运基本断绝，公路运输运力有限，临清社会经济也随之衰退。德州市却凭借着优越的交通地位，社会经济迅速发展，远远超出临清市。我们通过比较 1949 年与 1985 年的两地人口、用地、工业产值等社会经济指标，认识交通与社会经济的关系（见表 5 - 26）。

表 5 - 26　1949 年与 1985 年山东省城市人口、用地、工业产值对照表

城市	1949 年			1985 年		
	城市人口（万）	建成区面积（平方公里）	工业产值（亿）	城市人口（万）	建成区面积（平方公里）	工业产值（亿）
济南	54.56	23.00	1.1463	116.0	94.5	58.6542
青岛	56.01	27.00	1.9788	116.0	78.7	78.3932
淄博	10.51	10.00	0.6076	80.1	73.0	44.3297
泰安	2.04	2.50	0.0191	21.60	16.7	5.3870
烟台	8.02	8.00	0.1054	32.7	33.2	19.0125
潍坊	8.33	4.00	0.2120	31.3	27.3	23.8782
枣庄	1.28	1.40	0.0801	29.2	27.3	13.7540
济宁	8.56	5.10	0.0821	22.3	18.7	11.9169
德州	3.47	4.50	0.0281	16.1	21.2	6.5279
威海	1.90	2.10	0.0278	8.3	12.4	6.4609
聊城	0.80	1.50	0.0138	11.9	15.3	4.6606
临清	2.50	3.50	0.0539	8.7	11.7	4.4849
菏泽	2.20	2.25	0.0156	11.5	12.2	4.5998

---

① 山东省城乡建设委员会编:《山东城市与城市建设》,山东大学出版社 1987 年版,第382 页。

续表

城市	1949 年			1985 年		
	城市人口（万）	建成区面积（平方公里）	工业产值（亿）	城市人口（万）	建成区面积（平方公里）	工业产值（亿）
滨州	0.20	1.30		8.7	12.0	2.1745
新泰	4.10		0.0306	17.1	10.9	6.3983
莱芜	0.45	1.00	0.0199	14.3	8.5	6.0676
临沂	2.00	1.60	0.0105	19.0	10.9	5.9989
日照	0.20	1.00	0.0038	9.3	11.0	1.4767
东营				17.8	28.0	31.6020
合计	167.13	99.75	4.4354	592.2	523.5	343.8228

　　资料来源：山东省城乡建设委员会编《山东城市与城市建设》，山东大学出版社 1987 年版，第 646 页。

　　城市人口、城市面积与工业产值是综合衡量一个城市发展水平的指标，通过这些数据的比较，临清、德州的社会发展状况一目了然。1949年，德州城市人口为 3.47 万人，城市面积为 4.5 平方公里；临清为 2.5万人，城市面积为 3.5 平方公里，德州城市人口与城市面积均高于临清。1985 年，德州城市人口增至 16.1 万人，城市面积达到 21.2 平方公里，与 1949 年相比，增幅分别为 364%、371%；同年，临清城市人口增至 8.7 万人，城市面积为 11.7 平方公里，增幅分别为 248%、234%，增长幅度明显低于德州。工业产值方面，排在山东省前列为济南、青岛、淄博、烟台、潍坊等沿海或工矿型城市。1949 年，德州的工业产值为 281 万元，临清为 539 万元，表明德州的工业发展水平落后于临清。而至 1985 年，德州的工业产值增至 6.5279 亿元，临清工业产值为 4.4849 亿元，德州已经赶超临清。与 1949 年相比，德州工业产值增长 231 倍，临清仅增长 82 倍。

　　通过 1949 年和 1985 年两个城市的三项数据综合比较得知，1949年，德州城市及人口规模大于临清，此时，新中国刚刚成立，城市规模与人口数量取决于民国时期的遗留水平，仅仅说明民国时期的德州城市及人口规模已经高于临清。从工业产值方面看，1949 年临清的工业产值高于德州将近一倍，这一结论与前面所述的情形基本吻合，民国时期临清的近代工业种类和规模均大于德州，而至 1985 年，德州工业产值已经超越临清。

临清城市、人口规模的增长和工业的发展速度均落后于德州的原因是多方面的，其中，交通条件的变化起了决定性作用。20 世纪 80 年代，随着南运河的停航，临清失去了对外物资交流的重要通道，临清的交通运输全靠公路，运力不足与运输需求旺盛之间矛盾增大，影响了临清货物的流通数量与速度。德州发达的运输体系则提供了较低的货运成本，使得为企业服务的市场开始逐步扩大，企业进而可以开展更大规模的生产，这导致临清社会经济及城市规模落后于德州，两地社会经济之间的差距日益拉大。20 世纪 90 年代，山东省临清市经济研究中心归结制约临清经济发展的因素有三条，其中之一就是交通运输的落后，"临清的交通运输，目前全靠公路，虽然公路铺设四通八达，但质量较低，大部分为三级路或级外路，修筑期多在十年以上。标准低、质量差，现路基已松散，路面损毁严重，已不能适应经济进一步发展的需要。"①

与此同时，我们也应该看到临清经济发展中存在的问题。一直以来，临清的发展主要得益于南运河便利的水路运输条件，主要充当一个货物中转市场或者商品交易场所的角色，所交易的商品主要来自外地市场，自身不是商品生产型城市，民国时期表现得更加明显。例如，临清是鲁西区的重要棉花生产基地，但因为当地棉花加工厂寥寥无几，只能运至天津、济南及青岛销售。临清随着南运河航运的停止而衰落，说明商品生产和市场交易对于一个城市的发展同样重要，只有各经济部门之间协调发展，才能使地区经济保持长期繁荣。

综上所述，南运河不仅影响着沿岸城镇的分布和发展，也通过一条运输线把沿岸各个城镇串联起来，构成该流域的城镇体系。它与沿岸城镇的农业、商业、文化等关系密切，水运像一只无形的手在默默影响着区域内城镇的兴衰。焦作的煤炭经道口水运至临清、德州、泊头等地，泊头的鸭梨、德州的西瓜也通过南运河输送至沿岸的各个地方，天津商人把各种洋货、面粉、机器等装船运至沧州、德州、临清等地。在交通不发达的时代里，南运河航运提供了一个各地区之间交流的通道，这一

---

① 《晋冀鲁豫接壤地区经济社会的现状与发展》，1986 年版，第 121 页。

通道也是该流域功能一体化的基础。随着新旧交通方式的变革，货物中转市场也发生了改变，转运点经常是从运费角度选择最佳区位。由于运费是产品成本中一个重要的组成部分，那么为追求低成本优势，那些运费占较大比重的重型原材料工业多选择聚集在交通枢纽城市。因此，德州凭借着铁路、水路枢纽的重要交通地位，工业、商业获得巨大发展。

结　语

　　京杭大运河的断流、内河漕运的停止及轮船海运的兴起等因素，使大运河失去了沟通全国南北经济的作用。南运河航运并未因漕运的终结而停止，而是成为沿岸城镇间物资交流的区域性航道，在区域社会经济发展中起着重要的作用，"运河遂仅有局部交通之价值，不复为南北交通之孔道"①。近代以来，中国进入社会大变革的时代，铁路、公路等现代交通运输方式不断冲击着传统的交通方式，南运河航运也难逃这一变革。尤其是1912年津浦铁路的开通，其天津至德州段与南运河几乎平行，沿途火车站也均设在南运河沿岸重要的码头城镇，两者所处的特殊地理位置，必将引发传统内河航运与现代铁路运输发生激烈的竞争，部分货物选择铁路运输，新的交通方式打破了传统的交通格局，使之呈现出在不同自然和社会环境下的多样化、多层次特征，形成航运、铁路及公路等多种交通方式相协调的新局面。

一　多种交通方式下的南运河航运

　　以往学者多关注铁路、公路及航空等现代交通方式对社会经济发展所起的巨大作用，而忽视传统交通工具的作用，张利民先生曾注意到此种现象，指出："近代铁路和公路的发展，并没有使传统的交通工具完全失去作用，特别是军阀混战期间铁路停运，不得不依靠内河水运等运送货物；而且区域内的经济发展和交通条件有着很大的差异，在不具备近代交通工具的农村，船只、牲畜和畜力大车等继续沿袭，甚至是一些

---

　　①　汪胡桢：《整理运河问题》，李书田等《中国水利问题》，商务印书馆1937年版，第413页。

农村的主要运输工具。"① 在南运河沿岸地区的货物运输市场即是如此，内河水运一直是主要的运输方式。

民国时期，南运河沿岸地区交通路线除了津浦铁路和南运河外，还陆续修建了多条城市及城乡之间的公路，这些公路路面分为四种：碎石路面、砂土路面、天然砂土路、土路上铺砂路，"其碎石路面仅北安、南苑、汤山及平津路通县段四路而已，路线里程极短，仅占三十九条路的2.01％，其余均为土路"。② 不仅公路里程短质量低，并且公路运输设备落后，汽车等机动运输工具数量极少，主要依靠人力与畜力车，运输效率极低。公路主要用于近距离的货物运输，在长途物资运输方面则依然主要依靠南运河和津浦铁路，所以这两者的竞争最为激烈。内河民船虽然航速较慢，但具有体积小、吃水浅、靠岸容易等优点，在与铁路的竞争中，为了弥补速度上的缺陷，通常采取比较灵活的运输经营方法，不拘码头、不拘时间、不拘货物等，使尽浑身解数，与铁路争夺尽可能多的货源。

在新旧交通方式变革之际，南运河航运究竟占什么样的地位呢？日本东亚同文书院经过对大运河仔细的调研后，认为"大运河现在主要是作为地方性运输途径而存在，但即使作为地方性的交通途径，它对于中国的交通运输也还是具有很大的效能，决不能轻视"③。这一结论基本反映了民国时期南运河航运情况，但也不能一味地强调南运河航运对区域社会经济发展的重要性，而否认了津浦铁路的作用。毋庸置疑，津浦铁路作为一种现代交通方式与南运河航运相比在很多方面具有很大的优势，它与传统内河航运组成新的交通体系，大大提高了沿岸地区客货运输的流通规模，使区域内对外商品交换的成本大大降低，经济协作程度逐渐加强，本书第三章对此进行了论述。此外，丁戎与秦熠的博士论文对此均有详细的论述。本书写作目的并不是推翻铁路对沿岸区域经济发展具有巨大推动力这一结论，而是通过津浦铁路与南运河航运的比

---

① 张利民：《近代环渤海地区经济与社会研究》，天津社会科学院出版社2003年版，第201页。

② 《河北省省公路现状统计》，《冀察调查统计丛刊》1937年第2卷第4期。

③ 《大运河调查报告书》，冯天瑜、刘柏林、李少军选编《东亚同文书院中国调查资料选译》（下册），李少军等译，社会科学文献出版社2012年版，第1564页。

较，从而更加全面的考量南运河航运在多种交通运输方式中的地位。

其实，南运河沿岸地区对外商品运输及人员出行选择何种运输工具的原因是多方面的，各种运输方式各有利弊，津浦铁路具有运量大、速度快、安全性高等优势，但运价高于南运河航运。实际上，货物运输方式的选择不仅仅局限于运输费用，而是根据该地区当时的社会环境与自然环境，在充分利用传统条件的基础上，选择最合适的运输或出行方式。内河航运、铁路及公路等各种交通方式各有独自的优势与不足，故分工不同，呈现出多样化、多层次的特征。例如：单一型交通城镇临清等地紧邻运河码头，铁路尚未途经此地，公路设施与网络不够发达，且运输成本高，内河航运成为长距离大宗货物运输的唯一选择，也有一部分采用大车等陆运。而复合型交通城镇德州、泊头等地拥有津浦铁路与南运河航运两种交通方式，如果货物运往济南、徐州等南运河流域以外的地区，只能选择津浦铁路，而如果货物运输范围在南运河沿岸地区，运输方式的选择主要考虑货物种类的运输需求及其成本，最终选出最为经济的运输工具。而在比较偏避或交通不便的村庄和城镇，远离水路与铁路，人力车和畜力车仍然是主要的运输方式，货物多是通过大车等陆运工具先运至码头或车站，再转运至全国各地市场。虽然津浦铁路具有种种优势，但历史的发展并非是直线的，有时呈现出曲折或倒退的状态。例如南运河航运在战争期间其运送货物量不降反而超越铁路运量。

新中国成立后，各级政府对航道进行综合治理，南运河航运市场出现了一片繁忙景象。随着津浦铁路复线工程的竣工及各地公路运输网络的完善，更多的货物选择陆上交通运输。道口、临清等地由于无铁路可资利用，主要依靠南运河航运，并且随着沿岸地区工农业生产的发展，货物运输量的急剧增加，即使在沧州、泊头、德州等地，很多大宗货物仍然选择南运河航运作为陆上交通的重要辅助运输方式。不久，由于南运河上游和两岸地区大力发展农田灌溉，大规模地开采南运河的地上及地下水资源，导致河道水资源严重不足，最终南运河航运因无水而断航。

二 南运河航运与社会经济相互依存

交通是一个地区经济发展的重要因素，运输可以实现不同工农业部门之间的地理分工，成为彼此生产专业化和协作的必要条件，也是保证各地与各部门之间稳固、可靠经济联系的必要条件。南运河沿岸城镇拥有内河航运的优势，德州、沧州、泊头还同时具有津浦铁路的交通优势。一个地区交通运输系统越强，能够将该地资源和空间吸引到社会的经济循环中来能力越强。例如，发达的运输体系可以使土地获得多种用途，从而提高土地的产出商品能力。此外，发达的交通体系还可以改变传统的经济地理概念，使资源匮乏的地区成为资源丰富的地区，保证了该地区经济发展对资源的需求。如果没有完好的交通运输体系，社会经济的发展将缺乏发展的动力。但这不代表交通越发达，经济一定越繁荣，国民经济的发展需要工业、农业、商业和交通运输四个部门之间相互配合，共同得到发展。南运河沿岸盐碱地面积较大，矿产资源稀少，缺乏良好的工业基础，这些不利因素导致南运河货源紧张，不能充分发挥交通的优势，制约了交通运输事业的进一步发展。

（一）南运河航运对沿岸区域社会经济发展的贡献

近代以来，南运河依然是天津与沿岸地区物资交流的孔道，正如前文所述，南运河航运对沿岸地区农业、商业、手工业、工矿业的发展起着积极的推动作用。大量的农产品经此输出到天津等沿岸城镇，大量的洋杂货及工业品也通过南运河从天津等经济中心市场输入到沿岸地区，形成了物资的双向流通，促进了社会分工的形成，加快了沿岸地区近代化进程和区域经济带的发展。它的贡献主要体现在以下几个方面：

第一，南运河航运极大地提高了农产品的商品化程度。主要表现在南运河沿岸区域小麦等粮食类作物和棉花等经济作物上，南运河航运的便利性，使一直以来多用于自给自足的农产品进入市场流通。尤其是天津的开埠，增强了对沿岸地区农业腹地的辐射力，大量的农产品由此输往全国乃至世界各地，把农民的生活融入商品市场范围内。通过农产品的商品化，农民换取所需要的其他生活物资，从而扩大经济作物的种植面积，出现了农作物种植区域化和专业化的局面，例如，御河棉种植区域的形成，泊头大规模种植鸭梨，普遍种植德州西瓜等。

第二，南运河航运推动沿岸区域工矿业的发展。近代工矿业利用机械动力生产，生产效率极大提高，每日需要大量的原材料供应，并大量的产品需要输出，有些地区没有铁路可利用，或是为降低生产成本，仍选择南运河航运作为主要的运输方式。焦作煤矿即是如此，先经道清铁路把煤炭输送至道口镇，再经水运输送至南运河流域城镇。这一方面开拓了焦作煤的销售市场，从而进一步提升了煤矿的生产规模，使焦作煤矿一跃成为华北地区重要的煤炭生产基地；另一方面也为沿岸城镇工业发展提供了动力燃料，近代工业机器主要以蒸汽机为动力输出来源，煤炭则是主要燃料。南运河航运充足的煤炭供应保证了机器的正常运转，德县兵工厂和沧州面粉厂设于南运河沿岸就是最好的例证。

第三，南运河航运扩大了手工业的生产规模。南运河沿岸地区的手工业多是传统型的手工业，其中竹器业、酱菜业、纺织业等受南运河航运的影响较大。这些手工业的生产原料供给和产品的销售离不开南运河航运。例如，临清的竹器业在南运河沿岸地区远近闻名，它所需的竹子来自于南运河上游的河南省博爱县，经卫河、南运河水运至临清。竹器、草帽辫和沧州冬菜等手工业品亦通过南运河销售至天津、德州等地，经此转运至全国各地。

第四，南运河航运影响着沿岸城镇的兴衰。沿岸城镇的分布和兴起均与这条河流有着重大的关联，南运河把分散于沿岸空间的相关资源和要素连接起来，才能够产生种种经济活动，构成一个线性经济枢纽系统，促进城镇之间合理调配资源和要素，促进城镇经济的发展。

南运河沿岸城镇原本可能仅是沿岸的一个小城镇或者一个不起眼的小码头，随着明清漕运经济的繁荣，逐渐成为华北地区重要的商业重镇。从这些城镇的地理位置与商业布局也可以明显看出来，它们临河而建，城内最繁华的地方基本都位于南运河两岸。但随着津浦铁路的开通这些城镇商业布局出现了不同的发展走向。以往南运河运输所服务的最基本经济总量是该区域的总需求和总供给，商品运输范围有限，生产所需原料及产品都在该区域内流通。津浦铁路使运输范围得以拓展，不再受区域内狭小市场的制约，这些城镇可以利用自身具有的优势和便利的水陆交通，扩大生产规模和销售范围。例如德州、沧州等复合型交通城镇出现了运河码头和火车站"双核心"的城市结构，城市商业及布局围绕这两个点同时发展，城镇经济活力更强，而临清等单一型交通城镇依然以运河码头地区为中心。南运河衰落以后，单一型交通城镇失去交通优势，其与复合型交通城镇的发展差距迅速拉大，临清与德州间经济水平的拉大就是最好的例证。

南运河航运使各地商品流通更加便捷，不仅传统商业店铺数量众多，而且大量的工业品和洋杂货在沿岸城镇均可见到。即使在临清这个铁路尚未途经之地，凭借南运河便捷的航运，经营火柴、面粉、化妆品、颜料、洋纸、煤油、糖、洋布、洋纱等的店铺增至 40 家，在街上随处可见到自行车。由此可见，南运河航运使沿岸城镇与沿海大城市的人们一样享受到生活品质的提升，同时也为沿岸城镇商业发展注入了新的活力。

（二）南运河经济功能的转变

南运河航运对区域经济的作用不能一概而论，不同的社会形态，不同的历史时期的航运对社会经济发展的作用不同。近代以来，随着社会和自然环境的不断改变，南运河的经济功能不断发生演变，从最初的漕运功能，民国时期的商业运输，抗日战争与解放战争时期的军事运输，新中国成立后的灌溉与航运功能并重，河道断流后的输水和泄洪功能，至当今的历史文化景观和生态景观功能，南运河这条千年古河始终顺应着人们的时代经济需求的改变而改变，不断发挥着它的经济功能。

晚清之前，我国的政治中心与经济中心分离，每年需要把大批的粮饷通过大运河输送至北京等北方地区，南运河作为大运河漕粮北运入京的重要通道，它的经济功能主要是运输漕粮以及附带的南北商品。内河漕运废除以后，大运河断流，南运河天津至临清段与上游的卫运河、卫河段依然可以通航，南运河成为沿岸地区间物资流通的主要通道，货源主要来自于民间的农矿产品，物资流向主要以天津为中心市场，多是沿岸城镇间或者与天津间的物资运输。七七事变后至新中国成立前，南运河航运实行军事强制管理，运输货物以军事战略物资为主。此时南运河航运处于低潮期，日伪政府和民国政府严格管理货物运输，一切内河航运均以服务军事为目的，商业运输被边缘化。

新中国成立后，南运河沿岸地区大力发展社会生产力，不仅积极恢复内河航运事业，而且大规模开展利用河水灌溉农田运动，甚至沿岸有些地区违背自然规律，强引河水开辟稻田，修建一大批农田水利工程。虽然这些水利工程暂时提高了农作物的产量，但最终因人类过度开发利用南运河流域的地上及地下水资源，导致水资源枯竭，南运河的航运与灌溉功能同时丧失。1952 年后，水利部门鉴于南运河水量的不足，决定实施"引黄济卫"工程，水利部门陆续在上游地区修建了"人民胜利渠"、"共产主义渠"。这两条水渠的建成不仅增加了运河水量和农田的灌溉面积，而且借此实施了"引黄济津"工程。1972—1982 年，天津市生产生活用水出现危机，水利部门引黄河水经人民胜利渠和南运河流入天津，共送水 4 次，总量达 8.812 亿立方米。[①] 1982—1983 年，又实施了"引黄引岳济津"工程，此后，又实施多次"引黄济津"工程，缓解了天津市的供水危机。虽然南运河平时几乎干涸，但作为黄河水引入天津的重要通道，尤其是南水北调东线工程实施，2013 年第一期工程即将完工，南运河段属于第二期工程，工程竣工后，将引长江水补充河北、天津等地用水不足，南运河即将重新恢复生机。

目前的南运河具有输水、防洪、灌溉和生态景观等多种功能，曾经重要的航运功能已经消失，一般南运河河道主要功能为泄洪和输水，局部地区是取水灌溉和排污。随着京杭大运河申遗工作的不断推进，南运河的历史文化景观和生态景观功能日益受到重视，南运河沿岸各地政府实施了一系列保护工作，包括河床岸坡和河堤的整治、保护区环境整治、古街区保护等一系列工程，为京杭大运河申遗做好了准备。同时，各地都在实行运河文化景观带建设，对古码头、堤坝及古建筑等进行修复，改善生态环境和提升城市品位，发挥南运河的综合功能。

（三）南运河与沿岸城镇经济发展的同步性

南运河航运作为沿岸重要的交通方式，它与沿岸城镇经济的兴衰休戚相关。津浦铁路开通之前，南运河是该流域大宗货物长途运输的唯一交通方式，是天津与沿岸城镇联系的纽带。依托南运河航运，沿岸城镇趋于繁荣，当然这与当时的社会秩序相对稳定，南京国民政府积极发展社会经济的努力是分不开的。日伪及解放战争时期，社会秩序混乱，南运河航运船只被强迫用于军事战略物资运输，一些船只受到战争的破坏无法使用。此外，各地交通隔断，船只不能随意行驶，货物积压如山，沿岸农矿产品无法运出，外地的物资无法输入，使沿岸城镇经济遭受重

---

① 河南省地方史志编纂委员会编纂：《河南省志·黄河志》，河南人民出版社 1991 年版，第 243 页。

创，社会经济处于最低谷。新中国成立后，各级政府积极扶持船户恢复航运，增加航运船只，整修航道，推行"一列式拖驳运输法"和水陆联运等措施，南运河航运又迎来了发展的新机遇，货运量急剧增长，农产品、煤炭与建筑材料成为运输的大宗货物，为工农业生产所需原料和产品输出提供了运输保障。南运河航运固然促进了沿岸地区社会经济的发展，但不能对内河航运的作用估计过高，内河航运作为传统的交通类型无法适应社会经济迅速发展的需求。20世纪70年代，因沿岸地区过度利用水资源，导致南运河成为间歇性航道。到90年代基本完全停航，南运河停航使沿岸城镇失去了交通优势，尤其是对临清、道口等交通单一型城镇造成致命的打击，导致这些地方经济日趋败落。德州、沧州、泊头等因有津浦铁路的优势，交通运输系统强于临清等地。

交通对于一个地区社会经济的发展至关重要，但内河航道和铁路的开通只能是提供一个必要条件，经济的发展需要其他条件的相互协调，才能对一个地区产生重大影响。本书强调南运河航运在沿岸区域经济发展中的作用，并非否定其他交通方式和政治、文化、自然环境等因素所起的作用，任何地区社会经济的变化都是多种因素合力的结果，并非单一因素能解释的。所以，南运河断航之前，德州、沧州等地虽然占有水陆交通优势，但仅凭一己之力，无法从根本上改变南运河沿岸地区落后的面貌。其实，笔者也不想过分强调航运对沿岸经济的作用，交通运输方式与一定的社会生产力是紧密联系的，从需求的角度，先进的交通方式必须建立在发达的区域经济水平上。沿岸地区经济的发展水平也影响到航运业的发展，在经济发达地区，水路与铁路多处于并行的关系，铁路可以起到分流水运货物运输压力的作用，而在经济欠发达地区，两者必将展开激烈的竞争，出现两者均无法满足运输货物需求的现象，造成交通运输力的巨大浪费。

总之，本书的论述为我们当前交通和城市化建设提供了历史经验教训，得到以下启示。第一，交通是城镇经济发展的基础，是联接城镇经济带的纽带，交通发达程度决定着城镇的发展方向。第二，内河航运是一种运能大、占地少、环保低碳、运价低廉、灵活方便的运输方式。即使在目前，美国、德国、荷兰等国基本都已建成一个四通八达的内河航道网，在当前地区环境污染严重和物资运输供需矛盾加大的情况下，应该大力发展内河航运业，建设立体多层次交通形式。第三，大力发展工业化，提升城镇经济自身的竞争力。不能像临清、道口等地主要依靠交通区域优势从事商业贸易，如果城镇没有强大的商品研发和制造能力，它的繁荣局面将不能持续。第四，人类应该科学适度地开发自然资源，不能过度地索取。我们应该以史为鉴，否则我国其他地方的一些河流、湖泊等将重蹈南运河干涸的覆辙。

参考文献

一 档案资料

1. 《1950 年度本厅统计资料》，1950 年，河北省档案馆藏，卷宗号：972—1—27。

2. 《1950 年南运河系天津市货物输出入统计表》，1950 年，天津市档案馆藏，卷宗号：77—3—2756。

3. 《沧市的几个调查材料》，1948 年，沧州市档案馆藏，卷宗号：35—1—28。

4. 《港务局关于轮船管理运输航行各种办法章程规则等》，1958 年，天津市档案馆藏，卷宗号：77—3—2850。

5. 《各种运价调查报告》，1950 年，河北省档案馆藏，卷宗号：972—1—22。

6. 《河北、山东、河南三省关于卫运河系分省管理交接会议的记录》，1957 年，河北省档案馆藏，卷宗号：972—2—445。

7. 《交河县泊头镇荣德泰铺掌左抡元请议书》，1914 年，天津市档案馆藏，卷宗号：401206800—JD128—3—003678—029。

8. 《交河县商会公函》，1927 年，天津市档案馆藏，卷宗号：401206800—J0128—2—002589—046。

9. 《目前内河运输情况报告》，天津市财政经济委员会《本委及各单位关于运输工作总结报告、会议记录》，1953 年，天津市档案馆藏，卷宗号：77—1—508。

10. 《全省河系水道普查调查报表》，1957 年，河北省档案馆藏，卷宗号：972—3—460。

11. 《孙董事文淇、张前经理世广、王董事振奎移交新任吴董事接受直隶全省内河行轮局》，1928 年，天津市档案馆藏，卷宗号：106—
1—399。

12. 《天津福星面粉有限公司书谏》，1935 年，天津市档案馆藏，卷宗
号：401206800—JD128—3—007282—012。

13. 《为疏通南运河事致天津商务总会的批》，1906 年，天津市档案馆
藏，卷宗号：401206800—J0128—3—000297—005。

14. 《为送达调查民船目前经营情况希参照研究速与解决由》，《华北内
河航运局呈报本局关于民船经营、劳资集体合同和有关报表》，
1952 年，天津市档案馆藏，卷宗号：84—1—128。

15. 《卫运河系河北省内河航运管理局关于 57 年运输存在严重问题请求
考虑解决的问题》，1958 年，河北省档案馆藏，卷宗号：972—
2—461。

16. 沧县市场物价管理委员会：《关于沧县兴济镇与静海县陈家嘴村在
市场物价工作方面存在的问题和解决意见的报告》，1960 年，天津
市档案馆藏，卷宗号：85—1—73。

17. 沧州市工商管理局：《沧州市铁、油、鞋、冬菜四业调查材料》，
1948 年，沧州市档案馆藏，卷宗号：35—1—28。

18. 沧州市工商局：《关于纺织业、盐业、工业、铁业、油业、鞋业、
冬菜业调查材料》，1948 年，沧州市档案馆藏，卷宗号：35—
1—28。

19. 华北水利工程总局：《北运、苏运、子牙、大清、南运河流域主要
资料记录表》，1948 年，天津市档案馆藏，卷宗号：77—3—2753。

20. 华北水利工程总局：《南运河货源及物产》，1948 年，天津市档案
馆藏，卷宗号：77—3—2753。

21. 华北政务委员会：《华北政务委员会训令为令发小型帆船取缔暂行
办法及船舶容量简易丈量暂行办法仰知照》，1942 年，天津市档案
馆藏，卷宗号：401206800—J0001—3—005571。

22. 天津市财政经济委员会：《本市各交通运输部门报铁路、公路、海
运、航运及市内交通情况统计报告》，1951 年，天津市档案馆藏，
卷宗号：77—2—1151。

23. 天津特别市财政局：《对华北内水航运业商之公示》，1939 年，天

津市档案馆藏，卷宗号：401206800—J0055—000072。

24. 直隶全省内河行轮董事局：《津泊航线事务》，1936 年，天津市档案馆藏，卷宗号：106—1—913。

25. 中国银行天津分行：《泊镇业务调查报告书》，1937 年，天津市档案馆藏，卷宗号：401206800—J0161—1—002399。

26. 临清市交通局：《三十五年来交通运输发展简况》，1984 年，临清市档案馆藏，卷宗号：41—43—9。

二　地方志

1. （清）《重修天津府志》，上海书店出版社 2004 年影印本。

2. （清）《馆陶县乡土志》，1908 年版。

3. （清）张庆源纂，王道亭修：乾隆《德州志》。

4. 《沧州市志》编纂委员会：《沧州市志》，方志出版社 2006 年版。

5. 《德州乡土志》，成文出版社 1968 年版。

6. 《中盐长芦沧盐志》编委会：《中盐长芦沧盐志》，中国标准出版社 2009 年版。

7. 安阳市交通志编纂委员会：《安阳市交通志》，人民交通出版社 1990 年版。

8. 白眉初：《鲁豫晋三省志》，北京师范大学史地系 1925 年版。

9. 白眉初：《中华民国省区全志·河南省志》，北京师范大学史地系 1926 年版。

10. 泊头市交通局编史组：《交河县公路交通史》，1985 年版。

11. 沧州地区公路运输史编纂委员会：《沧州地区公路运输史》，人民交通出版社 1994 年版。

12. 沧州市交通志编纂委员会：《沧州市交通志》，中国社会出版社 1993 年版。

13. 沧州市志编纂委员会：《沧州市志》，方志出版社 2006 年版。

14. 德州市工业志编纂委员会等：《德州市工业志》，山东人民出版社 1993 年版。

15. 河北省泊头市地方志编纂委员会：《泊头市志》，中国对外翻译出版公司 2000 年版。

16. 民国《河北通志稿》，燕山出版社 1993 年版。

17. 河北省地方志编纂委员会：《河北省志·交通志》，河北人民出版社 1992 年版。

18. 河北省地方志编纂委员会：《河北省志·气象志》，方志出版社 1996 年版。

19. 河北省地方志编纂委员会：《河北省志·人口志》，河北人民出版社 1991 年版。

20. 河北省地方志编纂委员会：《河北省志·水利志》，河北人民出版社 1995 年版。

21. 河北省水利厅水利志编辑办公室：《河北省水利志》，河北人民出版社 1996 年版。

22. 河南省地方史志编纂委员会等：《河南新志》，中州古籍出版社 1990 年版。

23. 河南省地方史志编纂委员会：《河南省志·黄河志》，河南人民出版社 1991 年版。

24. 河南省地方史志编纂委员会：《河南省志·内河航运志》，河南人民出版社 1991 年版。

25. 河南省滑县地方史志编纂委员会：《重修滑县志》，1986 年标注本。

26. 滑县地方史志编纂委员会：《滑县志》，中州古籍出版社 1997 年版。

27. 焦作矿务局史志编纂委员会：《焦作煤矿志（1898—1985）》，河南人民出版社 1989 年版。

28. （清）薛柱斗纂修：《新校天津卫志》，成文出版社 1968 年版。

29. 来新夏、郭凤歧：《天津通志》，南开大学出版社 1999 年版。

30. 孟庆斌：《泊头市梨业志》，河北教育出版社 1989 年版。

31. 山东省德州地区史志编纂委员会：《德州地区志》，齐鲁书社 1992 年版。

32. 山东省德州市德城区地方史志编纂委员会：《德州市志》，齐鲁书社 1997 年版。

33. 山东省德州市人民武装部等：《德州市军事志（1368—1988）》，1990 年版。

34. 山东省临清市地方史志编撰委员会：《临清市志》，齐鲁书社 1997

年版。

35. 实业部国际贸易局编刊：《中国实业志·山东省》，1934 年版。

36. 宋蕴璞：《天津志略》，河北大兴蕴兴商行 1931 年版。

37. 天津市地方志编修委员会办公室等：《天津通志·铁路志》，天津社会科学院出版社 2006 年版。

38. 天津市地方志编修委员会：《天津通志·商业志·粮食卷》，天津社会科学院出版社 1994 年版。

39. 王德乾等：民国《南皮县志》，成文出版社 1968 年版。

40. 夏津县水利志编纂委员会：《夏津县水利志》，1989 年版。

41. 新乡市地方史志编纂委员会：《新乡市志》，生活·读书·新知三联书店 1994 年版。

42. 张凤瑞、徐国桓修，张坪纂：民国《沧县志》，成文出版社 1967 年版。

43. 漳卫南运河志编委会：《漳卫南运河志》，天津科学技术出版社 2003 年版。

44. 漳卫南运河志稿编写组：《漳卫南运河志稿》，水电部海委漳卫南运河管理局 1987 年版。

三　报刊资料

《大公报》、《申报》（天津）、《益世报》（天津）、《庸报》、《国闻周报》、《太平导报》、《工训周刊》、《人民日报》、《中外日报》、《山东省公报》、《铁道公报》、《津浦铁路日刊》、《德州晚报》、《沧州日报》等。

四　史料汇编

1. 南运河沿岸各省及市县政协文史资料委员会：《焦作文史资料》《安阳文史资料》《滑县文史资料》《临清文史》《德州文史》《泊头市文史资料》《沧州文史资料》《静海文史资料》等。

2. 《胶济铁路经济调查报告分编·长山县》，文华印刷社 1934 年版。

3. 冯天瑜、刘柏林、李少军选编：《东亚同文书院中国调查资料选译》，李少军等译，社会科学文献出版社 2012 年版。

4. 建设总署水利局编印：《华北河渠建设事业关系各县农事调查报告书》，1942 年版。

5. 交通部：《全国内河航道普查资料汇编》，1981 年版。

6. 胶济铁路管理局车务处：《胶济铁路经济调查报告分编》，文华印刷社 1934 年版。

7. 林修竹：《山东各县乡土调查录》，1920 年版。

8. 宓汝成：《中国近代铁路史资料（1863—1911）》，中华书局 1963 年版。

9. 聂宝璋：《中国近代航运史资料》，上海人民出版社 1983 年版。

10. 山东省交通厅编印：《当代山东的航运资料》，1985 年版。

11. 天津市档案馆等：《天津商会档案汇编（1912—1928）》，天津人民出版社 1992 年版。

12. 王铁崖：《中外旧约章汇编》，生活·读书·新知三联书店 1982 年版。

13. 郑会欣：《战前及沦陷时期华北经济调查》，天津古籍出版社 2010 年版。

14. 中国科学院经济研究所等：《旧中国机制面粉工业统计资料》，中华书局 1966 年版。

15. 中国人民银行金融研究所等：《冀鲁豫边区金融史料选编》，中国金融出版社 1989 年版。

16. 中华人民共和国交通部：《第二次全国内河航道普查资料汇编》，人民交通出版社 2004 年版。

17. 中华人民共和国交通部内河航运管理总局：《全国内河航运基本情况调查资料》，1954 年版。

18. 《天津市政统计及市况辑要》，1945 年版。

19. 天津市政府统计处编：《天津市主要统一资料手册》，1947 年版。

20. 《天津市政统计月报》，1948 年版。

21. 张研、孙燕京：《民国史料丛刊》，大象出版社 2009 年版。

22. 《中华人民共和国发展国民经济的第一个五年计划》，人民出版社 1955 年版。

五　专著

1. （北魏）郦道元：《水经注》，时代文艺出版社 2001 年标点本。

2. （晋）陈寿：《三国志》，上海古籍出版社 2002 年标点本。

3. （明）宋濂等撰：《元史》，中华书局 1976 年标点本。

4. （清）托津：《钦定大清会典事例》，文海出版社 1992 年版。

5. （清）张焘：《津门杂记》，天津古籍出版社 1986 年版。

6. （清）朱寿朋：《光绪朝东华录》，中华书局 1959 年版。

7. （清）左宗棠：《左宗棠全集》，岳麓书社 1996 年版。

8. （宋）欧阳修、宋祁：《新唐书》，中华书局 1975 年版。

9. （唐）魏徵：《隋书·炀帝纪》，中华书局 1973 年版。

10. ［意］利玛窦、金尼阁：《利玛窦中国札记》，何高济等译，中华书局 1983 年版。

11. （元）脱脱等：《二十五史（全本）宋史》，新疆青少年出版社 1999 年标点本。

12. ［美］雷麦：《外人在华投资》，蒋学楷、赵康节译，商务印书馆 1959 年版。

13. ［美］施坚雅：《中国帝国晚期的城市》，叶光庭译，中华书局 2000 年版。

14. ［日］渡部诚著，青纺编委会编：《山东棉花概况》，中国纺织建设公司青岛分公司 1947 年版。

15. ［日］中国驻屯军司令部：《二十世纪初的天津概况》，侯振彤译，天津市地方史志编修委员会总编辑室 1986 年版。

16. ［英］肯德：《中国铁路发展史》，李抱宏等译，生活·读书·新知三联书店 1958 年版。

17. 《晋冀鲁豫接壤地区经济社会的现状与发展》，邯郸地区印刷厂 1986 年版。

18. 《山东航运史》编委会编：《山东航运史》，人民交通出版社 1993 年版。

19. 白寿彝：《中国交通史》，武汉大学出版社 2012 年版。

20. 曹厚亭：《运河名城——泊头》，中国档案出版社 2008 年版。

21. 陈卫民：《天津的人口变迁》，天津古籍出版社 2004 年版。

22. 程玉海：《聊城通史（近代卷）》，中华书局 2006 年版。

23. 从翰香：《近代冀鲁豫乡村》，中国社会科学出版社 1995 年版。

24. 樊如森：《天津与北方经济现代化》，东方出版中心 2007 年版。

25. 方显廷：《天津棉花运销概况》，南开大学经济研究所 1934 年版。

26. 傅崇兰：《中国运河城市发展史》，四川人民出版社 1985 年版。

27. 高志超：《运河名城临清》，山东友谊出版社 1990 年版。

28. 顾廷龙、戴逸：《李鸿章全集》，安徽教育出版社 2008 年版。

29. 河北省南运河下游疏浚委员会文牍股：《河北省南运河下游疏浚委员会报告书》，益世报馆出版社 1937 年版。

30. 河南省交通厅交通史志编审委员会：《河南航运史》，人民交通出版社 1989 年版。

31. 华北区运输公司等编印：《中央交通部、华北区水陆运输机构业务情况简介》，1951 年版。

32. 金城银行总经理处天津调查分部编印：《山东棉业调查报告》，1936 年版。

33. 金城银行总经理处天津调查分部编印：《天津粮食业概况》，1937 年版。

34. 津浦铁路管理局总务处调查课编印：《津浦铁路旅行指南》，1936 年版。

35. 李连生、宋德武、王胜利、胡凤岐：《漳卫南运河大观》，天津科学技术出版社 1998 年版。

36. 李洛之、聂汤谷：《天津的经济地位》，南开大学出版社 1994 年版。

37. 李日旭：《河南水利大事记》，河南科学技术出版社 1998 年版。

38. 李书田：《中国水利问题》，商务印书馆 1937 年版。

39. 李仪祉：《李仪祉水利论著选集》，水利电力出版社 1988 年版。

40. 凌鸿勋：《中国铁路志》，畅流半月刊社 1954 年版。

41. 刘存哲：《晋冀鲁豫地区交通史》，人民日报出版社 1989 年版。

42. 罗澍伟：《近代天津城市史》，中国社会科学出版社 1993 年版。

43. 彭云鹤：《明清漕运史》，首都师范大学出版社 1995 年版。

44. 寿杨宾：《青岛海港史（近代部分）》，人民交通出版社 1986 年版。

45. 青岛军政署：《山东之物产》，青岛新报社 1916 年版。

46. 曲直生：《河北棉花之出产及贩运》，商务印书馆 1931 年版。

47. 曲直生：《华北民众食料的一个初步研究》，参谋本部国防设计委员会 1934 年版。

48. 山东省城乡建设委员会：《山东城市与城市建设》，山东大学出版社 1987 年版。

49. 山东运河航运史编纂委员会：《山东运河航运史》，山东出版集团 2011 年版。

50. 史念海：《中国的运河》，陕西人民出版社 1988 年版。

51. 水利部农村水利司：《新中国农田水利史略》，中国水利水电出版社 1999 年版。

52. 孙宝生：《历城县乡土调查录》，历城县实业局 1928 年版。

53. 谈迁：《北游录》，中华书局 1980 年版。

54. 天津港史编辑委员会：《天津港史（古、近代部分）》，人民交通出版社 1986 年版。

55. 《二十五年来之铁道》，铁道部 1930 年版。

56. 王槐林、刘明菲主编：《物流管理学》，武汉大学出版社 2010 年版。

57. 王景尊：《河南矿业报告》，河南省地质调查所 1934 年版。

58. 王圻：《续文献通考》，现代出版社 1986 年版。

59. 王任祥：《交通运输地理》，人民交通出版社 2002 年版。

61. 王守中、郭大松：《近代山东城市变迁史》，山东教育出版社 2001 年版。

61. 王树才：《河北航运史》，人民交通出版社 1988 年版。

62. 许庆斌等：《运输经济学导论》，中国铁道出版社 1995 年版。

63. 薛毅：《焦作煤矿史》，河南人民出版社 1986 年版。

64. 姚汉源：《京杭运河史》，中国水利电出版社 1998 年版。

65. 叶春墀：《济南指南》，大东日报社 1914 年版。

66. 叶笃庄：《华北棉产及其增产问题》，资源委员会经济研究所 1948 年版。

67. 岳国芳：《中国大运河》，山东友谊出版社 1989 年版。

68. 张利民：《近代环渤海地区经济与社会研究》，天津社会科学院出版社 2003 年版。

69. 张廷玉：《明史》，岳麓书社 1996 年版。

70. 中共聊城市委党史研究室：《党史专题文集》，山东省聊城市新闻出版局 2001 年版。

71. 中共青岛铁路地区工作委员会等：《胶济铁路史》，山东人民出版社 1961 年版。

72. 中国科学院历史研究所第三所：《刘坤一遗集》，中华书局 1959 年版。

73. 中国科学院土壤及水土保持研究所等编：《华北平原土壤》，科学出版社 1961 年版。

74. 中国社会科学院近代史研究所、中国第一历史档案馆：《筹笔偶存》，中国社会科学出版社 1983 年版。

75. 中国史学会：《洋务运动》，上海人民出版社 1961 年版。

76. 中国水利水电科学研究院水利史研究室：《再续行水金鉴·运河卷》，湖北人民出版社 2004 年版。

78. 庄维民：《近代山东市场经济的变迁》，中华书局 2000 年版。

78. 邹逸麟：《黄淮海平原历史地理》，安徽教育出版社 1997 年版。

79. 张熏华：《交通经济学》，上海社会科学院出版社 1992 年版。

80. 沈翔：《日人经营之华北交通事业》，外交部亚洲司研究室 1940 年版。

六　论文

（一）期刊论文

1. ［日］松浦章：《清代大运河之帆船航运》，《淮阴工学院学报》2010 年第 6 期。

2. 《本局第四科统制编审股三十年十二月份工作事项》，《社会月刊》1941 年第 1 卷第 12 期。

3. 《泊头镇之近况》，《经济半月刊》1928 年第 2 卷第 10 期。

4. 《沧县经济情形》，《经济半月刊》1927 年第 1 卷第 2 期。

5. 《德县之经济概况》，《中外经济周刊》1927 年第 221 号。

6. 《各河航运　均极畅旺》，《华北航业》1942 年第 2 卷第 4 期。

7. 《河北省沧县地方实际情况调查报告》，《晋察调查统计丛刊》1937年第2卷第1期。

8. 《河北省内河航运局营业计划》，《中国建设》1933年第7卷第6期。

9. 《河北省公路现状统计》，《冀察调查统计丛刊》1937年第2卷第4期。

10. 《河南统计月报》1936年第2卷第10期。

11. 《黄河北之重镇 道口近况 为河道货运所经之地 仍不失为商业荟萃之区》，《经济评论》1934年第1卷第3期。

12. 《交通政闻》，《交通杂志》1937年第5卷第5期。

13. 《津浦铁路行车时刻表》，《交通杂志》1932年第1期。

14. 《津浦铁路客车简明时刻表》，《铁路杂志》1935年第1卷第6期。

15. 《论河北铁路以道口为中心点》，《东方杂志》1905年第7期。

16. 《论今日宜急保内河航路权》，《东方杂志》1904年第1卷第11期。

17. 《农业金融统计》，《实业部月刊》1936年第1卷第1期。

18. 《训令道口经理处令调查自道口至天津玉河水量情形以便运销煤炭文》，《河南中原煤矿公司汇刊》1931年第2期。

19. 《直隶青县之经济状况》，《中外经济周刊》1927年第220号。

20. 陈康：《道清铁路对焦作近代社会经济影响初探》，《河南理工大学学报》（社会科学版）2010年第10卷第1期。

21. 陈舜畊：《津浦铁路联络运输之过去现在与将来》，《交通杂志》1935年第3卷第7—8期。

22. 池田鹿之助、工藤助太郎、小林卓三君：《津浦沿线及山东省之棉花事情调查报告》，葛之干译，《河北棉产汇报》1939年第46期。

23. 戴鞍钢：《清代漕运兴废与山东运河沿线社会经济的变化》，《齐鲁学刊》1988年第4期。

24. 方显廷：《天津之粮食业及磨坊业》，《经济统计季刊》1933年第2卷第4期。

25. 津浦铁路年鉴编撰委员会：《津浦铁路年鉴》1933年第2编第3章。

26. 郎德沛：《交通事业与国民经济》，《交通杂志》1933年第1卷第5期。

27. 林一：《交河社会概况》，《泊声》1933年创刊号。

28. 刘炳若：《河北省主要农产物之产销概况》，《河北省银行经济半月刊》1947 年第 4 卷第 8 期。

29. 麦叔度：《河北省小麦之贩运》，《社会科学杂志》1930 年第 1 卷第 1 期。

30. 杞人：《天津重要商业之荣枯》，《华北工商》1948 年第 1 期。

31. 饶明奇：《明清时期关于运河水源管理的立法建设》，《历史教学》2008 年第 18 期。

32. 施琦：《德州西瓜之现行栽培实况》，《农学》1941 年第 6 卷第 3—4 期。

33. 谭耀宗：《突飞猛进之铁路联运》，《交通杂志》1934 年第 2 卷第 12 期。

34. 汪胡桢：《临清至黄河间运河复航初步计划》，《水利月刊》1934 年第 7 卷第 5 期。

35. 汪胡桢：《民船之运输成本》，《交通杂志》1934 年第 3 卷第 3 期。

36. 王干：《泊头镇一瞥》，《工商学志》1935 年第 7 卷第 1 期。

37. 王婧：《明清时期卫河漕运治理与灌溉水利开发》，《河北师范大学学报》2012 年第 1 期。

38. 王亮侯：《津浦铁路实行负责运输之后》，《交通杂志》1932 年第 1 卷第 2 期。

39. 王频：《清代运河衰败原因论析》，《淮阴师范学院学报》2008 年第 3 期。

40. 王绍年：《各县调查》，《河北月刊》1934 年第 1 卷第 4 期。

41. 王志军：《民国时期小麦生产在华北农村经济中的地位与影响》，《古今农业》2009 年第 3 期。

42. 王子建：《华北的经济地位》，《经济汇刊》1936 年第 1 卷第 2 期。

43. 吴耕民、管超：《德县西瓜调查报告》，《青岛工商季刊》1934 年第 2 卷第 4 期。

44. 武翠、王敏：《试析京杭运河山东段在近代的衰落原因》，《白城师范学院学报》2010 年第 1 期。

45. 夏侯叙五：《淮河老铁路大桥建造史话》，《治淮》2000 年第 5 期。

46. 徐世大：《四十年来之华北水利》，《工程月刊》1932 年创刊号。

47. 许檀：《明清时期的临清商业》，《中国经济史研究》1986 年第 2 期。

48. 杨大荒、蔡永忠：《御河棉区的棉作》，《工商半月刊》1935 年第 7 卷第 16 期。

49. 杨效曾：《临清小记》，《禹贡》1935 年第 4 卷第 5 期。

50. 杨轶男：《明清时期山东运河城镇的服务业——以临清为中心的考察》，《齐鲁学刊》2010 年第 4 期。

51. 章勃：《国有各铁路之概况与今后整理之计划》，《交通杂志》1933 年第 1 卷第 6—7 期。

52. 赵端良：《河北沧县之冬菜与草帽辫》，《农村合作》1937 年第 2 卷第 4 期。

53. 郑克伦：《沦陷区的交通》，《经济建设季刊》1942 年第 1 卷第 2 期。

54. 郑振声：《河北棉花产销之概况》，《河北省银行经济半月刊》1947 年第 3 卷第 12 期。

55. 中国银行天津分行：《泊头镇之近况》，《经济半月刊》1928 年第 2 卷第 10 期。

（二）学位论文

1. 秦熠：《津浦铁路与沿线社会变迁（1908—1937）》，博士学位论文，南开大学，2008 年。

2. 张春红：《区位与兴衰：以临清关为中心的个案研究（1429—1930）》，硕士学位论文，江西师范大学，2010 年。

七　日文资料

1. 期刊：《兴亚》《华北航业》《北支那经济年鉴》《经济旬报》等。

2. 吉田丰次郎：《山东视察报告文集》，1913 年版。

3. 青岛守备军铁道部：《周村德州间及德州石家庄间并石家庄沧州间调查报告》，1921 年版。

4. 日本东亚同文会编：《支那省别全志·直隶省》，东亚同文会 1920 年版。

5. 田原天南：《胶州湾》，1914 年版。

6. 兴亚院华北联络部政务局调查所编印:《南运河流域事情调查报告》,1939 年版。

7. 驻屯军司令部编:《北支河川水运调查报告》,1937 年版。

8. [日] 佐佐木清治:《北支那的地理》,1937 年版。

9. 华北交通株式会社编印:《北支河川要览》,1941 年版。

八 网络资料

1. 王德胜:《铁路开启德州新运输时代》,德州新闻网(http://www.dezhoudaily.com/xiuxian/liuhu/dzsz/2013/08/2013 - 08 - 09479685.htm)

后　记

　　本书是在我 2014 年 6 月的博士毕业论文基础上修改完成的，其基本框架和内容保留了博士论文的原貌。虽然博士毕业已近两年，但每当我看到这部拙作，一种莫名的感觉涌上心头，感慨颇多，情不自禁就会想起三年的博士生活，那三年中，我逐渐找到史学研究的方法，开拓了研究视野。在完成论文时，如果说小有成绩，首先感谢我的导师戴建兵教授。入学之前，我和老师从未谋面，也没有任何交集，后来有幸来到河北师范大学读书求学。博士三年和此后的工作中，虽然老师工作繁忙，但只要我有任何学习和生活问题，老师都尽最大努力帮我解疑答惑，提供各种帮助，每次谈话都使我获益匪浅，不仅是关于学业方面，在做人、做事等方面，我都将受益终身。

　　在论文开题中，河北师范大学历史文化学院的王宏斌教授、董丛林教授、武吉庆教授、张同乐教授等都给予了悉心指导和帮助。在论文写作过程中，徐建平教授、谷更有教授、戴鞍钢教授、张利民教授、熊亚平博士给我指点迷津。在资料收集过程中，北京大学图书馆的巩梅老师和河北省档案馆、天津市档案馆、泊头市图书馆、泊头市交通局、沧州图书馆和档案馆、临清档案馆、德州档案馆的领导及工作人员给我提供各种便利。在北京查阅资料时，首都师范大学的王怀满博士给我提供了住处，在此一并表示感谢。

　　还要感谢我身边的同学们。初来石家庄，在这里没有一个认识的亲戚朋友，同门的刘向阳、许可、习永凯、申艳广、吴乾、王晨、马超、红霞、邵岩、靳志雄等师兄弟如同一家人，他们给我提供了各种帮助。在论文写作过程中，文科博士班的同学们，石岩、史广峰、张相军、黄豪、袁世旭、王维国、常志勇、谢明刚、郑莉、张子华、安栓军等相互鼓励和支持,才能一直坚持下去。

还要感谢淮安信息职业技术学院的安宇书记、蒋慕东所长、崔建平主任等单位领导对我的关心和支持,使我能够有条件、有时间完善书稿。

最后还要感谢我的家人。他们是我继续求学路上最坚定的支持者。入学的第二学期,我在一次体检中查出身体不适,需要住院做手术,在此后的四个月中,父母无微不至地照顾我。每次回家看到父母头上的白发逐渐增多,但他们仍然坚持在田地里辛苦地劳动,心情十分沉痛。在此,任何语言都难以表达对他们的感谢。妹妹已经工作,她经常给我提供各种帮助,祝她以后工作顺利。妻子刘楠一直支持我的学习和工作,尽管她已有身孕,身体不适,却承担起繁忙的家务劳动,而我却无法抽出更多的时间陪她、照顾她,希望以本书献给我的家人以表达我对他们的感谢。

谨将此书献给所有关心和帮助过我的人。